NOSSO PORTUGUÊS
do dia a dia

EM PERGUNTAS E RESPOSTAS

LUIZ ANTONIO SACCONI

NOSSO PORTUGUÊS
do dia a dia

EM PERGUNTAS E RESPOSTAS

© 2022 - Luiz Antonio Sacconi
Direitos em língua portuguesa para o Brasil:
Matrix Editora
www.matrixeditora.com.br
🅯/MatrixEditora | 🅞 @matrixeditora | 🅞 /matrixeditora

Diretor editorial
Paulo Tadeu

Capa, projeto gráfico e diagramação
Patricia Delgado da Costa

Revisão
Cida Medeiros

CIP-BRASIL - CATALOGAÇÃO NA PUBLICAÇÃO
SINDICATO NACIONAL DOS EDITORES DE LIVROS, RJ

Sacconi, Luiz Antonio
Nosso português do dia a dia / Luiz Antonio Sacconi. - 1. ed. - São Paulo: Matrix, 2022.
280 p.; 23 cm.

ISBN 978-65-5616-259-1

1. Língua portuguesa - Gramática. I. Título.

22-79141
CDD: 469.5
CDU: 811.134.3'36

Gabriela Faray Ferreira Lopes - Bibliotecária - CRB-7/6643

APRESENTAÇÃO

Eis aqui mais uma obra minha. A derradeira*. Simples, informal, divertida, crítica, às vezes irreverente e irônica, porém, na medida certa. Escrita para você aprender rindo.

Deixo aqui, como já fiz no livro **Não erre mais!** (que, após 50 anos, não terá nova edição, a meu pedido), meu profundo e mais sincero agradecimento a dois editores que foram fundamentais nestes meus mais de cinquenta anos de vida editorial. Há pessoas na vida que, sem querer, abrigam-se de mansinho em nossos corações e escolhem ali um cantinho tão acolhedor, tão aconchegante, que ali resolvem morar. Refiro-me ao finado e saudoso amigo Luiz Herrmann, da Editora Atlas, um dos homens mais íntegros que conheci, e a Arnaldo Saraiva, da extinta Editora Nova Geração, editor e amigo leal, que honra com a maior dignidade a tradição editorial iniciada por seu pai, Joaquim, fundador da Livraria e Editora Saraiva, que, infelizmente, após sua morte, caiu em mãos sinistras, levando-a quase à bancarrota.

Agradeço também a todos a paciência que tiveram comigo e o prestígio que me concederam durante todos esses anos. Espero que minha contribuição tenha sido justa, honesta, proveitosa e à altura das suas expectativas.

Luiz Antonio Sacconi

---

* Talvez esta obra saia antes de outras, cujos originais foram entregues há mais tempo, mas que – a critério da editora – serão publicadas posteriormente. De minha parte, é de fato a derradeira, não a última, obra.

Nunca é demais conhecer este fato

Uma jornalista de 50 anos, moradora da zona sul da Capital paulista, acorda às 4h30min de um dia desses com o toque do telefone. Do outro lado, uma voz feminina, aos berros: **Mãe, socorro, fui sequestrada!** Confusa, ela acreditou que se tratasse de uma de suas filhas, que estavam viajando. Só desconfiou que se tratava de um golpe de pseudossequestradores por um motivo. Uma hora ela disse: *Eles vão matar eu, mãe!* **Minha filha não cometeria um erro de português desses.**

Um esclarecimento – Este livro e o outro, **1.000 erros de português da atualidade,** se complementam. Às vezes, o caso que você busque não esteja neste, mas naquele.

Da importância de conhecer a norma padrão

Fala-se cada vez mais na norma padrão, alguns para defendê-la, muitos para atacá-la. Os que a atacam, todavia, não podem esquecer que a norma padrão é uma forma linguística que todo povo civilizado possui, e é a única que assegura a unidade da língua nacional. Justamente em nome dessa unidade, tão importante do ponto de vista político-cultural, que é ensinada nas escolas e difundida nas gramáticas. Graças a ela, o Brasil mantém sua unidade linguística: um amazonense pode comunicar-se com um gaúcho, ou vice-versa, sem necessidade de um e outro conhecer dialetos.

Vá aquele que não conhece a norma padrão buscar um emprego mais qualificado! Vá aquele que não conhece a norma padrão prestar um exame vestibular para uma faculdade reconhecidamente séria ou idônea! Vá aquele que não conhece a norma padrão prestar um concurso, buscando qualificar-se para um cargo importante!

E se para candidatar-se ao cargo mais importante do país houvesse ao menos uma prova de língua portuguesa, com a exigência de uma redação eliminatória, muita gente não chegaria aonde chegou. No Brasil qualquer cidadão pode chegar a presidente da República; mas se quiser ingressar, por exemplo, no Banco do Brasil, tem de se submeter a rigorosos exames. Às vezes me surpreendo inconformado com isso.

Recentemente, uma revista especializada em língua portuguesa soltou matéria sobre o falar do então presidente da República, Lula. À guisa de comentário, lê-se ainda na capa:

A polêmica sobre os erros de Lula reflete o abismo existente entre a norma padrão e o português cotidiano.

De fato, existe um abismo entre a norma padrão e o português cotidiano ou língua popular. Justamente porque muitas pessoas ainda não se convenceram da importância de conhecer a norma padrão.

Nessa mesma revista especializada em língua portuguesa, escreve um colaborador, em relação ao tipo de fala do presidente da República: *Muitas vezes, nada mais é do que uma forte reação ao fato de um operário metalúrgico ocupar o cargo de presidente da nação, inaceitável para boa parte das nossas elites socioeconômicas.*

Agora, todos os pecados do mundo se devem às elites... Esse discurso cansa.

Claro está que não se pode ir contra a língua popular, sempre mais espontânea e criativa, expressiva e dinâmica. Mas não basta conhecer apenas essa modalidade de língua. Numa sociedade culta, civilizada, urge conhecer também a língua padrão.

É notório o desconforto que sente o caboclo ou caipira, quando precisa entrar em contato com uma autoridade ou com alguém de nível escolar ou cultural superior. A própria pessoa sente, então, no íntimo, quão importante seria se pudesse usar naquele momento do discurso outro tipo de linguajar, ou seja, a língua padrão.

Não sabemos todos qual exatamente a roupa própria para retirar da gaveta ou do guarda-roupa quando vamos à praia ou quando vamos a um casamento? Na comunicação, a coisa funciona da mesma forma: retire do seu baú de língua a modalidade que convém a cada momento de fala. Mas, para tal, é preciso que você **tenha** a roupa, ou seja, que conheça a modalidade de língua a usar.

Em suma: o ideal é sermos poliglotas dentro da nossa própria língua. Por que, todavia, alguns se voltam contra a norma padrão? Porque é a única que exige conhecimento, é a única que exige escola, estudo e queima de pestana. Poucos gostam disso, de se debruçar em livros e estudar. Daí a ojeriza de certos indivíduos a essa modalidade de língua, tão rica, tão importante até mesmo do ponto de vista político. Como é a única que está distante do povo, alguns fazem política (entenda-se politicalha) desprezando-a, às vezes até mesmo pela completa incapacidade de entendê-la.

Conhecer a norma padrão, em síntese, é sentir-se mais livre para comunicar-se. Norma padrão, ou seja, a língua utilizada segundo os padrões estabelecidos pelos clássicos ou bons escritores do idioma, é assim como etiqueta social: não é preciso conhecê-la para **viver**, mas é absolutamente indispensável conhecê-la para **conviver**.

Há os que, quase simploriamente, afirmam que o importante é **se comunicar**. Sim, senhor! Por fumaça também se comunica! A esses, no ato da alimentação, certamente o mais importante é a **digestão**, sendo de somenos importância os meios como se leva o alimento à boca. Mas são justamente esses meios que diferenciam o ser humano educado, civilizado, dos demais de sua espécie. Cada qual vive e come à sua própria moda, é certo, mas todos têm o direito de conhecer caminhos, para poderem fazer a sua escolha. É justamente essa escolha que determina a posição e o papel que cada um de nós deve ocupar em nosso meio, na sociedade.

Luiz Antonio Sacconi

Para seu governo

O Brasil possui cerca de 80 milhões de pessoas, entre 16 e 64 anos, que são analfabetos numéricos, ou seja, sabem o que é um número, mas não conseguem desenvolver operações simples de soma ou subtração. Além disso, 42 milhões nessa mesma faixa etária estão em estado crítico de leitura, ou seja, conseguem ler uma palavra ou outra, mas não entendem o conteúdo do texto. De maneira geral, 86 milhões de brasileiros são analfabetos funcionais, pois não dominam habilidades nem de português nem de matemática. Repare por favor: são 86 milhões! Quase metade da população brasileira! Os dados foram apresentados por Suely Druck, presidente da Sociedade Brasileira de Matemática (SBM), durante a conferência Produção de Analfabetos no Brasil, em julho de 2005, na 57.ª Reunião Anual da Sociedade Brasileira para o Progresso da Ciência (SBPC), em Fortaleza.

O curioso nisso tudo é que certos professores se empenham em ensinar teorias de Barthes, Lacan e Chomsky, e nossos alunos não conseguem distinguir uma preposição de uma conjunção nem muito menos um sujeito de um predicado. Alguns desses eminentes mestres têm o desplante de afirmar aos quatro cantos do mundo que falar e escrever de acordo com a gramática normativa é uma aspiração reacionária, própria de gente conservadora, o que, já de per si, define-os como enganadores, pseudoprofessores. Daí por que a carência educacional no Brasil é tão avassaladora! Se não reagirmos urgentemente, não há como fugirmos à justa pecha das gerações futuras de que fomos todos irresponsáveis, incompetentes e enganadores.

Luiz Antonio Sacconi

Um comentário digno de ser lido

Sinto-me moralmente obrigado a reproduzir aqui um *post* do jornalista Reinaldo Azevedo, ainda da época em que ele era coerente. Julgo seu *post* de suma importância para que meus leitores abalizem seus pontos de vista sobre o assunto e formem juízo de valor acerca de indivíduos que, sem ética nem cabida, andam a criticar tudo e a todos os que buscam ensinar a norma padrão.

Atenção – O jornalista não adotou, propositadamente, as modificações na escrita introduzidas pelo recente Acordo Ortográfico.

O sacerdote do erro

A professora Heloísa Ramos, a autora do tal livro que faz a apologia do erro, é, do ponto de vista intelectual, apenas uma noviça na área. O verdadeiro sacerdote dessa bobajada se chama Marcos Bagno, professor da Universidade de Brasília. ... Ele é o propagador, nas escolas brasileiras, do conceito do "preconceito lingüístico". Bagno denuncia o que não existe e propõe métodos profiláticos contra o mal que ele mesmo inventou. Professores de língua portuguesa, a maioria incapaz de entender e de ensinar gramática, apegam-se a seus textos como o náufrago busca uma bóia: "Ah, finalmente alguém diz que essa conversa de regra é bobagem!". É batata, queridos! O sujeito radicalmente contrário a que se ensine o que é uma oração subordinada substantiva completiva nominal reduzida de infinitivo costuma não saber o que é uma oração subordinada substantiva completiva nominal reduzida de infinitivo. E ele sente, então, a necessidade de combater aquilo que ignora.

Resultado: professores de português se tornam "debatedores". Essa praga está em todo lugar. Não pensem que floresce apenas em escolas públicas, em que não há critérios para medir o desempenho do professor. Textos do tal Bagno são debatidos também nas escolas privadas. Alguns tarados, sob o pretexto de "problematizar" o preconceito lingüístico, brincam mesmo é de luta de classes. A única função meritória de um professor de português é cuidar da harmonia de classes – da classe das palavras.

Na página de Bagno, encontro estas pérolas: "As pessoas que falam e escrevem sobre a língua na mídia em geral são jornalistas, advogados ou professores de português que não estão ligados à pesquisa, não participam do debate acadêmico, não estão em dia com as novas tendências da Lingüística – são os que eu chamo de gramatiqueiros", critica Bagno. Para ele, esses "pseudo-especialistas", ao tentar fazer as pessoas decorarem regras que ninguém mais usa, estariam vendendo "fósseis gramaticais", fazendo da suposta dificuldade da língua portuguesa um produto de boa saída comercial. Outro "mito" tratado no livro *Preconceito lingüístico: o que é, como se faz* é a idéia, bastante difundida, de que a língua portuguesa é difícil. Bagno afirma que a dificuldade de se lidar com a língua é resultado de um ensino marcado pela obsessão normativa, terminológica, classificatória, excessivamente apegado à nomenclatura. Um ensino que parece ter como objetivo a formação de professores de português e não a de usuários competentes da língua. E que ainda por cima só poderia formar maus professores, já que estaria baseado numa gramática ultrapassada, que não daria conta da realidade atual da língua portuguesa no Brasil.

Viram? É mais um que ataca a norma culta, alegando, para isso, a sua condição de especialista. E todos os que discordam dele seriam meros "gramatiqueiros". Bagno se tornou a referência culta dos militantes da ignorância. Bagno fez a fama e, acho, fortuna afirmando essas coisas. Seus livros sobre preconceito lingüístico são um sucesso. Qualquer um que combata a gramática sem saber gramática é só um vigarista. Bagno é uma espécie de autor de auto-ajuda dos despossuídos da norma. Convenham: o ignorante fica feliz ao ler que aquilo que ignora não teria mesmo importância...

Não por acaso, quem apareceu ontem no jornal O Globo em defesa do tal livro adotado pelo MEC? Ele próprio. E encontrou uma saída típica dos petistas, acusando adivinhem quem... Sim, FHC!!! Leiam: "Não é coisa de petista. Já no governo Fernando Henrique, sob a gestão do ministro Paulo Renato, os livros didáticos de português avaliados pelo MEC começavam a abordar os fenômenos da variação lingüística, o caráter inevitavelmente heterogêneo de qualquer língua viva falada no mundo transforma qualquer idioma usado por uma comunidade humana".

Oh, não me diga! Quem nega que a língua seja viva? Quem nega a existência de diferenças entre a norma culta e a fala? Quem nega a criatividade do falante no uso do próprio idioma? Uma coisa é descrever esses fenômenos, tentar entender a sua gênese, ver como podem servir ao ensino; outra, distinta, é negar as virtudes da norma. É a sua compreensão que permitirá ao aluno, é bom deixar claro, entender direito o que lê.

A ser como quer esse valentão todo cheio de si, muito cônscio da sua especialidade, os brasileiros se dividirão em grupos com determinado domínio da língua e viverão, como dizia aquela musiquinha, presos "a seu quadrado". O especialista Bagno, tão "progressista", é um notável exemplo de reacionarismo. A seguir seu modelo, em breve, a língua portuguesa será um arcano cujo domínio pertencerá à elite dirigente. O "povão", este de que os petistas dizem gostar tanto, que se contente com o domínio precário do idioma. Por que ter mais? Para as universidades vagabundas do ProUni, tá bom demais!

Professor que usa as aulas para debater "preconceito lingüístico" está enganando. Ou joga fora o dinheiro público, se escola pública, ou o dos pais dos estudantes, se escola privada. É como se um professor de matemática ocupasse seu tempo provando a inutilidade da matemática. Muitos se espantam: "Mas por que os nossos alunos são, na média, incapazes de interpretar um texto". Bagno diria que isso é mentira. É que deram aos jovens o texto errado... Eles precisam ler alguma coisa que seja própria de sua classe...

Bagno sai em defesa do petismo porque ele próprio floresce junto com o PT. É o "intelectual" símbolo da cultura disseminada pelos petistas, pouco importa se filiado ou não.

Para todos os efeitos, ele seria o amigo do "povão", não os seus críticos. Questionado, imediatamente evoca a sua condição de "especialista", o que não seria o caso dos adversários intelectuais. Propagando a ignorância, tornou-se um nababo da sua própria especialidade: depredar a norma culta da língua. Se alguém tem ainda alguma dúvida sobre qual é a dele, leiam este outro trecho de uma entrevista: "Outro grande perpetuador da discriminação linguística são os meios de comunicação. Infelizmente, pois eles poderiam ser instrumentos maravilhosos para a democratização das relações linguísticas da sociedade. No Brasil, por serem estreitamente vinculados às classes dominantes e às oligarquias, assumiram o papel de defensores dessa língua portuguesa que supostamente estaria ameaçada. Não interessa se 190 milhões de brasileiros usam uma determinada forma linguística, eles estão todos errados e o que apregoam como certo é aquela forma que está consolidada há séculos. Isso ficou muito evidente durante todas as campanhas presidenciais de que Lula participou. Uma das principais acusações que seus adversários faziam era essa: como um operário sem curso superior, que não sabe falar, vai saber dirigir o país? Mesmo depois de eleito, não cessaram as acusações de que falava errado. A mídia se portava como a preservadora de um padrão linguístico ameaçado inclusive pelo presidente da República. Nessas sociedades e nessas culturas muito centradas na escrita, o padrão sempre se inspira na escrita literária. Falar como os grandes escritores escreveram é o objetivo místico que as culturas letradas propõem. Como ninguém fala como os grandes escritores escrevem, a população inteira em teoria fala errado, porque esse ideal é praticamente inalcançável".

A pergunta que não quer calar: por que ele próprio se expressa segundo a norma culta? Mais: nessa entrevista, Bagno, agarrado à demagogia, diz que podemos, sim, cultivar e gostar da nossa língua, mas sem esquecer quantas pessoas sofreram para que ela se impusesse. Entendeu, leitor? A cada vez que você ler, sei lá, um verso de Camões, acenda uma vela para o grande cacique Touro Sentado...

* * *

Como Reinaldo abria espaço para que seus leitores comentassem cada um de seus *posts*, reproduzo aqui alguns deles: **1)** *E nos pagamos o salário desse cafajeste. A UnB não é capaz de produzir uma tese acadêmica que se preze!!!! Só dá teto para esses vagabundos ignorantes!* **2)** *Petista não gosta de gramática. Petista gosta é do Granma, jornal oficial do Partido Comunista Cubano de Fidel Castro, que serve para enrolar um "baseado" e, como "última missão revolucionária", ser usado como papel higiênico. Esse esquerdopata do texto, cansado de ler os livros intragáveis de Karl Marx, acredita que o erro está na cultura letrada, e não na mixórdia que ele porcamente leu, pois ficou traumatizado com aquela leitura torturante e, tomado pelo trauma e pela loucura, acredita que ninguém deve sofrer o que sofreu. Para isso, ele pretende abolir a cultura letrada, que, na cabeça traumatizada dele, foi a causa de Karl Marx ter escrito obras tão confusas. Um slogan, um chavão, vale mais do que mil palavras.* **3)** *Na Universidade Católica de Salvador, onde estudei Letras, nós eramos quase que obrigados a ler o livro desse idiota. Os professores só falavam dele, agora eu sei bem o porquê da minha dificuldade com a língua portuguesa, embora tenha estudado Letras!* **4)** *Reinaldo, o "intelectual orgânico" Marcos Bagno* *é mais uma cria de Gramsci e da Escola de Frankfurt...eles querem destruir a cultura burguesa... na realidade, são uns doentes mentais!!!* **5)** *Se o prof. Bagno fosse um agente consciente do imperialismo, pretendendo dissolver a nossa unidade linguística para lhe sobrepor a americana, seu livro seria obra de inteligência, mista de maquiavelismo. Mas não: ele é apenas mais um esquerdista doido, desses que, ansiosos para expressar sua miúda revolta imediatista e cega, não sabem a quem servem em última instância e aliás não querem nem saber: falam o que lhes dá na telha e, de tempos em tempos, constatam, mais revoltados ainda, que tudo deu errado e seu mundo caiu. Para cúmulo de inconsciência, o prof. Bagno, citando indevidamente Aristóteles, proclama que sua obra é política, quando a política para o Estagirita é o cuidado do bem comum, isto é, a vigilância sobre os rumos da sociedade como um todo, e nunca a adesão parcialista a exigências de grupos ou classes, defendidas como se valessem por si e sem o mínimo exame das consequências que seu atendimento possa produzir sobre o corpo da sociedade integral. Para os meninos da Febem ou para o lavrador de Ponta Grossa, pode ser bom ou pelo menos cômodo, a curto prazo, que os deixem escrever como falam, sem subjugá-los à uniformidade da norma. Subjetivamente, eles talvez se sintam, assim, menos excluídos. Mas, objetivamente, aí sim é que estarão excluídos, aprisionados na sua particularidade e sem acesso à conversação das classes cultas. Tudo depende de saber se preferimos enfraquecê-los pela lisonja ou fortalecê-los pela disciplina. Há nisso uma escolha moral que os amigos do povo preferem não enxergar. Como acreditar em Universidades que ensinam professores a "desensinar" as normas gramaticais de nossa língua padrão, em nome de uma "ideia libertária" que só tornará nossos alunos ainda mais escravos de suas condições de pobreza tanto econômica quanto culturais?*

Se dependermos do MEC, de nossas Universidades, de professores como Bagno e Possenti e de todas as doutrinas ideológicas que nos cercam e se dizem nossas protetoras, "nós tamo é fudido"! (Silvério Duque, apenas poeta)

SUAS PERGUNTAS, MINHAS RESPOSTAS

1. Qual é a diferença entre derradeiro **e** último**?**

R. **Derradeiro** se aplica a tudo o que é definitivamente acabado, o que não terá nada que se lhe siga em tempo algum. Alguém que morre dá o *derradeiro* suspiro, já que não poderá vir a fazê-lo nunca mais. **Último** é apenas o que está ou vem no final por uma circunstância, no tempo e no espaço. Alguém que foi salvo de afogamento pode ter dado o *último* suspiro antes de entrar em coma, mas, recuperando-se depois, dará outros suspiros, talvez até para uma vida muitas vezes cheia de alegrias. O *derradeiro* filho é aquele que não terá outro depois de si; o *último* filho é o que, circunstancialmente, está no final de uma série. Poderá ter muitos, ainda, atrás de si. É o *último* até que outro não chegue. No ano de 1945 terminou a *última* guerra mundial. Terá sido a *derradeira*?

2. Se mega- **só exige hífen antes de** a **(mega-ataque) e de** h **(mega-hospital), como se explica que a Caixa Econômica Federal promova um concurso que se chame** "mega-sena"?

R. Explica-se: na Caixa existem pessoas mais chegadas a números ($) que à língua.

3. Se o e da palavra mercado **tem som fechado, como se explica que o** E **de MERCOSUL seja aberto?**

R. Explica-se: MERCOSUL é um acrônimo de *Mercado Comum do Sul*. Se o **e** de *Mercado* é fechado, o **e** de MERCOSUL deveria permanecer assim. Há, porém, um fenômeno que ocorre nos acrônimos: mudança do timbre da vogal em relação ao da palavra primitiva. Veja o caso de CEP (Código de Endereçamento Postal): o **e** de *Endereçamento* é fechado, mas o **E** do acrônimo é aberto.

4. Existe alguma diferença entre sigla **e** acrônimo?

R. Toda abreviatura em que não se usa ponto é *sigla*. Tanto **IPTU** (sigla soletrada) quanto **PETROBRAS** são siglas, mas PETROBRAS, por exemplo, recebe o nome especial de *acrônimo*, justamente por ser uma sigla lida como se fosse uma palavra comum.

5. Que significa o acrônimo VOLP?

R. **VOLP** é um acrônimo com que você vai deparar muito nesta obra. Trata-se de abreviatura de *Vocabulário Ortográfico da Língua Portuguesa*, obra publicada desde 1931 pela Academia Brasileira de Letras, que tem a responsabilidade oficial de fixar a ortografia nacional. O VOLP tem força de lei, determina como devem ser escritas (e, em alguns casos, pronunciadas) as palavras da língua portuguesa no Brasil, tanto as que entraram com os colonizadores quanto os empréstimos de outros idiomas. Apesar de ter força de lei, há muito o que contestar nele. Se você desejar conhecer inúmeros de seus problemas (alguns sérios demais), consulte o item VOLP à página 484 do **Dicionário de erros, dúvidas, dificuldades e curiosidades da língua portuguesa**.

6. Qual é o verdadeiro feminino de elefante?

R. O verdadeiro feminino de *elefante* é apenas *elefanta* (embora o VOLP registre ainda *elefoa*, sem nenhum sentido). A forma *aliá*, longe de ser feminino (no sentido técnico), poderá, então, ser considerada um heterônimo feminino de *elefante*? Não, a nosso ver, porque *aliá* é termo que os indígenas cingaleses aplicavam a uma espécie menor de elefante, sem dentes, e não só à fêmea, mas também ao macho. Creio que esse fato põe uma pá de cal em cima dessa estória de *aliá*. Quanto a *elefoa*, só mesmo os luminares do VOLP podem explicar o porquê do seu registro num vocabulário oficial, que tem força de lei. Explica-se tal feminino? Não.

7. Estória?!

R. Sim, *estória*, que significa lorota, conversa mole, pronuncia-se como a outra: *istória*. Não tem nada a ver com *história*, que é o relato de fatos ocorridos ao longo do tempo. História é ciência; estória é conversa para boi dormir. Ouve-se muita *estória* em qualquer fórum do mundo, onde os bandidos, ante um juiz, não contam a verdade, a história; preferem, por malícia, apelar para suas estórias, que às vezes até chegam a comover magistrados e jurados... É mais do que sabido que a única grafia cientificamente defensável, no português, é *história*. Não é

Nosso português do dia a dia

esse o ponto que se discute. Se as maiores autoridades em lexicografia latina já registravam *estória* por *causo* ou por *conversa fiada*, é hora de estabelecermos a distinção, para maior clareza da comunicação, em nome do bom senso (que não faz ciência, mas é virtude indispensável). Como disse acima, um ladrão, à frente de um magistrado, não contará a *história*, a verdade, o fato realmente acontecido; estará, sim, preocupado em inventar *estórias*, porque a verdade ficará sempre contra si. Dediquemos à palavra legítima o respeito que ela merece! E deixem-se de *estórias* os caturras! Por isso, continuo lendo minhas *estórias* em quadrinhos, embora alguns nos exijam que leiamos histórias em quadrinhos. Não há compatibilidade entre o que não é real, ou seja, o que é fantasioso, com *história*. É difícil perceber isso?

8. Qual é a curiosidade envolvendo a palavra candidato?

R. É formidável! *Candidato* pertence à mesma família de *cândido*. Na antiga Roma, todo aquele que aspirasse a empregos públicos tinha de vestir uma túnica branca, para demonstrar a sinceridade e a pureza de suas intenções. Hoje, também, mas sem túnica branca, todo candidato procura mostrar sinceridade e pureza de intenções. **O candidato**. Depois de eleito, a conversa é outra, são outros quinhentos: nem cândido nem muito menos puro...

9. São outros quinhentos: **como surgiu essa expressão?**

R. Tudo começou na Península Ibérica, no século XIII. Os fidalgos da época não podiam sentir-se ofendidos por nada, que tinham o direito de pedir que o ofensor fosse condenado. Constatada a ofensa, seu autor teria de "morrer" com 500 soldos, que eram as moedas de ouro na antiga Roma, se quisesse safar-se da pena. Se, porém, voltasse a cometer o mesmo crime, deveria pagar outros 500 soldos. Cometeu novo delito? São outros quinhentos. Daí a expressão passou a significar *isso é outra coisa* ou *isso é outro assunto*. Existe, porém, uma versão diferente, talvez inventada, porque muito engraçada. Um velhinho caipira, de barbas e cabelos brancos, chegou à cidadezinha do interior e, por mostrar ares de honesto e inofensivo, logo ganhou a confiança de todos. Certo dia perguntou a umas pessoas reunidas na praça: *Cêis pode me dizê quem é o homem mais honesto da cidade?* Todos, sem pestanejar, responderam que não havia dúvidas, era o padre Josino, o pároco da cidade. Revelou, então, o velhinho que tinha que viajar e, temendo ser roubado, iria deixar todas as suas economias, 500 mil réis, com o padre, para garantir segurança. E foi isso que ele fez. Ao retornar da viagem, depois de mais ou menos três meses, foi ter com o padre, para pegar o dinheiro. *Padre Josino, vim buscá os 500 mirréis que dexei em confiança com mecê.* **Que 500 mil réis? Nem te conheço, homem! Ponha-se daqui pra fora, senão chamo a polícia!** O velhinho ficou perplexo, lamentou-se com todos com quem se encontrava e resolveu contratar um advogado para recuperar o dinheiro. No dia da audiência, o tribunal estava apinhado de testemunhas a favor do velhinho. O padre estava em maus lençóis. Sentindo o desespero do padre, um fazendeiro rico, católico fervoroso, decidiu ajudá-lo. Pediu licença ao juiz e, brandindo um maço de notas, disse ao velhinho: *Onde é que o senhor está com a cabeça?! Não foi com o padre que o senhor deixou seu dinheiro, não! Foi comigo, olha ele aqui!* Ao que o velhinho, ato contínuo e alto e bom som, disse: **Não, esses são outros quinhentos!**

10. Muito boa, muito boa! Qual é a diferença entre endemia, epidemia **e** pandemia?

R. **Endemia** é a doença infecciosa de causa local, que ocorre frequentemente em certa época, em determinada região e atinge significativo número de pessoas. **Epidemia** é doença infecciosa acidental e passageira, que, em certo lugar, acomete concomitantemente grande número de pessoas. É, em suma, a *endemia* que se tornou mais grave e mais abrangente. **Pandemia** é a *epidemia* levada às últimas consequências, a proporções generalizadas, ou seja, no planeta inteiro.

11. E a diferença entre tampar **e** tapar?

R. **Tampar** é fechar usando tampa ou qualquer outra peça movediça própria. Assim, *tampamos* panelas, garrafas, caixas, bueiros, vidros de remédio, etc. **Tapar** é fechar, encobrir, vedar, vendar, sem necessidade do uso de tampa. Desta forma, *tapamos* a boca, a orelha, os olhos, o nariz, um buraco qualquer. Embora seja assim desde os primórdios da humanidade, há muita gente que se levanta de manhã dizendo que não pôde dormir direito, por causa do nariz "tampado".

Mas temos um caso interessante e correto do uso do verbo *tapar*. O finado e muito digno senador Jefferson Péres, pelo PDT do Amazonas, respondeu desta forma, ao lhe perguntarem certa feita o que faria no caso de seu partido resolver apoiar Lula no segundo turno das eleições de 2006: *Aí eu tapo o nariz.* Exemplar... Agora, veja esta, de um jornalista: *Durante a missa celebrada pela manhã na basílica de Aparecida, fotógrafos, cinegrafistas e repórteres tentavam registrar cada passo do candidato tucano, ficando todos bem ao lado do altar central e "tampando" a vista de muitos peregrinos que estavam ali desde a madrugada.* Será mesmo que os fotógrafos, cinegrafistas e repórteres estavam, durante a missa, com *tampas* nas mãos?!... Dia

Nosso português do dia a dia

desses, saiu-se com esta um jornalista esportivo: *Seria "tampar" o céu com peneira ficar reclamando da cera do time do Goiás.* Que tampa enorme deve ter o céu!!!

12. Uso ou não vírgula antes de etc.?

R. Use. Embora *etc.* signifique *e outras coisas,* o Acordo Ortográfico em vigência no Brasil determina que a vírgula seja usada, o que torna seu uso obrigatório. Além do quê, é costume internacional preceder de vírgula essa abreviatura. Há dicionários por aí que não a usam e entidades até do governo federal (IPEA, p. ex.) em seu Manual do Editorial, que não a recomendam. Há professores de plantão na Internet que afirmam taxativamente que não se usa vírgula antes de etc. Tudo isso é compreensível, perfeitamente normal, mas nunca aceitável. Reprovável, sim, é o uso de "e" antes de *etc.: Compareceram à reunião alunos, professores, pais de alunos "e" etc.* Note: não se usa o ponto final depois do ponto abreviativo.

13. Se gavião **é substantivo epiceno (**o gavião macho, o gavião fêmea**), como se explica que um dicionário registre** "gaviã" **e** "gavioa" **como seus femininos?**

R. Explica-se: o dicionarista confundiu *gavião* com *faisão,* cujos femininos são, justamente, *faisã* e *faisoa...*

14. Se o Egito é o único lugar do mundo onde existiram faraós, como se explica que haja pessoas que usem faraó "do Egito" **ou faraó** "egípcio"**?**

R. Explica-se: falta de escola e nenhuma noção do que é redundância. Os que fugiram da escola parecem – todos – querer "ensinar" pela Internet. Tanto é assim, que à pergunta *O que quer dizer a palavra faraó?,* lá se lê no final da resposta: *Tutancâmon era um faraó "egípcio".* A rede aceita tudo.

15. Faraó **tem feminino específico? Ou usamos** "a" **faraó?**

R. Não tem feminino específico nem se usa "a" faraó, porque faraó é substantivo masculino, e não comum de dois. Cleópatra foi rainha do Egito, e não "uma" faraó. Mas se você consultar a "sábia" Internet, vai saber que o feminino de *faraó* (pasme!) é "faraóa". Está lá, em letras grandes, no erudito dicionário *online* de português. E mais: à pergunta *quem foram as mulheres faraós?,* lá se lê: *Hatshepsut foi "a primeira" faraó da história.* No outro *site* se lê este título: *O mistério de Hatshepsut, "a faraó apagada" da história.* Eita "professores" da Internet! Onde vamos parar?

16. Se champanhe **é palavra masculina (**o champanhe, um champanhe**), como se explica que ainda haja pessoas que tomem** "uma" **champanhe?**

R. Explica-se: falta de escola e de conhecer de fato um bom champanhe. Há, ainda, os que dizem tomar "uma champanhe francesa"! Dois inconvenientes numa frase tão curta, já que *champanhe* só se fabrica na França; os demais países produzem apenas *espumantes*. Portanto, "champanhe francês" é pura redundância.

17. A redundância ou pleonasmo é um ruído na comunicação?

R. Não, se o pleonasmo for literário, ou seja, se a redundância for usada com o objetivo de reforçar a comunicação, de lhe conferir vigor. Por exemplo, quando alguém diz ou escreve *A mim me parece que isso não está certo*, está reforçando a mensagem; é a mim e só a mim que parece estar isso certo, ou seja, do meu ponto de vista. Já quando alguém diz ou escreve *Ela não quis "entrar dentro" do meu carro*, não está reforçando a mensagem coisa nenhuma, está apenas deturpando-a, usando mais palavras do que o necessário, já que a pessoa que entra num carro já se coloca dentro dele. Esse é o pleonasmo vicioso, semelhante a *subir para cima* e *descer para baixo*, além de *demente mental...*

18. O que significa céu de brigadeiro **e** mar de almirante**?**

R. Quando se voa com céu limpo, boa visibilidade, voa-se em *céu de brigadeiro*; quando se navega em mar calmo, navega-se em *mar de almirante*. Um senador, recentemente, disse que a economia brasileira não navega em mar "de brigadeiro". Menos, senador, menos...

19. Uma mulher pode ser candidata a vereadora, **ou a** deputada, **ou a** senadora?

Não, e não vai aqui nenhum tipo de preconceito ou sentimento misógino. É que depois da expressão *candidato a* ou *candidata a* se usa apenas masculino e no singular, porque está subentendida a ideia de **cargo**: São inúmeros os candidatos a *deputado*. Josefina é candidata a *vereador*; suas irmãs são candidatas a *deputado* e suas sobrinhas são candidatas a *senador*.

20. Os Jogos Olímpicos podem ser chamados também de "Olimpíada"?

R. Não. *Olimpíadas* e *Jogos Olímpicos* são expressões afins e se usam sempre no plural. São esses os dois nomes dos jogos, realizados desde 1896, de quatro em quatro anos, em países diferentes. Os jogos servem como uma espécie de confraternização esportiva mundial. Vamos às enormes diferenças entre *Olimpíada* e *Olimpíadas*. A *Olimpíada* era realizada nos anos antes de Cristo e apenas em uma cidade na Grécia, Olímpia, daí o seu nome. Seus resultados eram transmitidos apenas por pombos-correios. Deixou de existir em 396 a.C. A *Olimpíada* era dedicada a Zeus; as *Olimpíadas* – ao que parece – não... Na *Olimpíada* havia provas em que os atletas competiam com armaduras; nas *Olimpíadas* – ao que parece – não... À época da *Olimpíada*, o mundo era pagão; no tempo das *Olimpíadas*, é um pouquinho pior... Por tudo isso e muito mais, quem usa *Olimpíada* por *Olimpíadas* ainda está no tempo do Onça. Quando e onde serão as próximas *Olimpíadas*? (é assim que se pergunta). Quando serão realizadas as XXX *Olimpíadas*? (lê-se *trigésimas* Olimpíadas). A mídia brasileira, no entanto, continua insistindo em usar *Olimpíada*. Os jornalistas brasileiros parecem gostar de viver a época antecristã... A palavra *Olimpíada*, hoje, só tem cabimento quando aplicada a uma competição esportiva específica (de natação, p. ex.) ou competição científica, cultural, disciplinar (de Matemática, p. ex.). Trata-se, aqui, de um uso especial da palavra. *Ah – dirá você – mas um manual de redação traz Olimpíada*. Esqueça: manuais de redação só têm autoridade intestina, na redação. E você vai ver, ao longo desta obra, a que nível está o jornalismo brasileiro, quando se trata do uso da língua. Jornalistas brasileiros quererem legislar nesse assunto me soa como pretensão ridícula.

21. Tempo do Onça? Como assim?

R. *Onça*, com inicial maiúscula, sim, porque se trata da alcunha que ganhou um antigo administrador da cidade do Rio de Janeiro, chamado Luís Vahia (com V mesmo) Monteiro, que começou o seu governo em 1725. Como era muito temperamental, violento e entrava em conflito com tantos quantos se lhe aproximassem, deram-lhe aquela alcunha. Há até dicionário que traz: *tempo do "onça"*, com inicial minúscula, confundindo gente com felino... Hoje a expressão *tempo do Onça* serve para significar *tempos muito remotos, que não trazem saudade nenhuma*. Equivale pouco mais ou menos a *tempo em que se amarrava cachorro com linguiça*. Esta frase, aliás, traz outro componente de significado: o da ingenuidade. Sim, porque o ingênuo que amarrasse cachorro com linguiça estaria sempre fadado a ficar sem o cachorro nem a linguiça, comida pelo animal. Daí por que um treinador da seleção brasileira de futebol declarou certa feita que nos tempos atuais já não se pode praticar um futebol do tempo em que se amarrava cachorro com linguiça, ou seja, dos tempos bons (e ingênuos) do nosso futebol.

22. Então, alcunha é palavra feminina?

R. Sempre foi: *a* alcunha, *uma* alcunha, *boa* alcunha. Anote mais estas palavras femininas: aguardente, aluvião, baguete, bicama, comichão, debênture, dengue, dinamite, echarpe, ênfase, entorse, enzima, matinê, pane, quitinete, torquês e vernissagem.

23. Posso dizer que minha irmã foi o melhor atleta brasileiro nas Olimpíadas?

R. Se foi realmente verdade, pode. Sua irmã, dentre todos os atletas brasileiros, foi o melhor.

24. Erro quando digo que na minha escola o melhor estudante é Juçara?

R. De jeito nenhum você erra. Quando se considera o universo de pessoas, no qual existem homens e mulheres, o gênero indicado é o **masculino** (pelo menos até este instante...). Por isso, pode dizer também que Marta Suplicy foi um dos **bons** prefeitos de São Paulo. Isto é: entre os bons prefeitos de São Paulo, Marta foi um deles. O uso do gênero feminino nesse caso só faz sentido quando o universo de pessoas for constituído apenas de pessoas do sexo feminino. Como neste exemplo: *No internato feminino, Juçara era a melhor estudante.*

25. Marido pode viver às custas da mulher?

R. Não. Há, no entanto, muito marido por aí vivendo **à custa d**a mulher. Se não quiser usar *à custa de*, use *a expensas de*, locução equivalente. Mas o melhor mesmo é nunca viver *a expensas de* ninguém.

26. Marido que vive à custa da mulher pode ser chamado parasita ou parasito?

R. **Parasito**, que se aplica a pessoas e insetos; **parasita** se aplica a vegetais. Maridos, carrapatos, micuins, piolhos e pulgas, portanto, são **parasitos**; o cipó-chumbo é uma *parasita*.

27. Um jogador de futebol precisa ser craque em "fundamento"?

R. Não. Em qualquer esporte coletivo, todo atleta que erra passe constantemente tem de treinar bastantes *fundamentos* (sempre no plural, assim como fazemos com *núpcias, óculos, parabéns,* etc.). Os jornalistas esportivos, no entanto, só usam a palavra no singular, erroneamente, assim como só usam "bastidor", em vez de *bastidores*. Um já cansado jornalista esportivo paulista escreveu dia desses matéria a que deu este nome: **O bastidor do futebol brasileiro tem de ser contado**. Nossos jornalistas esportivos são ótimos!... E agora eles inventaram mais uma: crime de "lesa-futebol"! Se *futebol* é palavra masculina, é *leso* que se usa. Não chega a ser um crime de lesa-pátria, mas não deixa de ser um crime de leso-idioma...

28. Qual é a expressão genuinamente portuguesa: em rigor ou a rigor?

R. A expressão genuinamente portuguesa é, sem dúvida, **em** *rigor*, já que *a rigor* é cópia do francês *à la rigueur*. Mas quem tem que evitar o uso de galicismos são os portugueses; nós, brasileiros, não. Os portugueses fogem os galicismos como o Diabo foge a cruz, por razões históricas: foram os franceses que obrigaram a Família Real a vir (leia-se *fugir)* para o Brasil, já que Napoleão Bonaparte estava às portas de Lisboa, para subjugar o país. Nós, brasileiros, não temos nada com isso; aliás, fomos até beneficiados com a vinda inesperada de D. João VI, que criou a Biblioteca Nacional, o Banco do Brasil, o Teatro Nacional, o Jardim Botânico, etc. Essa ojeriza aos galicismos faz os portugueses usar *semicúpio* por *bidê*, já os fez preferir *sabão aromatizado* a *sabonete*, *pormenor* ou *minudência* a *detalhe* e preferem (ainda) *pantalha* a *abajur*. Nós, brasileiros, não temos por que sermos rancorosos...

29. Se todos lemos a sequência das cinco vogais assim: a é i ó u, como se explica que repórteres insistam em dizer, para grupo E de uma competição qualquer, grupo "ê"?

R. Explica-se: é que eles aprenderam a ler a sequência das vogais desta forma: a "ê" i "ô" u... Nas suas casas eles só têm lâmpadas gê "ê" (GE); vivem lá no i bê gê "ê" (IBGE) e no tê esse "ê" (TSE) buscando notícias; só tomam vitamina "ê" (E); sempre ficavam, na escola, para erre "ê" (RE), mas hoje, arrogantes, fazem questão de andar no classe "ê" (E) da Mercedes-Benz... Dignos de louvor, no entanto, são os jornalistas André Loffredo e Mari Fontes (que graça essa garota!), do programa SporTV News, que exatamente no dia 25/5/2022, no seu programa matutino, disseram "grupo é da Copa Libertadores". Vê-se que ainda há um fio de esperança entre os jornalistas brasileiros.

30. Então, as vogais e e o, quando pronunciadas isoladamente, soam sempre abertas. É isso?

R. É isso. Tão fácil quanto abrir uma melancia... Mas há repórteres que sentem uma dificuldade até nisso! Assistindo ao sorteio da fase de grupos da Copa Libertadores da América, ainda há pouco, o repórter disse que o grupo "ê" era o mais forte. Eles não são ótimos?

31. Se todos lemos a sequência das cinco vogais assim: a é i ó u, como se explica que os repórteres insistam em dizer, para grupo O da Copa do Mundo, grupo "ô"?

R. Explica-se: é que eles têm sangue tipo "o" negativo, não sabem o que é "ô" á bê (OAB), pedem socorro usando esse "ô" esse (S.O.S.) e leem a fórmula química da água desta forma: agá dois "ô" (H_2O). Por isso, dizer grupo "ô" (O) da Copa do Mundo lhes faz muito sentido. São uns gênios!...

32. Quando soletro palavras também devo dizer as vogais e e o abertas?

R. Sempre que tais vogais forem ditas isoladamente, terão timbre aberto. Quando você soletra a palavra *ema*, por exemplo, deve dizer: *é, eme, á*. Ao soletrar a palavra *ovo*, deve dizer: *ó, vê, ó*. Deve dizer, ainda, que a palavra *mexerica* tem nas duas primeiras sílabas dois *és* (ee), e não dois "ii". A palavra *óbolo* tem três *ós*, e não três "ôs".

33. Mas recentemente a Globo apresentou um programa em que um dos quadros chamava-se Soletrando. **Não houve sequer um participante que soletrasse é ou ó em palavras que continham tais vogais.**

R. De que serviu, então, a presença de tão ilustre professor ali? Figuração? Quantos milhões de brasileiros não poderiam, hoje, estar cientes da pronúncia correta de tais vogais, se houvesse, logo de início, interferência do professor? Perdeu-se uma excelente oportunidade de ensinar a milhões.

34. Pois é. O cavalo passa encilhado, arreadinho, e não aproveitam para cavalgá-lo. Agora, outra dúvida: se na palavra emulsão **já está implícita a ideia de** óleo, **como se explica que jornalistas e até mesmo engenheiros usem emulsão** "de óleo"?

R. Explica-se: falta de interesse por estudar português. O desinteresse remonta à época em que ainda eram estudantes, principalmente

Nosso português do dia a dia

os engenheiros, arquitetos e médicos de hoje. A maioria desses profissionais não deu a mínima para as aulas de língua portuguesa quando estudantes. Deu nisso aí: quase nenhum deles sabe comunicar-se portuguesmente. Tanto é assim que a maioria de engenheiros e arquitetos continuam escrevendo "ante-projeto" e grande parte dos médicos continua dizendo "catéter", "pálato" e "alopécia", quando não também *"quisto" sebáceo*, em vez de *cisto*.

35. Mas assim como os poetas têm licença poética, os médicos também não teriam sua licença médica?

R. Que pergunta sensacional a sua! E tola! Por isso, a resposta é um NÃO gigantesco! *Cateter* sempre foi palavra oxítona; rima com *colher, mulher, talher*; *palato* sempre foi palavra paroxítona, e em *alopecia* (calvície) a sílaba tônica sempre foi *-ci-*.

36. Já não está mais aqui quem lhe perguntou isso. Entre duas equipes pode haver empate "em" 0 a 0? Um time pode empatar com o outro "em" 2 a 2?

R. Não. Todo empate é **de** 0 a 0, **de** 1 a 1, **de** 2 a 2, etc., ou seja, usa-se a preposição **de**, e não "em". E o Flamengo só pode empatar com o Vasco da Gama **de** (ou **por**) 2 a 2. Fora daí, é só jogo bruto...

37. No Rio faz 40 graus centígrados **ou 40 graus** célsius?

R. Faz 40 graus *célsius*. Até 1948 se usava *centígrados*, na escala de temperatura. Depois desse ano, passou-se a usar internacionalmente **célsius** ou **Celsius**.

38. Se em qualquer sucessão, de 1 a 10, temos de usar os numerais ordinais, **como se explica que haja por aí colégio Pio "dez"? Como se explica que em documentários pela televisão se ouça século "dois", ano "cinco", etc.?**

R. Explica-se: falta de frequência na escola e sobretudo de respeito aos telespectadores. Na escola se ensina que o nome do colégio é Pio *décimo* e que o século é *segundo*, o ano é *quinto*, etc. Mas há sempre os que faltaram a essa aula...

39. Qual é a diferença entre façanha **e** proeza?

R. **Façanha** é um feito que exige coragem. A captura de uma onça por crianças é uma *façanha*. **Proeza** é um feito que exige sabedoria, meditação e estratégia de ação. Um general executa *proezas*;

seus comandados cometem *façanhas*. Ambos são feitos notáveis, extraordinários, de grande valor. A *façanha* é própria dos aventureiros; a *proeza* é característica daquele que usa a razão, o intelecto, o planejamento, antes de agir. Um setuagenário que atravessa a nado o canal da Mancha, depois de se preparar adequadamente para o feito, realiza uma *proeza*; mas uma velhinha que, com sua bengala ou seu guarda-chuva, faz fugir um ladrão, comete uma *façanha*.

40. Qual o plural de tom pastel?

R. *Tons **pastel***. Todo substantivo que exerce função adjetiva não varia. Se *pastel* é substantivo, mas nessa expressão funciona como adjetivo, não há como fugir ao *tons **pastel***. Os jornalistas ignoram o assunto. Veja como escreveu um deles na revista Quatro Rodas: *A Chery garante que cada exemplar do QQ Ice Cream será único, graças às opções de personalização que darão ainda mais personalidade às cores ousadas do catálogo, dominado por tons "pasteis" e fora do óbvio*. O "artista" nem sequer soube acentuar *pastéis*. Nossos jornalistas são ótimos!

41. Quer dizer, então, que qualquer substantivo que faça as vezes de um adjetivo não varia?

R. Isso mesmo. Anote mais estas: contas *fantasma*, operários *padrão*, gols *relâmpago*, filhos *prodígio*, peças *chave* (que alguns dicionários consideram substantivo composto), postos *chave* (que o VOLP registra com hífen), elementos *chave*, eleitores *laranja*, bandeiras *canarinho*, camisas *canarinho*, revelações *bomba*, pais *coruja*, fiscalizações *surpresa*, importações *recorde*, vendas *recorde*, produtos *pirata*, passeatas *monstro*, calças *garrafa*, gases *estufa*, mordomos *chefe*, carros *chefe* (embora o VOLP registre carro-chefe), etc. Também não variam os substantivos que indicam cor ou tom de cor: carros *vinho*, carros *cereja*, sapatos *gelo*, gravatas *creme*, olhos *turquesa*, etc. E o italianismo *tutti-frutti* também não varia: balas *tutti-frutti*.

42. Qual o gênero correto de Ceasa e Ceagesp?

R. Vamos lá: *Ceasa* nada mais é que ***Centro de Abastecimento S. A.*** Se a primeira palavra da locução é masculina, não há por que mudarmos o gênero do acrônimo. Portanto: **o** Ceasa. Mas todos os Ceasas do país parecem tratar-se como "a". Paciência, o mundo está mesmo muito mudado... Já **Ceagesp** nada mais é que ***Companhia de Entrepostos e Armazéns Gerais do Estado de São Paulo***. Note o gênero da primeira palavra: feminino. Portanto: **a** Ceagesp, que é como todo o mundo

Nosso português do dia a dia

usa. Desculpe, todo o mundo, não. Veja o que um jornalista escreveu recentemente, num diário paulistano: *Para tentar explicar a origem do dinheiro encontrado na cueca, Silva — que ganha como assessor parlamentar R$ 2 mil — disse aos policiais que era agricultor e que tinha vindo a São Paulo para fazer negócios "no" Ceagesp.* Pois é...

43. Se o ditongo ai, **antecedido de fonema nasal, soa sempre** fechado, **como se explica que repórteres insistam em dizer** "Roráima"?

R. Explica-se: coerência, a mais absoluta co-e-rên-cia. É que nossos repórteres também dizem "páina" "fáina", "Bocáina", "andáime", "Eláine", "Gisláine"... As pessoas que defendem a pronúncia "Roráima" apelam para uma série de "razões", a fim de justificá-la. Todas sem razão. Uma delas é que nesse estado brasileiro os indígenas pronunciam a palavra com o ditongo aberto. Não há dúvida quanto a isso. Desconhecem, contudo, o fato de que os indígenas só pronunciam "Roráima" por absoluta impossibilidade fonética de pronunciar *Rorâima*. O Papa João Paulo II sentia dificuldade em dizer *pão*, como nós o fazemos. É a mesma dificuldade sentida pelos indígenas. Vamos, então, por isso copiá-los?

44. Se milhão **é nome coletivo, como se explica que jornalistas insistam em usar verbo no plural com** um milhão?

R. Não se explica, a não ser pelo despreparo. Se *milhão* é nome coletivo, assim como *bando, rebanho, exército*, etc., como aceitar o verbo no plural? *Um milhão de votos foi desviado.* É assim que se faz a concordância com *um milhão*, mesmo seguido de complemento no plural (votos). Em outra ordem: *Foi desviado um milhão de votos.* Há jornalista que usa: *"Foram desviados" um milhão de votos.* MEU DEUS!!!

45. Mas não posso optar pelo verbo no singular ou no plural, quando depois de um coletivo vem complemento no plural?

R. De jeito nenhum! Quem usaria: Um bando de vândalos "destruíram" vários orelhões na cidade? Quem usaria: Um rebanho de ovelhas "estão" pastando? Quem usaria Uma junta de médicos "examinaram" o paciente? Mesmo sendo óbvio o disparate, há certos professores na Internet que insistem em "ensinar" que há faculdade nesse caso. Lamentável! Mas, infelizmente, sempre há pessoas que os levam a sério. Eles têm essa virtude: há quem acredite neles!

46. A Internet é como papel: aceita tudo! Por que, afinal, eles aceitam também o plural nesse caso?

R. Porque fazem confusão com outro caso de concordância, ou seja, com os coletivos partitivos (*a maioria de, bom número de, a maior parte de*, etc.). Estes, sim, podem ser usados com o verbo no singular ou no plural indiferentemente, quando seguidos de complemento no plural: *A maior parte dos torcedores vaiou* (ou *vaiaram*) *o time. Bom número de frutas foi colhido (ou foram colhidos) no pomar. A maioria das pessoas acredita* (ou *acreditam*) *em tudo o que lê* (ou *leem*). E mesmo assim quando o verbo vem posposto; quando vem anteposto, só cabe o singular: *Vaiou o time a maior parte dos torcedores. Foi colhido no pomar bom número de frutas.* Mas já encontrei construção de jornalista usando o plural mesmo neste caso. Normal...

47. Posso usar sem problema com certeza por sim?

R. Não, não é aconselhável. A expressão *com certeza* se emprega corretamente por: **1)** Decerto; por certo; certamente; na certa: Ela *com certeza* não recebeu minha carta. Hoje chove com certeza. **2)** Com exatidão; ao certo: Não sabemos *com certeza* qual a quantia roubada. **3)** Talvez (com verbo no subjuntivo): *Com certeza* ela não tenha recebido minha carta. *Com certeza* chova ainda hoje. Mas usar *com certeza*, com ênfase na preposição, por *sim*, como em: — *Você vai à praia hoje? Com certeza!*, é um modismo de fala desnecessário, tanto quanto *beleza*, palavra que se usa hoje por *tudo bem* e até por *obrigado*.

48. Beleza, professor... Vamos em frente: se a palavra destro sempre se disse com e fechado (dêstru), como se explica que na mídia esportiva só se ouça déstru?

R. Explica-se: é que a 6.ª edição do VOLP resolveu agasalhar ambas as pronúncias, com **e** fechado e com **e** aberto, embora tradicionalmente essa palavra sempre fosse lida *dêstru*. É assim que registram todos os antigos dicionários. E a mídia esportiva – ainda – emprega a palavra em referência ao "pé" direito: *Esse jogador é déstru, por isso não fez o gol.* Mas qualquer dicionário sério, principalmente os antigos, define o termo assim: *que ou aquele que usa preferencialmente a mão direita.* Note: **mão** (e não "pé"). Se, porém, você for à Internet, já lá verá que alguns "artistas" já o definem incluindo o pé. Causa da discrepância: a mídia brasileira, formidável em invenções.

Nosso português do dia a dia

49. Que significa a palavra inglesa *handicap*?

R. Esse anglicismo (que se pronuncia *réndikèp*) significa, em rigor, *qualquer desvantagem que torna o sucesso mais difícil*: A seleção brasileira de futebol ganhou quatro campeonatos mundiais com o *handicap* de campo e torcida. O principal *handicap* da Hyundai é a falta de imagem da marca. Os jornalistas esportivos brasileiros usavam muito a palavra até pouco tempo atrás, mas com o significado totalmente oposto: *vantagem*. O Flamengo terá *handicap* de campo e torcida hoje contra o Corinthians. Se nem mesmo português eles dominam, como querem acertar alguma coisa em língua estrangeira?

50. Se a palavra em português é recorde, como se explica existir um dicionário que registre, embora como variante, "récorde"?

R. Explica-se: esse é o dicionário que merece nossa atenção especial no livro **Dicionário de erros, dúvidas, dificuldades e curiosidades da língua portuguesa**. Você vai se surpreender com tantos desatinos! Se a palavra registrada no VOLP não tem acento gráfico na primeira sílaba, trata-se de uma paroxítona, que devemos pronunciar *rècórdi*. Há, no entanto, quem insista em dizer "récordi", à inglesa. Ora, mas em português a palavra não é proparoxítona! Em São Paulo existe a Rede *Record* de Televisão. (Embora a forma seja inglesa, ninguém lê "récord".) Certos repórteres e apresentadores de telejornal – pode notar! – não conseguem dizer em português: *rècórdi*. O que mais eles sabem fazer é bater o "récordi" (de sandices, naturalmente).

51. Qual é a diferença entre amante e amásio?

R. **Amante** é a pessoa que mantém ligação íntima ou amorosa, geralmente ilícita, com outra. D. Pedro I (dizem as más-línguas) tinha muitas **amantes**, o que lhe acarretou vários processos pelo Brasil afora, embora fosse o imperador (naquele tempo não havia impunidade nem STF...). **Amásio** é o homem que se ligou ilicitamente a uma mulher com quem convive. É o mesmo que *companheiro* (mas não na acepção que lhe dá o PT). O *amante* não se separa da família para viver com outra mulher; já o *amásio* deixa mulher e filhos para coabitar com a nova parceira. O *amante* mantém as aparências, é um espertalhão; o *amásio* assume sua condição e toca a vida para a frente, sem nenhum peso na consciência. Ambos são seres infelizes.

52. E a diferença entre burrice e ignorância?

R. Não é pequena. Comete **burrice** aquele que, mesmo sabendo a diferença entre o certo e o errado, prefere enveredar pelo errado. Ou aquele que já se saiu mal no mesmo empreendimento e faz tudo da mesma forma, buscando o mesmo desastroso resultado. É **ignorante** aquele que comete desatinos por absoluta falta de informação ou de preparo. Nada impede que o *ignorante* cometa *burrices*. Todo o mundo sabe que é um desatino rasgar dinheiro. Se alguém, mesmo assim, o faz, não deixa de ser *burro*, a quem muitos preferem chamar *estúpido*, que é a mesma coisa.

53. Todo o mundo, com artigo?!

R. Sim, *todo **o** mundo* com artigo, assim como em francês (*tout le monde*), assim como em espanhol (*todo el mundo*). A formidável mídia brasileira não usa o artigo (é compreensível), e alguns gramáticos afirmam que ele é facultativo nesse caso. Não é, não! *Todo **o** mundo* se usa para pessoas e também para o planeta: *Todo **o** mundo aplaudiu. Todo **o** mundo está poluído. Cumprimentei todo **o** mundo. Não há em todo **o** mundo mulher mais linda que a carioca.*

54. Vi ainda há pouco um anúncio na televisão de uma empresa mineira que nos propõe a compra de passagens aéreas com milhas. Sabe o que vem no final?

R. Sim, também já vi esse anúncio, que eles encerram de forma "apoteótica" (segundo entendimento exclusivo deles): *123milhas, onde todo mundo se conecta com todo o mundo*. Ou seja: eles estabelecem diferença de significado entre aquilo que consideram coisas distintas. Distintas pra quem, Pedro Bó?

55. Qual é a diferença entre egoísmo e egotismo?

R. **Egoísmo** é o amor exagerado de si mesmo, com esquecimento do(s) outro(s); é a tendência de se considerar a si próprio o centro de todos os benefícios, em detrimento de outrem. **Egotismo** é o amor exagerado ou senso fútil da própria personalidade, do próprio valor, da própria importância, dos próprios direitos pessoais. O *egoísta* pode até ter amigos, mas só os aceita se nada sofrer e tudo gozar, sem dar absolutamente coisa nenhuma em troca. O *egotista* sempre se sente o mais importante do grupo ou da turma, o mais capaz, o mais versátil, o mais humano, o mais tudo. Sem sê-lo. Faz referência a si próprio quando fala e escreve. O *egoísta* não vacila em prejudicar o outro para se beneficiar; o *egotista* não chega a tanto, embora não se comprometa na ajuda a ninguém. Nenhum desses dois conceitos se confunde com o de *amor-próprio*, que é o respeito por si mesmo e por sua própria dignidade, valor e princípios.

56. E a tal prova dos nove? Existe?

R. Não. Todos, um dia, já fizemos a prova dos **noves**. Ou ninguém se lembra de dizer *noves fora*? Os números variam normalmente, quando substantivados: *Faça dois **quatros** aí que eu quero ver! É certo que em 111 existem três **uns***. O dicionário Houaiss, no entanto, só conhece a *prova dos "nove"*. Existe até livro com o título *Prova dos "nove"*. Talvez seja a evolução do mundo, que este professor não consegue mesmo acompanhar...

57. Qual é a diferença entre gíria, calão e jargão?

R. **Gíria** é a linguagem pitoresca do vulgo e não é digna de combate, como querem muitos, porque extremamente expressiva. Um exemplo de *gíria* é *dica*. Quem já não usou? **Calão** é a gíria considerada grosseira ou rude, própria de gente desqualificada, mal-educada, que pode chegar a extremos e ser obscena (é o baixo calão). *Babaca*, assim como *tesão* (um tesão), já foi *calão*. Hoje são palavras que se ouvem comumente até em programas de televisão. Muito cuidado para não usar "escalão" por *calão*, como fez certa feita um repórter, ao informar quase que indignado: *O deputado usou termos de baixo "escalão" para com a colega Cida, do PT*.

Jargão é a linguagem própria de certos grupos ou profissões, é a gíria profissional, incompreensível para as pessoas que não fazem parte desses grupos ou profissões. No *jargão* jornalístico, por exemplo, *foca* é o jornalista novato.

58. Qual é a diferença entre explicar e justificar?

R. Uma pessoa **explica** uma coisa, quando tenta fazer alguém compreender as razões que a levaram a praticá-la ou cometê-la. Uma pessoa **justifica** uma coisa, quando apresenta razões convincentes do fato ou de que procedeu bem. Uma guerra onde se matam crianças inocentes, se estupram mulheres e violentam velhos e moços até se *explica*. Mas não se *justifica*. Todos os atos humanos, bons ou maus, têm uma *explicação*, mas só os bons são copiosos de *justificativas*.

59. Se os nomes Mozart e Goulart terminam em t, como se explica que a mídia paulista não articule essa consoante, nem mesmo brandamente?

R. Explica-se: é que só a mídia sulina conhece muito bem tanto *Mozart* (que se pronuncia *môtçart*') quanto Goulart (que se diz *gulárt*')...

60. Qual é a diferença entre transexual **e** travesti**?**

R. **Transexual** é o homossexual, ou não, que tem convicção de pertencer ao sexo oposto, o que pressupõe desejar suas características fisiológicas, muitas vezes obtendo-as por meio de tratamento e cirurgia. O *transexual* não se conforma com a sua condição sexual, ou seja, com a ideia de ser biologicamente homem ou biologicamente mulher. Desta forma, a cirurgia de troca de sexo e o processo de transição (terapia hormonal, alteração de identidade, cirurgias plásticas, etc.) apresentam-se como quesitos inalienáveis da felicidade do *transexual*, harmonizando identidade, corpo e sexo.

Travesti é o homossexual, ou não, que se veste, se comporta social e particularmente como se pertencesse ao sexo oposto e, não raro, faz terapias hormonais, cirurgias plásticas, etc.; é o mesmo que *traveco* ou *biba*, termos estes considerados pejorativos. A diferença entre *transexual* e *travesti* está em que o primeiro, convencido de pertencer ao sexo oposto, procura harmonizar corpo, sexo e identidade; o segundo, apesar de se comportar como indivíduo do sexo oposto, não tem problemas com sua identidade, aceitando o sexo biológico, apesar das alterações corporais que promove em si.

61. Existe diferença de significado entre engolir **e** beber**?**

R. Existe: **engolir** é fazer passar (geralmente alimento) direto da boca para o estômago, sem mastigar. Experimente oferecer um pedaço de carne a um cão faminto! Ele *engole* o alimento. Mastigar é perder tempo... **Beber** significa tomar (geralmente líquido) na boca e ingeri-lo em dois ou mais goles. Todos nós sabemos quanto é bom e saudável *beber* uma água de coco! Saliva, porém, todos *engolimos*, e não *bebemos*. O ato de *beber* envolve um processo em duas ou mais fases; o de *engolir* implica um processo único, uma única fase.

62. Qual é a diferença entre velocímetro **e** hodômetro**?**

R. **Velocímetro** é o instrumento do painel de um veículo automotor que mede a velocidade percorrida em milhas ou quilômetros por hora. **Hodômetro** é o instrumento que mede distâncias percorridas. Um atleta pode levar consigo um *hodômetro*, mas nunca um *velocímetro*. Os jornalistas brasileiros grafam *odômetro*, porque em inglês se escreve *odometer*. O VOLP registra tanto *hodômetro* quanto *odômetro*. Ora, se o étimo é o grego *hodós* (via, caminho) + *métrno*, só podíamos ter uma única grafia: com *h*. Ou, então, macaquearmos mais uma vez, imitando a grafia inglesa.

Nosso português do dia a dia

63. Se todos escrevemos quilômetro, Êmerson **e** Antônio, **com acento circunflexo, como se explica que a maioria dos brasileiros diga** kilómetro, Émerson **e** António?

R. Explica-se: influência da pronúncia do português europeu. Em Portugal, pelo menos, dizem assim, mas escrevem essas palavras com acento agudo: *quilómetro, Émerson, António*. Portanto, são coerentes.

64. Quero saber tudo sobre o verbo tratar.

R. O verbo *tratar* é transitivo direto ou transitivo indireto, na acepção de *alimentar, cuidar*: Você já *tratou* os (ou dos) passarinhos hoje? *Trate* os (ou dos) dentes enquanto eles existem! Tratamos de um assunto sempre *em* algum lugar, e não "a" algum lugar: *Precisa-se de empregados. Tratar na Rua da Paz, 300* (e não: *"à" Rua da Paz, 300*). É comum os jornalistas flexionarem o verbo *tratar*, quando acompanhado do pronome *se*. Assim, p. ex.: *Os turistas chegaram; "tratam-se" de alemães*. Como *tratar*, neste caso, não tem sujeito, deve ficar sempre no singular: *Os turistas chegaram; trata-se de alemães*. Na primeira página do Diário do Nordeste lemos isto, sobre a violência que campeia em certos bairros da cidade: *"Tratam-se" de territórios proibidos, guetos segregados entre as próprias pessoas de uma mesma comunidade*. No *site* de uma rádio paulistana se leu: *Sobre a redução do número de cargos e o fim da reeleição, o senador disse que concorda com as duas ações, desde que não "se tratem" apenas de uma cortina de fumaça para encobrir as denúncias de corrupção*. No *site* do portal Terra: *Testemunhas apontaram novos suspeitos no sequestro e assassinato do ex-prefeito de Santo André (SP) Celso Daniel. De acordo com a rádio Jovem Pan, "tratam-se" de pessoas que ficaram responsáveis pelo cativeiro e que não foram identificadas pela polícia*. Para encerrar, notícia de outro jornal de Fortaleza: *Antes de proferir seu voto no julgamento do mérito, o desembargador contestou as preliminares, considerando que "se tratavam" de manobra da defesa para retardar o julgamento*. Como se vê, *trata*-se de pessoas que não têm a mínima noção de análise sintática, assunto a que os pedagogos modernos são avessos. Dá nisso. E dá nisto também: *A cidade de Taubaté não era exatamente famosa antes de 2012. "Ela se tratava" de uma cidade no interior do Estado de São Paulo*. "Ela se tratava"?!!! Como assim, jornalista?!

65. Qual é a diferença entre incontestável **e** inconteste?

R. **Incontestável** é que não se pode contestar, questionar ou negar; é o mesmo que irrefutável: provas *incontestáveis*, argumentos *incontestáveis*. **Inconteste** é que não foi testemunhado e, também, discrepante, contrário: acidente *inconteste*, depoimentos *incontestes*. Certa feita, um jornal trouxe esta surpreendente notícia: *É "inconteste" que a maconha é uma porta que se abre para outras drogas*. Sem dúvida, *incontestável...* Apesar da sensível diferença de significado existente entre tais termos, na mídia brasileira circulou por longo tempo a frase: *A Rede Globo é líder "inconteste" no país*. (Sem nenhuma saudade...)

E por falar em nenhuma saudade, eis declaração da senhora Dilma Rousseff sobre o senhor Michel Temer, depois de este a ter chamado de honestíssima: *Eu agradeceria que o senhor Michel Temer não mais buscasse limpar sua "inconteste" condição de golpista utilizando minha "inconteste" honestidade pessoal e política*. Tudo isso é incontestável...

66. **Quando há** divisa **e quando há** fronteira?

R. Há **divisa** entre estados ou municípios, como entre São Paulo e o Paraná ou entre Santos e São Vicente. Há **fronteira** entre países. O Brasil não faz *fronteira* apenas com dois países sul-americanos: o Equador e o Chile. Já **limite** serve para tudo.

67. **A combinação** "uso abusivo" **é boa?**

R. Não. É combinação esdrúxula, já que se trata de nomes de mesmo radical. Equivale pouco mais ou menos a "combinação combinada". Deve ser substituída por *abuso* ou, então, por *uso excessivo, uso exagerado, uso imoderado*, etc. Na Internet, porém, alguém quer alertar. Deste jeito: *Conselheiros antidrogas de todos os Estados Unidos estão começando a ouvir falar de festas similares movidas a pílulas, marcada pelo aumento do "uso abusivo" de medicamentos vendidos com prescrição médica por parte de adolescentes e adultos jovens*. Num *site* da UNIFESP: *O "uso abusivo" de psicoestimulantes tem aumentado nos últimos anos em todo o mundo*. Muito mais **coisas** têm aumentado no mundo...

68. **República Tcheca ou** República Checa? Tcheco **ou** checo? Tchau **ou** chau?

R. Sempre usarei República *Checa, checo* e *chau*. Em português não existe nenhuma palavra que se inicie com *tch*. O som é comum, mas é na escrita que a porca torce o rabo. Veja só: os chilenos dizem *tchile*, mas escrevem *Chile*; os italianos dizem *tchau*, mas escrevem *ciao*. O VOLP, no entanto, registra, sim, *checo*; mas também registra *tcheco*. Há necessidade? O VOLP só registra *tchau*, e não *chau*. Há coerência?

Nosso português do dia a dia

69. Que novidade nos traz o verbo inocular?

R. Trata-se de verbo transitivo direto e indireto: quem inocula, inocula alguma coisa em alguém ou em algum animal: *inocular* vacinas em crianças, *inocular* vírus em rato. Sendo assim, não há propriedade em construir: "O rato *foi inoculado* com um vírus". Por quê? Porque *em rato*, na primeira frase, é objeto indireto, e este tipo de complemento não pode passar a exercer função subjetiva, na voz passiva.

70. Um humorista **pode ser chamado de** comediante?

R. Não com propriedade. Ambos têm o propósito de fazer rir, mas o **humorista** não é necessariamente alegre e brincalhão; já o **comediante** vive de promover alegria mediante brincadeiras, palhaçadas de todos os tipos e gostos, se apresenta risonho e, geralmente, com suas palhaçadas, faz a alegria da garotada. O *humorista* pode fazer rir absolutamente sério, além de ser mais fino, mais sutil. Tiririca, Golias, Carequinha e Arrelia são ou foram *comediantes*; Chico Anysio, Costinha, Rogério Cardoso, Juca Chaves e Walter d'Ávila são ou foram *humoristas*. (Nem me pergunte se os dicionários dão tal diferença!)

71. Se o cifrão é composto de um S e apenas um traço ($), atravessando-o de alto a baixo, como se explica que haja pessoas que usem "dois traços" nesse S?

R. Explica-se: pouca intimidade com o cifrão... E saber que basta dar uma olhadinha na tecla 4 de qualquer teclado...

72. Posso usar artigo depois de cujo?

R. Não. Nem depois de suas variações: *cuja, cujos, cujas*. Só por curiosidade, frases de jornalistas: *Um dos engenheiros em cujo "o" velório o presidente chorou, pediu um adicional de periculosidade de 30. O Banco da América vendeu a dívida que tinha com o cantor, no valor de mais US$270 milhões, para o grupo Fortress Investments, cuja "a" sede fica em Manhattan.* Quando *cujo* (ou uma de suas variações) se refere a dois ou mais substantivos, não varia no plural, concordando sempre com o elemento mais próximo: Meu amigo, de *cuja* seriedade e honestidade ninguém duvida, não mentiu. De um "adevogado": *Meu cliente reclama por ter sido lesado pela autora em "cujas" seriedade e probidade confiou.* Os advogados, certamente, escrevem diferente... A língua cotidiana evita quanto pode o emprego deste pronome relativo, preferindo "que" em seu lugar: *A mulher "que" o filho morreu vive sozinha. O carro "que" os pneus estouraram era importado.* Convenha em que é mais elegante construir: *A mulher cujo filho morreu vive sozinha. O carro cujos pneus estouraram era importado.* Também não se deve usar esse pronome relativo no lugar de *que* ou *o qual*, como neste exemplo: *O acidente feriu gravemente o motorista, "cujo" foi levado às pressas para o hospital.*

73. Debitaram "de" minha conta quantia que não saquei. Está certo isso?

R. Não estão certas as duas coisas. Primeiro, porque o seu banco errou; segundo porque também você errou. *Debitar* é verbo que pede **a**, e não "de": *Debitaram* **à** *minha conta bancária quantia que não saquei. Debite* **à** *empresa todos os gastos que tivemos durante a viagem!* (E não: Debite "da" empresa todos os gastos...) *Ela gastou os tubos e mandou debitar tudo* **à** *minha conta: mas é muito folgada!* (E não: Ela gastou os tubos e mandou debitar tudo "da" minha conta...)

74. É verdade que agora devemos escrever coerdeiro?

R. É verdade. O recente Acordo Ortográfico produziu mostrengos como esse, além de *corréu* e *corré*. Também retirou o hífen de *infectocontagioso* e de *infantojuvenil*.

75. Mostrengos ou monstrengos?

R. Se a palavra nos vem do espanhol *mostrenco*, a resposta está dada. *Monstrengo*, na verdade, é corruptela desse espanholismo, criada pelo povo, que a viu como derivada de *monstro*. Tolice. Mas o VOLP registra ambas.

76. Afinal, dó é palavra "feminina" ou masculina?

R. Tenho **muito dó** de quem usa essa palavra como feminina... Posso até fornecer um exemplo: uma advogada. Referindo-se a seu cliente, um notório bandido, declara na Veja: *Eu tenho "muita" dó desse moço, pois ele é vítima de uma perseguição implacável por parte das autoridades aqui de São Paulo. Esse moço não faz parte de facção nenhuma. Eles estão transformando o Marcos num bicho.* Confesso: tenho *muito dó* dessa moça...

77. O feminino de piloto é mesmo pilota?

R. Sem dúvida. Mas os jornalistas brasileiros preferem usar "a piloto", assim como usam "a soldado". Recentemente, ao anunciar um de seus

Nosso português do dia a dia

entrevistados num telejornal noturno, o apresentador saiu-se com esta: *Vou entrevistar hoje a "única piloto mulher" da Fórmula 1*. Foi de doer! E nessa mesma noite, ao entrevistar Paulo Autran, que atuava na peça *O avarento*, pediu que o ator desse exemplo de colegas que primavam pela "avarice". Que *avareza*!

78. Qual é a diferença entre instante e momento?

R. **Instante** é a mínima parte do tempo concebível, é a fração do tempo infinitamente pequena, o menor espaço de tempo que é possível considerar: o *instante* de um relâmpago.

Momento é o espaço muito breve de tempo, mas não tão breve quanto o *instante*. Num *momento* se pode perder um grande amor; num *instante* se pode perder a vida. Pedida em casamento, toda mulher precavida deveria pedir um *momento* para pensar; há as que dão a resposta (positiva) num *instante* e é justamente aí que reside a gravidade do futuro...

79. Qual é a diferença entre emigração, imigração e migração?

R. **Emigração** é a saída de uma ou mais pessoas de um país para outro: a *emigração* dos italianos aliviou os problemas econômicos da Itália no século XIX. **Imigração** é a entrada num país estranho de uma ou mais pessoas, para nele se fixar: a *imigração* italiana ajudou muito no desenvolvimento do Brasil. **Migração** é o deslocamento de grande massa de indivíduos de um país para outro ou de uma região para outra, a fim de ali se estabelecer, por causas econômicas, políticas ou sociais: a migração venezuelana para o Brasil é hoje uma realidade contundente; a *migração* nordestina para São Paulo diminuiu muito nos últimos anos, graças ao grande desenvolvimento da sua região. Da mesma forma, *emigrar* é sair, *imigrar* é entrar e *migrar* é deslocar-se.

80. Há diferença entre fraternal e fraterno?

R. Há, embora dicionários deem ambas as palavras como sinônimas. **Fraternal** é o mesmo que *afetuoso, como se fosse de irmão* (tomado este termo no bom sentido). Você pode demonstrar *amor fraternal* a uma pessoa sem ser ao menos parente dela. Já **fraterno** é próprio de irmão, envolve o conceito de consanguinidade, inexistente em *fraternal*. Fala-se em *bens fraternos, amizade fraterna, confiança fraterna*, etc., mas um ambiente *fraterno* nem sempre é um ambiente *fraternal*.

81. Haverá também diferença entre paternal **e** paterno **e** maternal **e** materno, **concluo eu.**

R. Sim. **Paternal** é próprio de pai, como se fosse de pai. Você pode ser tio de uma pessoa, mas dedicar-lhe amor *paternal*, ter por ela um carinho *paternal*. Já **paterno** significa do pai (*autoridade paterna*), pertencente ao pai (*bens paternais, seus traços paternos são fortes*) ou por parte de pai (*tia paterna*). **Maternal** é próprio de mãe, como se fosse de mãe. Uma babá pode perfeitamente dedicar amor *maternal* a um bebê. **Materno** significa da mãe (autoridade *materna*), pertencente à mãe (bens *maternos*, seus traços *maternos* são fortes) ou por parte de mãe (tia *materna*). Os dicionários consideram sinonímia em ambos os casos. Há?

82. "Sob" meu ponto de vista, "sob" esse aspecto: algum problema em usar assim?

R. Sim. A preposição *sob* confere a ambos os casos ares de estrangeirismo. Prefira, então, trocar "sob" por **de** e por **em**, respectivamente: *Do meu ponto de vista, isso está errado. Nesse aspecto posso dizer que a amo muito, mas noutro aspecto não*. Na mídia só se vê, em ambos os casos, o uso de "sob". Veja este trecho de revista: *O movimento de Boulos é um anacronismo "sob" qualquer ponto de vista pelo qual seja observado.* De outra revista: *Deputados e senadores que elegemos nunca nos consultam sobre coisa alguma. Eles nem sabem a quem representam, nem ao menos têm os nossos* e-mails. *"Sob" esse aspecto, nem uma República de fato somos.* Nesse aspecto, estou com o jornalista.

83. Qual é a diferença entre já **e** agora?

R. **Já** exprime ação neste instante, imediatamente, sem nem um segundo de espera. **Agora** exprime ação neste momento, sem muita demora, mas com alguma espera. Assim, se alguém nos pede que façamos algo *já*, o trabalho deve ter início num piscar de olhos, dada a urgência de execução que o advérbio encerra. Se, no entanto, alguém nos pede que façamos algo *agora*, tempo haverá ainda de uma reflexão sobre o trabalho, com direito à visita até o banheiro, para algum eventual desafogo. Explica-se, assim, a ansiedade do povo brasileiro, quando pedia *Diretas já*. Se saísse a pedir "Diretas agora", o governo talvez nem se abalançasse, como, aliás, nem se abalançou, mesmo com o pedido sendo veemente e urgente: **já**. Que seria, então, se o pedido fosse feito com *agora*? *Já* está para *agora* assim como *instante* está para *momento*. Por tudo isso é que não há redundância na frase *O Jornal Nacional está começando agora*, ouvida, de vez em quando, no

Nosso português do dia a dia

início do telejornal. De fato, o noticiário está começando *agora*, pois, após a referida leitura, vem ainda o tempo da vinheta do telejornal. Se há diferença entre *começar já* e *começar agora*, não pode haver redundância na referida frase.

84. Devo escrever mau gosto ou mau-gosto?

R. Na língua contemporânea, do nosso ponto de vista, melhor será *usar mau-gosto, como também bom-gosto, boa-vontade, má-vontade, bom-humor, mau-humor, bom-senso, mau-senso, bom-juízo* e *mau-juízo*. No entanto, só *boa-fé* e *má-fé* têm registro no VOLP com hífen.

85. Mas professor, se as demais o VOLP não registra com hífen, não adianta insistir no contrário. Ou adianta?

R. De fato, não adianta, mas devo uma explicação. Por quê, afinal, do nosso ponto de vista é melhor usar o hífen naqueles dez casos? Que lhe parece? Não é melhor construir *Ela tem mais bom-gosto que o meu* do que *Ela tem melhor gosto que o meu*? Sim, porque, eliminado o hífen, encontramos uma combinação que a gramática condena com rigor: *mais bom*. E o mesmo se diz de *mais mau* em relação a *mau-gosto* e por aí vai.

86. Sabe que você está com a razão! Agora, cá entre nós, qual é a diferença entre cínico e descarado?

R. **Cínico** é o que não tem princípios nem escrúpulos e mente com a maior naturalidade, a fim de encobrir os seus desatinos morais; é um grande cara de pau. **Descarado** é o que não tem vergonha na cara; é o desavergonhado ou sem-vergonha atrevido, petulante, senhor de si. As mulheres solteiras conhecem muito bem um e outro.

87. Então, posso dizer que cínico eu conheço um; morou algum tempo em Brasília... É correto usar "meu" parabéns?

R. Não. Palavras só usadas no plural levam todos os seus determinantes no plural. Por isso, apresente *seus parabéns*, receba *muitos parabéns*, agradeça *todos os parabéns recebidos*. Está no mesmo caso *férias* (descanso): *felizes férias!, férias coletivas*.

88. Boas férias, amigos! Eis aí uma vírgula obrigatória que ninguém anda usando mais.

R. Exatamente. O vocativo tem de vir isolado por vírgula, porque é termo que não exerce nenhuma função na oração. Por isso: Fora, corruptos!

Fora, todos eles!; Salve, campeões! Reage, Rio; Acorda, Brasil; Oi, amigos!; Pessoal, não se esqueça disso! A falta desse sinal de pontuação configura notória inabilidade linguística. A Rede Record de Televisão tem um telejornal a que chamam "Fala Brasil". Título sofrível!

89. Qual a diferença entre nem um e nenhum?

R. **Nem um** traz o numeral **um** e se substitui facilmente por *nem sequer um*: Não aguardo *nem um* minuto mais. Não tenho *nem um* real no bolso. **Nenhum** é pronome indefinido, oposto de *algum*: *Nenhum* homem é imortal. *Nenhum* professor deveria ganhar tão pouco. *Nenhum* político deveria ser corrupto.

Quando o pronome *nenhum(a)* vem antecedido de nome no plural, o verbo fica obrigatoriamente no singular, com ele concordando: *Nenhum dos jogadores **entrou** em campo. Nenhuma das nossas reivindicações **foi** atendida.* Eis, no entanto, como se pronunciou recentemente a senhora Dilma Rousseff sobre a "traição" do senhor Michel Temer: *As provas materiais da traição política estão expressas na PEC do Teto de Gastos, na chamada reforma trabalhista e na aprovação do PPI para as quais não tinha mandato. Nenhum desses projetos "estavam" em nossos compromissos eleitorais, pelo contrário, eram com eles contraditórios. Trata-se, assim, de traição ao voto popular que o elegeu por duas vezes.* Desculpem-me todos, mas fui obrigado a falar dessa traição ao idioma...

90. Qual é a diferença entre tampouco e tão pouco?

R. **Tampouco** equivale a *também não, nem sequer*: O pessoal não veio *tampouco* avisou que não vinha. Ao chegar de viagem, ela *tampouco* me telefonou. **Tão pouco** equivale a *muito pouco, de tal forma pouco*: Dormi *tão pouco* hoje, que nem tive tempo de sonhar. Ganho *tão pouco*, que mal consigo sobreviver. Sua filha é *tão pouco* estudiosa, que deve repetir o ano. Viajo *tão pouco*, que não conheço quase nada. Usa-se também *tão pouco* por *tão pouca gente* e, se no plural, por *tão poucas pessoas*: Nunca tantos enganaram *tão pouco*. Nunca tantos enganaram *tão poucos*.

91. Qual é a diferença entre jamais e nunca?

R. À ideia de **jamais** está associada a de indignação, despeito, enquanto à de **nunca** está ligada a ideia de dúvida, desconfiança. Repare: *Jamais* voltarei com ela, porque fui enganado. *Jamais* transigirei com os corruptos. *Jamais* consentirei que meus direitos sejam violados. Mas: *Nunca* serei feliz. *Nunca* chegarei a beijar aquela doce boca.

Nosso português do dia a dia

Nunca ela entenderá o tanto de amor que lhe dediquei. Ela *nunca* soube quanto a amei. Repare, ainda: *Jamais* desistirei do meu objetivo, embora saiba que nunca receberei nenhuma recompensa. Quando, porém, *jamais* se refere ao passado, vale o mesmo que *nunca*, mas ainda assim tem mais força que este. Veja: *Jamais* (ou *Nunca*) confiei nela. *Jamais* (ou *Nunca*) disse uma coisa dessas. Há os que gostam de reforçar e empregam *nunca jamais*, que – convém ressaltar – não constitui redundância. Acrescente-se que os dois são advérbios de *tempo*, e não de negação, como queriam as antigas gramáticas e algumas até atuais (sem serem modernas).

92. Existem os verbos obstacular, metastatizar, precificar, obituar **e** menopausar?

R. O que existe é o neologismo **obstaculizar**, que significa *impedir*. Só é usado no Brasil; em Portugal, preferem não inventar; usam *obstar*. Lembro-me de ter ouvido um comentarista esportivo usar esse verbo inexistente na frase: *Quando o zagueiro "obstaculou" a passagem do atacante, houve o choque*. Choca... *Metastatizar* ou *metastizar* (desenvolver metástase) são verbos novos na língua: *O ideal é matar as células cancerígenas antes que sejam capazes de metastatizar ou disseminar pelo corpo*. Já *precificar*, embora não tenha registro no VOLP, já tem uso generalizado. Significa atribuir preço a: Não há como *precificar* a dignidade. Depois do descobrimento de grandes poços de petróleo na bacia amazônica, não há como *precificar* as ações da Petrobras. O substantivo correspondente é *precificação*. Quanto a "obituar" (morrer) e "menopausar" (entrar na menopausa), quem os criou é cheio de imaginação...

93. Qual é a diferença entre jovem **e** moço?

R. **Jovem** é quem está na juventude. **Moço** é o homem que conserva todo o vigor e a disposição próprios da juventude, que podem durar mais ou menos tempo. Um homem de 35 anos já não é *jovem*, mas é *moço*, pois ainda não se apercebeu do enorme desgaste físico que o tempo, sempre canalha e implacável, lhe proporcionou. Uma mulher de 18 anos é *jovem*; a de 25 anos é *moça*. Quantas vezes não ouvimos dizer de uma pessoa morta aos 50 anos: *Morreu moço!* Isto porque a palavra *moço* conserva em seu significado um valor relativo, inexistente em *jovem*.

94. Se não existe a palavra "chamegão", **como se explica que a maioria das pessoas a use?**

R. Explica-se: é que elas nunca ouviram a verdadeira palavra, a palavra correta, que é *jamegão*. Mas daqui por diante estou certo de que mais pessoas além de você vão apor seu *jamegão* a contratos, a documentos, etc.

95. Essa é de fato uma grande novidade para mim. Qual é a pronúncia correta de watt?

R. É **uót**, embora se ouça muito "vát". Você deve estar cansado de ouvir locutores e repórteres dizer que suas emissoras possuem potência de dez mil "váts". Alguns, mais corajosos, dizem "uáts".

96. Não há um errinho de concordância nessa explicação, não, professor? Ouvir locutores e repórteres dizer?

R. Não, erro nenhum. O verbo *ouvir* é daqueles seis que exigem infinitivo invariável mesmo com sujeito no plural. Ouvi portas e janelas *bater*. Ouvi crianças e idosos *chorar*. É errado usar o infinitivo variável? Não, mas já não se trata de português castiço. E se o sujeito for pronome oblíquo, o infinitivo invariável é obrigatório: Ouvi-as *bater*. Ouvi-os *chorar*. São as chamadas orações infinitivo-latinas. São estes os seis verbos que exigem infinitivo invariável, mesmo que seu sujeito esteja no plural: *ver, ouvir, sentir* (chamados verbos *sensitivos*); *deixar, mandar, fazer* (chamados verbos *causativos*). Veja mais exemplos: Fiz as crianças *dormir*. Ou Fi-las *dormir*. Vi os ladrões *entrar*. Ou: Vi-os *entrar*. Senti as pernas *tremer*. Ou: Senti-as *tremer*. Mandei os convidados *entrar*. Ou: Mandei-os *entrar*. Deixai as criancinhas *vir* a mim! Ou: Deixai *vir* a mim as criancinhas! Aliás, esta uma frase bíblica, atribuída a Jesus.

97. Se assim é, por que na mídia só se vê o infinitivo variável nesses seis casos?

R. Porque, assim como você, certamente os jornalistas acharam que era errado escrever *Ouvi as pessoas gritar*. E passaram a usar o plural. É a única explicação amena, simpática que posso dar, porque a outra é devastadora...

98. Qual é a curiosidade que envolve a palavra vilão?

R. A curiosidade é que essa palavra, que vem do latim *villanus* (do campo), sofreu alteração semântica ao longo de sua existência: primeiro, significou habitante de vila, camponês; depois, passou a homem vil, desprezível. Caldas Aulete registra este provérbio: *Se queres conhecer o vilão, mete-lhe a vara na mão*, ou seja, se desejamos conhecer o verdadeiro caráter de alguém, suas baixezas, confira-lhe poder. Para a mudança de sentido da palavra, contribuíram a presença do elemento *vil* (reles, ordinário) e a concepção dos nobres, que habitavam a cidade, de que somente o homem do campo seria capaz de ações grotescas. E era justamente o oposto...

Nosso português do dia a dia

99. Jovial **tem algo a ver com** jovem?

R. Não. Uma mania *de jovem* não é uma mania *jovial*, como imaginam muitos, principalmente alguns de nossos jornalistas. *Jovial* significa engraçado, espirituoso, bem-humorado: *Ela tem 80 anos, tem artrose, diabetes e gota, mas conserva o espírito **jovial**. Seu estilo **jovial** de viver disfarça a idade que tem.* A gente abre um *site* e vê uma notícia bomba: *O objetivo da Toyota, com o novo Corolla, foi revigorar o sedã, agregando "jovialidade" a ele, mas sem perder o chamado fator J, ou seja, a identidade de um carro de origem japonesa.* Agregar *jovialidade* a um carro?! Seria isso possível?! A gente pega, então, um jornal e começa a ler. Lá vem um dos jornalistas nos informar, com ares de quem quer formar opinião: *O Chevrolet Onix tem uma traseira bonita e "jovial".* Traseira *jovial*? Será que a Toyota e a General Motors conseguiram fabricar carros engraçados?!...

100. Por que o s **de** trânsito **tem som de** zê**, se não está entre vogais?**

R. Na realidade, **está** entre vogais: o *n* de *trânsito* não é consoante, mas sinal de nasalação (a que os linguistas preferem chamar *arquifonema nasal*), equivalente do til: *trãsito* (está ou não está entre vogais?). Estão no mesmo caso: *transa, transação, transe, transeunte* e *transigir*.

101. Por que honra **se escreve apenas com** r, **se o som desse** r **é forte?**

R. A palavra *honra* deveria, em rigor, ser escrita com dois rr (honrra), pois o *r* entre vogais tem som brando (*cara, Pará, barata*, etc.). E por que não é, então, assim? Acontece que em português não existe nenhuma palavra com *r* brando após som nasalado. A língua, então, simplifica a escrita de *homrra* (forma arcaica) para *honra*, de *gemrro* (forma arcaica) para *genro*, etc. Nunca é demais lembrar que no português arcaico se escrevia *rrey, rrazões*, etc.

102. Existe jogo de "pimbolim"**, professor?**

R. Não, o jogo que se faz com 22 bonecos numa caixa de madeira, imitantes a jogadores de futebol, tem nome parecido: **pebolim**. Tudo o mais é brincadeira de mau gosto.

103. Tudo o mais?! Esse o não está a mais?

R. Não. Você e até mesmo um famoso cantor até podem ter cantado, em tempos idos, *E que "tudo mais" vá pro inferno".* Mas sem muita convicção.

Afinal, quando se manda alguém pro inferno há que se ter convicção, senão o cabra não vai...

104. Posso usar, sem problema, calça, cueca, ceroula e calcinha, no singular?

R. No Brasil, todas quatro são usadas no singular, mas não em Portugal. Os lusitanos vestem *calças, cuecas, ceroulas* e as lusitanas, apenas *calcinhas.* Note que em inglês os termos relacionados com peças de vestuário duplas são sempre pluralizados: *gloves* (luvas), *jeans, pants* (calças), *shorts, trousers* (calças), *underpants* (cuecas), etc. O Brasil tem, além de jabuticabas, coisas que só existem mesmo por aqui...

105. Só um instante: todas quatro? Não faltou o artigo: todas "as" quatro?

R. Não. Quando você se refere a elementos já citados, sempre em número igual a três ou maior do que três, omita o artigo. Veja mais este exemplo: *Lá vêm Juçara, Jeni, Lurdes e Manuela;* **todas quatro** *são minhas filhas.* Se não houver substantivos já citados, então, use o artigo: *Todas* **as** *quatro filhas minhas se formaram em Medicina.* Convém repetir: *todos,* desacompanhado de artigo, só se emprega de **três** em diante; portanto, substitua "todos dois" e "todas duas", comuns no Nordeste, por *ambos* e *ambas,* respectivamente. Ou por *os dois, as duas.* Agora, veja como escreve um jornalista: *A aeronave apreendida pela polícia federal trazia meio milhão de dólares e transportava dois pilotos e um passageiro, todos "os" três de nacionalidade brasileira.* Sou do tempo em que jornalista, quando escrevia, ensinava. Hoje, deseducam.

106. Por que usamos sudeste, e não "suleste", se existe aí a combinação de sul com este?

R. Porque houve em *sudeste,* assim como em *sudoeste,* influência do espanhol *sud* (*sud + este, sud + oeste*).

107. Se o adjetivo superior não varia em gênero, por que existe a madre superiora?

R. De fato, *superior* é adjetivo invariável em gênero, assim como *anterior, inferior, interior* e *posterior.* Estamos, porém, diante de um caso único de flexão desse adjetivo. Talvez seja por concessão divina...

Nosso português do dia a dia

108. Por que todo o mundo escreve vocês **e pronuncia** vocêis? **Por que todo o mundo escreve** arroz **e pronuncia** arrôiz?

R. E não há problema nenhum nisso. Note que, também, todos dizemos *páis* (paz), *fáis* (faz), etc. É que na língua falada, essa epêntese (intercalação de fonema no meio da palavra) é perfeitamente normal. Portanto, pode continuar comendo o seu *arroizinho* com feijão, sem peso na consciência!

109. É, a língua falada é algo diferente da língua escrita. Qual é outro caso em que se escreve de um jeito e se pronuncia de outro, sem errar?

R. O ditongo *ei* geralmente perde o *i* na língua falada; por isso é que você e todo o mundo comem *quejo* com *fejão* e *requejão,* mesmo sem ter *dinhero...*

110. O ditongo ou **também pode perder o** u **na fala?**

R. Sim. Quem é que não diz *poco* (pouco), *roco* (rouco), *loco* (louco), etc.? Há um apresentador de programa de televisão que vive dizendo *Ô loco, meu!*

111. Se todos escrevemos Guiana, **por que não podemos pronunciar** "Ghiana"?

R. Boa pergunta. Para que não houvesse erro na pronúncia desse nome, ele deveria ser escrito assim: *Gùiana,* com acento grave no *u,* mas esse acento só é usado hoje para indicar a existência de crase.

112. E por que, então, nunca se usou o trema nesse nome?

R. O trema nunca foi usado nesse nome, porque só podia ser usado em sílaba tônica: *tranqüilo, seqüestro, lingüiça,* etc. Em *Guiana,* o *u* não se encontra em sílaba tônica. Essa omissão do VOLP provocou recentemente numa repórter uma reação coerente e compreensível: ela pronunciou "Ghiana". Ou seja: leu rigorosamente conforme estava escrito. Quem é responsável pelo pecado?

113. De uma vez por todas: escrevo Moji **ou** Mogi?

R. Como palavra indígena que é, a correção está em *Moji. Mogi* é considerada, porém, grafia tradicional, histórica, secular. Ou seja, do tempo do Onça. As cidades de *Mojiguaçu, Mojimirim* e *Moji das Cruzes,* portanto, podem continuar com seus nomes grafados com *g*. Mas quem nasce em todas três não é "mogiano", mas apenas *mojiano*.

114. Por que os jornalistas escrevem "Mogi-Guaçu", "Mogi-Mirim", se o correto é Mojiguaçu, Mojimirim?

R. É que eles desconhecem o fato de que o sufixo tupi *-guaçu*, que significa *grande*, só vem com hífen quando a palavra anterior termina em vogal tônica nasal ou é acentuada graficamente: *maracanã-guaçu, maracujá-guaçu*; desconhecem também que o sufixo tupi *-mirim*, antônimo de *-guaçu*, só se liga a uma palavra mediante hífen quando essa palavra termina por vogal tônica nasal (caso de *maracanã-mirim*) ou quando é acentuada graficamente (caso de *maracajá-mirim*). Imagine você exigir de nossos jornalistas conhecimentos tão profundos!...

115. Quem nasce no Acre, afinal, é "acreano" ou acriano?

R. É *acriano*. A vogal final de *Acre* dá lugar a **i** no adjetivo, assim como *iraquiano* é aquele que nasce no Iraque, e não "iraqueano"; assim como *açoriano* é aquele que nasce nos Açores, e não "açoreano" e por aí vai. Os acrianos , no entanto, querem porque querem ser apenas "acreanos". Mas, infelizmente, não dá...

116. O que acontece se não pingo o i e o j minúsculos, quando escrevo?

R. Você não estará escrevendo nem **i** nem **j**; estará escrevendo qualquer outra letra, menos **i** ou **j**. E não substitua o pingo por bolinha, que bolinha não é pingo!

117. As maiúsculas também têm pingo?

R. Não, só as minúsculas; as maiúsculas não têm pingo. Consulte o seu teclado! Houve uma época, no entanto, em que uma fábrica de alimentos frigoríficos fazia propaganda pela televisão e lascava um pingo enorme no I de SADIA. Um tempo depois a empresa foi incorporada pela Perdigão. Bem feito!

118. Bem feito ou bem-feito?

R. Use *benfeito* como adjetivo (serviço *benfeito*) e *bem-feito* como interjeição (Ela escorregou na casca da banana. *Bem-feito!*). É assim que está nos dicionários. Mas o VOLP agora passou também a classificar *bem-feito* como adjetivo. Será que essa gente costuma mesmo fazer trabalho benfeito? Depois do *coerdeiro*, *corréu* e *corré*, fica difícil responder **sim** a tal pergunta.

Nosso português do dia a dia

119. Se camisa **é palavra feminina, como se explica que a mais antiga escola de samba de São Paulo se chame Camisa Verde e** "Branco"**?**

R. Explica-se: talvez porque tudo o que tem as cores verde e bran**ca** seja mesmo diferente. O verde e o branco são, sem dúvida, as cores mais simpáticas que Deus nos deu: o verde é a cor da natureza, da esperança (e também da inveja...); o branco representa a pureza, a paz. Mas vamos ao que interessa: de fato, em São Paulo, a mais antiga escola de samba da cidade se chama Camisa Verde e "Branco". Sem querer estragar o samba de quem quer que seja, serei obrigado a confessar que *Camisa Verde e **Branca*** é bem mais limpa, tem mais ritmo, o som é mais puro... Agora, se estraguei o ritmo e a cadência de algum aficionado à escola Camisa Verde e "Branco", creio que mereço perdão...

120. Se a expressão é em preto e branco**, como se explica haver música chamada** Retrato em "branco" e preto**?**

R. Talvez se explique. Quem sabe das coisas, como você está demonstrando, usa sempre assim: televisor preto e branco, camisa preta e branca do Vasco da Gama, o preto e branco da camisa corintiana. E, então, os filmes de O Gordo e o Magro não eram sempre em preto e branco? Ao contrário do que ocorre na língua inglesa, o português prefere *branco* como último elemento. Repare que usamos sempre: verde e branco, azul e branco, vermelho e branco, e não "branco e verde", "branco e azul", "branco e vermelho". O tal retrato em "branco e preto" é mera cópia do inglês *white-and-black*. Ou seja, uma macaquice perfeitamente dispensável. Está explicado?

121. Sim, sem dúvida. Se o nome do rio pernambucano é Capibaribe**, como se explica que ainda existam pessoas que nadem no rio** "Capiberibe"**?**

R. Não se explica.

122. Se no norte do Chile, no deserto de Atacama, existe uma cidade portuária chamada Antofagasta**, como se explica que os jornalistas brasileiros usem** "Antofogasta"**?**

R. Ah, mas isso se explica...

123. Posso usar "mais" **superior** "do que"**?**

R. Não. *Superior*, assim como *inferior*, não admite modificador nem "do que", mas **a**: *Os carros japoneses são superiores **a**os nacionais.*

Mas um jornalista, certa vez, saiu-se com esta: *Carro francês inova no tamanho para oferecer um modelo médio com porte "mais superior".* Carro francês? Combina...

124. Quando escrevo algarismos romanos, posso colocar traços em cima e embaixo?

R. Não deve. Se você colocar um traço em cima de um algarismo romano indicará *milhar*; embaixo não indicará coisa alguma, só mesmo tolice. Portanto, nada de colocar traço em cima e embaixo de I, II, III, IV, etc.

125. Que se pode dizer da sigla AIDS?

R. Primeiro: que não se deve usar "Aids", apenas com a vogal inicial em caixa-alta, como fazem os jornalistas brasileiros. Ou se usa tudo em caixa-alta (AIDS) ou tudo em caixa-baixa (aids). Segundo: AIDS é coisa dos povos de língua inglesa; provém de **a**cquired **i**mmunological **d**eficiency **s**yndrome = **s**índrome da **i**muno**d**eficiência **a**dquirida. Em português, portanto, **SIDA** ou **sida** (nunca "Sida"), abreviatura usada em todos os países de língua latina, menos no Brasil. Obra dos formidáveis jornalistas brasileiros, que preferiram o que é dos povos de língua inglesa ao que é dos povos de língua latina. Incompreensivelmente, eles não dizem "êids", como os americanos. Ora, por quê? Porque eles são ótimos...

126. É melhor referir-me aos estadunidenses como americanos do que como "norte-americanos"?

R. É. Os próprios americanos se dizem assim (*We are americans*). Num adjetivo composto, entra apenas *americano* como segundo elemento, e não "norte-americano": *colégio anglo-americano, guerra hispano-americana.* Além do quê, norte-americanos também são os canadenses e mexicanos.

127. Há alguma incoerência em receber mesada semanal?

R. Não, nenhuma. A noção de *mês*, na palavra *mesada*, se perdeu completamente. Trata-se de caso semelhante ao de *marmelada de chuchu* (marmelada, em rigor, teria de ser só de marmelo). Em português tal tipo de combinação se chama *catacrese*. Também não há incoerência nenhuma em *quarentena de um mês*. A expressão *de quarentena* significa *isolado, em separado*, e não há nenhuma necessidade de que o período de isolamento seja de quarenta dias. Podemos ter, perfeitamente, uma quarentena de um mês, de sessenta dias ou de três meses.

Nosso português do dia a dia

128. Quando alguém diz Esse é **o** filme **ou** Esse é **o** cara, **com ênfase no artigo, como podemos classificá-lo?**

R. Esse artigo, que se pronuncia com uma ênfase especial, tem valor superlativo ou qualificativo: indica que o filme ou o cara é de excelente qualidade, e não qualquer filme ou qualquer cara.

129. Mas Barack Obama, então presidente dos Estados Unidos, ao deparar com um certo presidente sul-americano disse, com ares misteriosos: Esse é **o** cara. **Era mesmo?**

R. Poderia até ser. Era **o** cara, sim, mas em quê? Já teria Obama conhecimento de fatos que os brasileiros ainda não conheciam? Mal sabíamos nós o que de fato o presidente americano já conhecia sobre os "atos republicanos" desse homem. Só algum tempo depois disso viemos a saber. Quase tudo...

130. Não sei bem por quê, lembrei-me agora da palavra larápio. **Qual é a sua origem?**

R. Sua origem é interessante. Havia em Roma um juiz que vendia sentenças, como se faz ainda hoje em certas partes do país, uma vergonha! O juiz se *chamava Lucius Amarus Rufus Apius*. Quando proferia suas sentenças, assinava-se assim: **L.A.R.Apius**. Surgia, assim, o *larápio*. Era o que ele era. É o que hoje muitos são.

131. Existe "um" de janeiro, "um" de fevereiro, "um" de março?

R. Não; todo mês tem início com o dia **primeiro**. Ou você trabalha no dia "um" de maio? Ou você aplica mentiras no dia "um" de abril? Hem? Hein?... (Note que usei duas grafias, ambas corretas; não existe uma terceira: "heim".)

132. O que significam estas três letras: WWW?

R. Trata-se da sigla inglesa de *World Wide Web*, parte multimídia da Internet, que possibilita a exibição de páginas de hipertexto, ou seja, documentos que podem conter todo tipo de informação: textos, fotos, animações, trechos de vídeo e sons e programas. Pronuncia-se *dabliú dabliú dabliú* (à inglesa) ou *dábliu dábliu dábliu* (à portuguesa). Como sigla que é, também se grafa com minúsculas: **www**.

133. É correto usar vírgula separada da palavra anterior?

R. Não, mas alguns parecem ver união espúria entre a palavra e a vírgula e, então, separam-nas: **A vida** , assim como as **pessoas** , gosta de nos surpreender... Também não convém usar o ponto de interrogação distante da última palavra da frase (como em Que aconteceu **?**). Também não convém usar dois pontos de exclamação (!!) no final de frases. Ou se usa um (!) ou se usam três pontos (!!!).

134. Qual é a diferença entre ética e moral?

R. Tanto a *ética* quanto a *moral*, em sua origem linguística, refletem à questão do comportamento e do caráter. *Ética* vem do grego *ethos; moral,* do latim *moralis.* A *moral* nasce do homem, de um grupo, da sociedade, é um conjunto de regras de convívio social. Pode mudar de acordo com a época, com as pessoas, com a religião. Um mesmo fato pode deixar de ser *moral* e se tornar imoral em uma mesma sociedade, com o passar dos anos. A *ética* também se apresenta como um valor, que tende a atribuir o que é certo e o que é errado. Mas, diferentemente da *moral*, a *ética* busca utilizar-se unicamente da razão para trazer essas respostas. E, por tal motivo, a *ética* é encarada como uma ciência, como uma disciplina, pois seus conceitos e suas valorações não mudam de acordo com o tempo ou com o lugar das suas avaliações. *Ela é universal.* O que é *ético* sempre vai ser *ético*, independentemente do que as pessoas pensem. Alguns conceitos, como a verdade e a justiça, por exemplo, refletem uma conduta *ética*. Não vai mudar porque mudaram as pessoas, as religiões ou os séculos.

135. Qual é o plural de til e bombril?

R. *Tis* e *bombris*. Se isso pode lhe parecer bizarro, mais bizarro ainda será o diminutivo desses dois nomes: *tizinhos* e *bombrizinhos*.

136. Qual é a diferença entre esotérico e exotérico?

R. **Esotérico** é hermético, obscuro, compreensível apenas por um pequeno número de pessoas, de conhecimentos especiais: culto *esotérico*, literatura *esotérica*. **Exotérico** é trivial, irrestrito, dirigido a todos. A linguagem dos jornais deve ser eminentemente *exotérica*. O que dificulta o acesso à obra de Guimarães Rosa é a sua linguagem, considerada ilegível, *esotérica*. O que facilita o acesso à obra de José de Alencar é a sua linguagem simples, *exotérica*. Trata-se de um caso interessante de antonímia, porque realizada entre homônimos homófonos, mediante a troca pura e simples de uma única letra: **s** por **x**.

Nosso português do dia a dia

137. É correto usar "muito embora"**?**

R. Não, ainda que repórteres usem-na e dela abusem. Afinal, não existe "pouco embora", como haverá de existir "muito embora"? Além do quê, *muito*, advérbio de intensidade, não modifica conjunção. Mas frases como esta campeiam soltas por aí: *"Muito embora" doente, foi trabalhar.* Retirado o "muito", tudo fica rigorosamente camoniano...

138. Se a palavra correta é rissole**, como se explica que as pessoas continuem comendo** "risólis"**?**

R. Explica-se: talvez porque elas gostem de comer o que não existe...

139. Se a palavra em italiano é *parmigiana***, como se explica que as pessoas continuem comendo filé à** "parmegiana"**?**

R. Explica-se: falta de intimidade com a cozinha italiana...

140. É verdade que o Palmeiras é "tri-campeão" **da Copa Libertadores?**

R. Não, não é bem assim. Na verdade, o Palmeiras é **tricampeão** dessa copa. Era *bicampeão*, ficou *tricampeão* e provavelmente será *tetracampeão* futuramente, quem sabe mais tarde *pentacampeão* (tudo sem hífen).

141. É, mas o São Paulo, quando ficou bicampeão mundial, estampou na entrada do estádio do Morumbi: São Paulo, "bi-campeão" mundial.

R. Com justiça...

142. Já que estamos falando em futebol, tenho cá uma velha dúvida: afinal, Cafu foi lateral-direito ou lateral-direita?

R. Na verdade, Cafu foi *lateral-direita*, assim como qualquer jogador de futebol que jogue na mesma posição. Mas a mídia esportiva brasileira, sempre tão fantasiosa quanto inventiva, começou, de repente, a usar "lateral-direito", "lateral-esquerdo" e o povão foi atrás. Mas deixou *ponta-direita* e *ponta-esquerda* para trás. Ora, por que não mudaram também para "ponta-direito" e "ponta-esquerdo"? Responda você a essa pergunta.

143. EU?!!! Essa mesma mídia agora não fala mais em plantel, **mas em** "elenco" **de jogadores. Dessa vez eles acertaram?**

R. Erraram, mais uma vez. Se você fizer consulta a qualquer dicionário sério, verá que é *plantel* que se usa em relação a atletas altamente qualificados, e não "elenco", termo reservado para artistas, atores e atrizes.

144. Mas por quê, então, os jornalistas mudaram de plantel **para** "elenco"?

R. É que os "intelectuais" da nossa mídia só conseguem ver cavalos em *plantel*, não veem craques de bola... *Plantel*, à luz da razão e da língua, é a **única** palavra que define corretamente grupo de atletas de alto nível. Tanto é assim, que os portugueses só usam *plantel,* em referência a jogadores. O treinador português Abel Ferreira, em suas entrevistas iniciais, só usava *plantel*; de repente, influenciado por esta nossa formidável mídia criativa, passou a usar também "elenco". Mas não mudou de *equipa* para *equipe*, de jeito nenhum, nem de *penálti* para *pênalti*. Afinal, português é português...

145. Já que estamos falando em futebol: posso usar penal **por** pênalti?

R. Não deve. Só um de nossos dicionários abona esse uso. É justamente aquele que não inspira confiança. Alguns de seus absurdos registro no meu **Dicionário de erros**. Procure conhecê-los! Talvez baseado nele é que um árbitro de vídeo tenha usado a palavra "penal" por *pênalti*, durante o jogo entre o Palmeiras e o São Paulo, pela Copa do Brasil, em que os são-paulinos conseguiram (daquele jeito) a classificação para a fase seguinte. O jogo teve tantos erros de arbitragem, que um de seus integrantes não podia mesmo usar a palavra correta.

146. Mas mais pequeno, **que os portugueses usam, posso também usar?**

R. Sim, pode. Os portugueses reservam o termo *menor* para qualificar, por exemplo, um mau poeta. Todo país tem seus poetas menores. Portanto, pode dizer que *a Lua é* **mais pequena** *que a Terra*, sem problema. Só não vale usar como os espanhóis: *a Terra é "mais grande" que a Lua*.

147. Em nossa língua não existe mais grande?

R. Existir, existe. Mas só existe quando você compara qualidades de um mesmo ser. Assim, por exemplo: *Seu irmão é mais grande que pequeno*. Apenas nesse caso. Já os espanhóis usam em qualquer caso.

Nosso português do dia a dia

148. Qual é a diferença entre plebiscito e *referendo*?

R. **Plebiscito** é uma consulta que se faz ao povo, para que se pronuncie sobre uma questão de interesse nacional, antes da elaboração de qualquer resolução ou lei acerca da matéria.

Referendo é a consulta que se faz ao povo para que aprove ou não a efetivação de uma resolução, tornando-se lei, em caso de aprovação. A um *referendo* corresponde uma resolução ou lei a ser aprovada ou rejeitada; o *plebiscito* supõe um propósito, uma intenção de adotar uma resolução ou de elaborar uma lei, segundo a expressão da vontade popular.

Em suma: no *plebiscito*, o povo é chamado a opinar **antes** da edição da norma, aprovando-a ou rejeitando-a. Já o *referendo* é convocado **depois** da adoção de uma determinada medida, cabendo à sociedade ratificá-la ou não.

149. Existe a palavra "lancheteria"?

R. Oficialmente, não. Estão usando a palavra por aí, dando-lhe o significado de estabelecimento que serve lanches artesanais. Ou seja, a *lancheteria* tem a pretensão de ser algo mais que uma lanchonete. Como se formou a palavra? Por analogia com *cafeteria*. O VOLP também não registra *revistaria*, banca que vende revistas. Mas ela está em toda parte.

150. Existe diferença entre grosseria e descortesia?

R. Alguma. A **grosseria** ocorre por falta de educação, de escola ou de berço; a **descortesia**, por falta de gentileza, de cortesia, de delicadeza de gesto. A *grosseria* é um defeito, às vezes até involuntário; a *descortesia*, ao contrário, é uma falta voluntária, propositada. Aquele que não sabe comer à mesa é *grosseiro*, pode incomodar pessoas de hábitos refinados ou elegantes. O que não se levanta para dar lugar a uma dama ou a uma gestante é *descortês*.

151. O substantivo forma não deveria ter acento?

R. Deveria. Para espantar a confusão em frases como esta: *Não encontrei a forma da forma que tanto procuro.* Ao não colocarmos acento circunflexo em nenhuma delas, a comunicação fica irremediavelmente comprometida. O recente Acordo Ortográfico não registra acento em *forma*, substantivo. Afinal, se se pode confundir, para que simplificar, não é mesmo?

152. Existe só essa falha no Acordo?

R. Não, existem outras. Entre elas está ainda a falta de acento circunflexo em *vede*, do verbo *ver*, que se confunde com a mesma forma do verbo *vedar*. Assim, a confusão permanece em frases como esta: *Vede essas frestas!* A ordem é para ver as frestas ou para vedar as frestas? E nem estamos a falar da falta de acento na forma verbal *para*. Afinal, a manchete **Chuva para São Paulo** significa que São Paulo terá chuva, ou que a chuva parou São Paulo?

153. Pós-guerra **tem plural?**

Não, nem *pós-treino, pós-exercício, pós-acordo*, etc.: anos pós-guerra, refeições pós-treino, recomendações nutricionais pós-exercício, divergências pós-acordo, etc. Se você tiver *pré-* no lugar de *pós-*, a não variação continua: anos pré-guerra, refeições pré-treino, etc.

154. Qual é a diferença entre possível e provável?

R. Algo é **possível** quando pode acontecer ou quando pode ser praticado. Algo é **provável** quando apresenta chance de acontecer. Um terremoto de grandes proporções, no Brasil, é *possível* acontecer, mas não "provável". É *possível* que a água dos oceanos cubra toda a superfície terrestre, mas não é "provável" que isso venha a ocorrer. *Possível* é até os nossos jornalistas escreverem correto...

155. Qual o verdadeiro significado de engazopar?

R. *Engazopar*, nos dicionários, registra-se por *iludir, lograr, tungar* e também por *prender, aprisionar*. Em nenhuma dessas acepções é usado na língua cotidiana. No dia a dia emprega-se esse verbo por *afogar*, em referência ao motor de um veículo. Os portugueses usam ainda *engazupar*, mas nunca com este sentido, senão com aqueles.

156. Como devo pronunciar corretamente a palavra inexorável?

R. Assim: *inezorável*. Ah, mas aí vêm os que se acham intelectuais e pronunciam "ineksorável". E o povão, cheio de ternura, os aplaude! Mas *máximo* e *maximizar* o VOLP registra com pronúncia dupla: *mássimo/ máksimo, massimizar/maksimizar*. Já em *maxissaia, maxivestido* e *maxidesvalorização*, o *x* só tem valor de *ks*. Não tem, entretanto, esse valor em *expô*, redução de *exposição*. Dizemos *espô*, e não "ékspô", como é comum entre locutores e repórteres. Por isso, pode visitar a Expô Center Norte e lá se locupletar!

Nosso português do dia a dia

157. Qual é a diferença entre possuir **e ter?**

R. **Possuir** é estar de posse daquilo de que se pode dispor a qualquer momento. **Ter** é ser proprietário ou senhor legítimo da coisa, é ter o completo domínio da coisa. Podemos *ter* muito dinheiro no banco, mas de repente não *possuir* nenhum sequer para tomar um café. Há por aí pessoas que não *têm* quinhão, mas vivem *possuindo* terras... *Possuir* tem mais a ver com posse do que com propriedade. Como o povo confunde os dois conceitos, usa um pelo outro.

158. É uma constatação diária: os repórteres têm dificuldade em usar numerais ordinais além de centésimo.

R. Não, até mesmo antes de *centésimo* já começam os problemas. Até *setuagésimo* (ou *septuagésimo*) eles vão bem. A partir daí, começam as maravilhas. Em vez de oct**o**gésimo (80.º), eles usam "octagésimo". Depois de *centésimo*, então, é o caos! Em vez de *duc*entésimo (200.º), eles usam "duzentésimo"; em vez de *quadringentésimo* (400.º), eles usam "quatricentésimo"; em vez de *quingentésimo* (o *u* soa), eles usam "quincentésimo" e por aí vai.

159. Na verdade, eles procuram evitar os ordinais.

R. Sim, eles costumam usar: "no oitenta DP", em vez de *no octogésimo DP* (distrito policial). Quer reconhecimento da falta de conhecimento maior que esse?

160. Disse outro dia um apresentador de programa esportivo, pela televisão: Veja no próximo bloco a expectativa "antes da" decisão. **Não há redundância aí?**

R. Há, está claro que há. Quem vive uma expectativa só pode vivê-la antes do fato. Esta era a frase que você deveria ter ouvido: *Aguarde a expectativa em torno da decisão*. Mas como eles são ótimos, sonegou-lhe a frase sem a redundância.

161. Qual é a diferença entre tribadismo, lesbianismo **e** tribalismo?

R. **Tribadismo** é o homossexualismo feminino em que as parceiras roçam os clitóris entre si, ou no qual uma delas penetra a outra, usando alguma peça erótica. **Lesbianismo** é a prática ou relacionamento sexual entre mulheres, sem intercurso; é o mesmo que *homossexualismo feminino*. **Tribalismo** é a organização, cultura e crença de uma tribo ou nação indígena. Também significa, em sentido figurado, extrema identidade e lealdade ao próprio grupo. No Congresso brasileiro, por exemplo, não há nem nunca houve o espírito de *tribalismo*...

162. Se em encarar **e em** enfrentar **já existe a ideia de** frente **(afinal, a cara sempre fica na frente), como se explica que haja pessoas que** "encarem ou enfrentem de frente" **um problema?**

R. Explica-se: a cara dessas pessoas é atrás...

163. Será mesmo?! Qual é a curiosidade existente entre lesar **e** lesionar?

R. As duas formas existem, mas a primeira é a rigorosamente correta. *Lesionar* surgiu por analogia com *questionar, sancionar*, etc., mas só se emprega no sentido de *causar lesão, contusão ou traumatismo a*: *O zagueiro lesionou o atacante. A queda do cavalo o lesionou.* Claro está que ninguém "lesiona" o fisco; todo o mundo faz questão é de *lesar* o fisco.

164. Dia desses – até anotei – deparei com esta frase num jornal: "*Metido numa crise econômica sem precedentes, o país não conseguirá adiar indefinidamente a hora de encarar de frente os problemas que hoje estão postos à mesa*". **Além do** "encarar de frente", **não há outro probleminha aí, não?**

R. É evidente que há. O autor dessa frase ainda não sabe que é a preposição "a" que se usa nesse caso, e não *em*. Os problemas estão ou ficam **na** mesa, ou seja, sobre a mesa; mas as pessoas ficam **à** mesa, ou seja, junto dela, próximo a ela.

165. Por falar em mesa, o ditado correto é Beleza não se põe na mesa **ou** Beleza não põe mesa?

R. O ditado genuíno é *Beleza não põe mesa*, onde *beleza* está por *mulher bonita*, e *não põe mesa* significa *não sabe cozinhar*. O povo, contudo, corrompeu o ditado, por não entender nada de linguagem metafórica, criando aqueloutro. Repare agora neste provérbio: *Mais vale dois passarinhos na mão que dois voando.* Você já deve tê-lo dito algumas vezes. O provérbio original surgiu com homeoteleuto (rima na prosa): *Mais vale dois passarinhos na mão que dois que voando vão.*

166. Qual é a diferença entre local **e** lugar?

R. **Local** exprime o ponto em que uma coisa tem existência.

Nosso português do dia a dia

Lugar tem mais extensão e designa um ponto em que existe este ou aquele ser. Este é o *local* onde eu moro, que, como se vê, fica num *lugar* tranquilo. O avião caiu naquele *lugar*; agora, o *local* exato da queda ainda não se sabe. Suponhamos que um executivo tenha viajado de São Paulo, onde reside, a Salvador, sem comunicar à secretária o hotel ou a localidade em que estará hospedado. Ela, então, questionada sobre o seu paradeiro, poderá dizer: *Sei apenas o **lugar** aonde ele foi, mas não o **local** onde ele está.*

167. Professor, que anda acontecendo com a indústria "automobilística" brasileira?

R. Nada. Não anda acontecendo nada. Porque não existe indústria "automobilística", nem no Brasil nem em lugar nenhum. Temos, sim, a indústria **automotiva**, que os portugueses preferem chamar de indústria *automóvel*. *Automobilístico* é palavra derivada de *automobilismo*, esporte praticado com carros de alto desempenho. Ayrton Senna participava sempre com brilho das provas *automobilísticas*, nos circuitos *automobilísticos*. Aqui, sim, cabe o termo. Se *automobilístico* fosse de fato termo que se pudesse aplicar à indústria, então também poderíamos usar, sem problema nenhum: peça "automobilística", serviços "automobilísticos", pintura "automobilística", arranhões "automobilísticos", estética "automobilística", algo que nem mesmo os mecânicos e pintores automotivos menos avisados ousariam usar. Note que os salões de automóvel de todo o mundo se dizem Salão *Automotivo* de Genebra, Salão *Automotivo* de Detroit, Salão *Automotivo* de Tóquio, etc. Imagine, agora, então, um salão "automobilístico"! Pode até existir, mas com certeza será em qualquer dessas redações mambembes de jornal ou revista.

168. Mas um de meus dicionários traz "automobilismo" como sinônimo de indústria de fábricas de automóveis. E agora?

R. Conheço bem esse dicionário. Debrucei-me nele página por página. Encontrei coisas de arrepiar! Até "salchicha"! Só por mera curiosidade, vá até o verbete **correr** nesse seu dicionário e, na acepção 24, veja a transitividade registrada; depois, confira com o exemplo, para ver se bate a teoria com a prática. Ainda, só por mera curiosidade, responda-me: *salário-maternidade* é palavra masculina ou feminina? A sua resposta só serve para confirmar que esse dicionário não é confiável, nada confiável. E saber que, quando foi lançado, a revista Veja, cheia de euforia, estampou na capa legenda em latim: *Habemus papam.* Hoje sabemos que não *habemus*...

169. Há diferença de emprego entre judeu **e** judaico, hebreu **e** hebraico?

R. Sim. **Judeu** e **hebreu** se aplicam a pessoas: povo judeu, homem hebraico, filósofo judeu, artista hebreu, etc. **Judaico** e **hebraico** se aplicam apenas às coisas dos judeus: território judaico, religião hebraica, história judaica, arte hebraica, etc.

Portanto, não existe calendário "judeu", mas calendário *judaico*; não existe crença "judia", mas crença *judaica*. Dia desses, num programa de televisão seu apresentador falou em religião "judeu-cristã". Existe essa religião?... Num dicionário brasileiro, aquele do *Habemus papam*, se lê no verbete **banho-maria**: *Miriam (nome "hebreu" de Maria)*. Hebreu?! Onde está o papa?...

170. Qual é a diferença entre transvasar **e** transvazar?

R. **Transvasar** ou *trasvasar* é passar de um recipiente para outro: A mãe *transvasou* o leite quente várias vezes, até que esfriasse, para dar ao nenê. **Transvazar** é entornar, derramar: As crianças *transvazaram* muito leite na mesa.

171. No famoso poema de Vinicius de Moraes há estes versos: "que não seja imortal, posto que é chama/mas que seja infinito enquanto dure". **Algo a comentar?**

R. Sim, além da beleza de imagem que eles produzem: *posto que* é locução conjuntiva equivalente de *embora*, e não de *porque*. Viajou, *posto que* chovesse. O poeta, aí, usou de uma licença que só se confere aos homens puros de alma e de coração, chamados poetas... Mas isso – naturalmente – só se permite a eles, e não aos jornalistas, que, no entanto, escrevem: *O preço da gasolina subiu, "posto que" o preço do barril de petróleo aumentou.* Por que escrevem assim? Porque são ótimos, quase poetas...

172. Vinicius de Moraes ou Vinícius de Morais?

R. Se formos seguir preceitos gramaticais, *Vinícius de Morais*. Prefiro, no entanto, manter o nome das pessoas ilustres contemporâneas como se encontra no registro civil. Caso contrário, teria de usar Antônio Carlos *Jubim* (e não Jobim), *Aírton Sena*, Austregésilo de *Ataíde*, *Persival* de *Sousa*, *Luísa* Erundina, etc., que poucos aceitariam.

Nosso português do dia a dia

173. E já que estamos falando em poeta: **mulher pode ser** poeta?

R. O mundo está dizendo que sim, mas a meu ver não convém, sobretudo porque é uma atitude discricionária. Segundo a corrente que defende o uso de *poeta* em referência à mulher, só aquela que compõe poemas de mérito é que merece ser assim rotulada; as demais são meras *poetisas...*

174. Mas quem teve essa "brilhante" **ideia?**

R. Foi justamente Cecília Meireles, uma de nossas melhores *poetisas*. Ela se ofendia se alguém a chamasse de poetisa. Exigia ser chamada de *poeta*. Atribuía ao feminino juízo de valor. *Poetisa, dizia ela, é qualquer mulher que faz versos; poeta, uma autora de mérito.* Discriminação pura! São dela estes versos: *Eu canto porque o instante existe e a minha vida está completa. Não sou alegre nem sou triste: sou* **poeta**.

175. Algum linguista sério abalizou esse uso?

R. Nenhum. E, se houve, não tenho conhecimento. Nem mesmo quero ter. Se a moda pega, ainda vai aparecer uma profetisa querendo ser chamada de *profeta*, porque ela é a única que consegue ver Deus, por isso exige que a distingam das demais, das meras e singelas *profetisas...* Por isso e muito mais, vamos parar com isso! Cecília Meireles é, sem dúvida, a maior poetisa das letras brasileiras, mas nem por isso tem o direito de extrapolar, de fixar normas para a língua, como aquele sapateiro que foi muito além do sapato e se lascou...

176. Algo mais sobre esse assunto?

R. Sim. Agora, posso dizer perfeitamente e de acordo com todas as normas da língua que Cecília Meireles foi um dos melhores poetas brasileiros. Nesse contexto, sim, cabe o uso de *poeta*, porque a poetisa está inserida num universo de poetas.

177. Como se manifestam os elaboradores do VOLP sobre isso?

R. A 6.ª edição do VOLP me aparece agora registrando *poeta* como substantivo de dois gêneros, mudando completamente a classificação em relação às edições anteriores. Esse tipo de atitude já não me causa estranheza, nem mesmo perplexidade. Afinal, é o nosso VOLP, de tantos descaminhos (v. **VOLP** no **Dicionário de erros, dúvidas, dificuldades e curiosidades da língua portuguesa**).

178. Um réu pode estar em lugar incerto "e" não sabido, que é como se vê registrado em certidões de oficiais de justiça?

R. Não. Na linguagem forense, corre muito essa redundância de assustar jegue: ou seja, *lugar incerto "e" não sabido*.

Se o lugar é incerto, só pode ser não sabido. Um réu, ou um acusado de crime, quando procurado e não encontrado, está, na verdade, em *lugar incerto **ou** não sabido*. Àqueles que ainda têm alguma dúvida, ou seja, àqueles que ainda acham que *incerto* não pode ser tomado como sinônimo de *não sabido*, sugerimos que pensem na expressão antônima: *lugar certo "e" sabido*. E terão outra redundância. O Código de Processo Civil, no entanto, já fala apenas em *lugar incerto*. Fez-se a luz...

179. Continua sendo pecado iniciar período com pronome oblíquo?

R. Quem estuda para fazer o exame do ENEM sabe que jamais poderá, na redação, iniciar período com pronome oblíquo. Se o fizer, perderá preciosos pontos. Pois bem. O treinador do Palmeiras, em entrevista, disse, referindo-se a seus atletas, como bom português e em bom português: *Eu os defenderei até a morte*. Aí, então, aparece um jornalista e lança esta manchete: **Abel Ferreira sobre elenco: "Os defenderei" até a morte.** Ele nem sequer soube transcrever como realmente disse o português. É inacreditável! Se fosse ao ENEM, seria reprovado, mas está aí "escrevendo"...

180. Os ventos se dizem alísios ou "alíseos"?

R. Neste mundo que Deus criou e na língua de Camões só existem os ventos **alísios**, ainda que em alguns livros de Geografia apareça "alíseos", o que é inadmissível. Mas compreensível... Sim, porque em livros de Geografia também aparece "Orenoco" por *Orinoco* (rio venezuelano) e "Pirineus" por *Pireneus* (cordilheira entre a França e a Espanha, que separa a Península Ibérica do resto da Europa), etc.

181. Uma curiosidade antiga: qual a maior palavra da língua portuguesa?

R. A maior palavra da língua portuguesa é *neumoultramicroscopicossilicovulcanoconiótico*, adjetivo de *pneumoultramicroscopicossilicovulcanoconiose*, doença rara, causada pela aspiração de microscópicas partículas de cinzas vulcânicas. Ocorre muito quando um vulcão acorda. Portanto, não é *anticonstitucionalissimamente* a maior palavra da língua portuguesa, como muitos alardeiam por aí.

Nosso português do dia a dia

182. Qual é a diferença entre estúpido **ou** burro **e ignorante?**

R. **Estúpido** é aquele que nada sabe, que nada aprende, porque é absolutamente incapaz de compreender, de assimilar ensinamentos. O povo prefere usar *burro*. No Brasil também tem o sentido de *grosseiro*. Já **ignorante** é o que nada sabe, porque não recebeu nenhuma instrução. Muitas vezes é até inteligente, como é o caso do caboclo. De certa forma, porém, todos somos ignorantes, já que não sabemos tudo. Não é dado ao ser humano conhecer toda a extensão de sua ignorância.

183. Existe a palavra popança?

R. Existe como gíria; significa *nádegas, bumbum*. Muita gente usa "poupança" nesse caso, mas o que é que tem a ver uma coisa com outra? Nada. **Popança** tem a ver, sim, com *popa*, parte posterior das embarcações.

184. Bedel, oficial **e** bacharel **têm feminino?**

R. Têm: *bedela, oficiala* e *bacharela*. Eu sei, são estranhos. Evite quanto pode ter alguma *oficiala* de justiça batendo à sua porta!...

185. Qual é a diferença entre estratégia **e** tática?

R. **Estratégia** é a preparação intelectual da ação a ser posta em prática, é o planejamento de ações, visando a um objetivo. **Tática** é a *estratégia* em ação, ou seja, é a conduta que se adota em relação a determinado objetivo, procurando obter o máximo de eficácia possível. A *estratégia* está para a *tática*, assim como a teoria está para a prática. Um general estabelece sua *estratégia* para vencer o inimigo e pode mudar de *tática* no decorrer da luta. Um treinador de futebol, tendo um importante jogo em vista, prepara a *estratégia* para enfrentar o adversário; durante a partida, a *tática* pode revelar-se ineficaz, propiciando mudança radical na *estratégia* elaborada. A *estratégia* se concebe criteriosamente e antes da ação; a *tática* se realiza no desenvolvimento da ação.

186. Existe creme dental "anti-cárie"?

R. Não deveria existir, mas existe (geralmente nas suas embalagens). Os fabricantes de cremes dentais não sabem que o prefixo *anti-* só exige hífen antes de palavra iniciada por *i* (anti-infeccioso) ou por *h* (anti-higiênico). Do contrário, nada de hífen: antiaéreo, anticárie, anticaspa, anticoncepcional, anticristo, antifebril, antiplaca, antipólio, antirracista, antisséptico, antissocial, antitabagista, antiurbanismo, etc.

187. Torcedor do Vasco da Gama é vascaíno e também "cruzmaltino", não é mesmo?

R. Não, não é bem assim. Todo vascaíno é **cruz-maltino** (com hífen, algo que a maioria da mídia ignora). O plural é *cruz-maltinos*.

188. Falando em futebol, existe a palavra "aficcionado"?

R. Não. A palavra é *aficionado*, que a mídia usa com a preposição "de" e até com a preposição "por", sendo legítima, porém, apenas **a**: Sou aficionado **ao** Jabaquara. Ela é aficionada **ao** Flamengo. Alguém aqui é aficionado **à** Portuguesa?

189. Existe o verbo "mocozar"?

R. Não. A gíria que significa *esconder em lugar difícil de achar*, é **mocozear**. Meu cão, quando sem fome, *mocozeia* todo osso que lhe dou. Você *mocozeou* o bagulho onde?

190. Casas Bahia leva o verbo ao plural?

R. Nem *Casas Pernambucanas*. Nesse caso prevalece a ideia de *empresa*, por isso o verbo fica no singular. Casas Bahia *anuncia* bastante. Casas Pernambucanas *vende* mais barato. (A propaganda é gratuita...)

191. Alface é palavra feminina ou masculina?

R. Feminina: **a** alface, bo**a** alface, muit**a** alface, **a** alface está car**a**. Não obstante, eis uma sugestão dada por uma boa alma, na Internet: *Se "o" alface está caro, vamos substituir "o" alface por outra verdura mais barata.* Ah, Internet, como tu és enganadora!

192. A expressão inglesa happy hour também é feminina?

R. Sim, feminina: **a** *happy hour*, **uma** *happy hour*, **boa** *happy hour*, **nossa** *happy hour*, etc. Num mundo midiático em que muito se vê o uso dessa expressão no gênero masculino, louvável esta manchete de uma folha paulistana: *Bar de SP oferece caipirinha e chope em dobro n**a** happy hour*.

193. Afinal, a forma correta é "Antártida" ou Antártica?

R. É **Antártica**. No mundo todo é *Antártica*, menos em Portugal e no Brasil, onde se prefere "Antártida". Embora alguns autores do passado tenham

Nosso português do dia a dia

advogado a forma "Antártida", hoje já não tem nenhum sentido apoiá-los. A palavra correta, absolutamente correta, que define o continente situado principalmente dentro do círculo antártico e assimetricamente centrado no polo Sul é *Antártica*, que se forma de *ant-* + *artic-*. Assim como temos o *Ártico* (e não o "Ártido"), que em grego significa *Ursa*, no extremo oposto temos a *Antártica*, região da qual não era possível avistar a Constelação da Ursa Maior. Por isso, o que convém mesmo é você fazer uma expedição à *Antártica*. Se fizer à "Antártida", pode acabar entrando numa gelada... Os jornalistas brasileiros, no entanto, parecem adorar uma geladinha. Veja como escrevem: *O mapa da "Antártida" está ligeiramente mudado*. Mas, afinal, onde é que foram encontrar a tal da "Antártida"? No genitivo grego? Na Atlântida? Ora, sejamos razoáveis! As cartas geográficas sérias de todos os países do mundo só trazem *Antarctica* (em português, prescinde-se do **c**). Nenhuma delas traz "Antártida". Há até gramáticos que defendem essa forma. Não surpreende nem assusta. Os livros de Geografia? Cuidado: alguns deles também trazem a definição de *ilha* desta forma: *porção de terra cercada de água "por todos os lados"*. É bom? E os livros de Geografia não estão sozinhos; acabam de ganhar mais uma excelente companhia: o dicionário Aurélio. Que beleza! Ao contrário do que dizem os cientistas, o mundo está ficando é cada vez mais frio, mais gelado...

194. Isso me fez lembrar o caso de Singapura.

R. Sim, o caso de **Singapura**. O mundo todo usa esse nome com **S** inicial; só no Brasil nos impõem a escrita com C, errônea. O país se chama *Singapore*. Mas no Brasil, querem diferente. É uma dificuldade! A 6.ª edição do VOLP registra como adjetivo pátrio tanto *singapurense* quanto *cingapurense*. Ou seja, não se decide. Mas um dia, certamente, decidirá: por *singapurense*. Pode até demorar, **vai** demorar, mas isso acontecerá...

195. É também o caso de ciriguela e seriguela.

R. Sim. O VOLP continua registrando as duas grafias, mas a única forma correta é **ciriguela**. O VOLP continua registrando *eletroidráulico* a par de *eletro-hidráulico*. Não se decide! O VOLP continua registrando *hodômetro* a par de *odômetro*. Até pouco tempo atrás esse mesmo VOLP registrava *sub-humano* e *subumano*, num registro duplo inaceitável. Finalmente, mataram o "subumano".

196. Qual é a diferença entre torneio e campeonato?

R. **Torneio** é uma série de competições esportivas, oficiais ou não, de curta duração, na qual a equipe que chega em primeiro lugar ganha geralmente um troféu e recebe o título de campeã. A Copa do Mundo e a Copa do Brasil são *torneios*, e não "campeonatos". **Campeonato** é uma série de competições esportivas oficiais, mais ou menos de longa duração, na qual todas as equipes jogam entre si, uma ou mais vezes, realizada para se chegar a um campeão, que recebe um troféu. Num *campeonato*, uma equipe tem mais chance de recuperar o terreno perdido; num *torneio*, isso é difícil ou quase impossível.

197. Quais são as reais abreviaturas de apartamento, departamento e de número?

R. Anote e nunca mais esqueça: **ap.**, ou então, **apart.**, mas não "apto.", que é como todo o mundo usa; **depart.**, e não "depto."; e **n.º** (não se esqueça do ponto e não use o tracinho, que é tolice).

198. Qual é a diferença entre escombros e ruínas?

R. **Escombros** são entulhos que formam pequenos montes (combros), obstruindo a passagem. **Ruínas** são restos de construções que ruíram. Um prédio ou um viaduto que desmorona causa *ruínas*, que, depois, podem transformar-se em *escombros*, se deixados amontoados de forma que impeçam a livre passagem. (Nem me pergunte se os dicionários estabelecem a diferença!)

199. A pronúncia certa é rúbrica ou rubrica?

R. *Rubrica*, que rima com *fabrica*. Aponha sua *rubrica* ao contrato! Note que é o verbo *apor* que se usa com mais propriedade neste caso, e não "pôr"! Note, ainda, a regência: **a**o contrato, e não "no" contrato! Sobre pronúncia, queira registrar ainda esta: a palavra *bufê* se pronuncia como se escreve. Há quem diga "bifê", mas isso já não é português, é francês (*buffet*). O francês *sursis* se pronuncia *sursí*, porque a palavra é tratada ainda como estrangeirismo pelo VOLP; sendo assim, não há como dizermos "sursís". Também paroxítonas são: *mercancia* (rima com *melancia*, mas os "adevogados" dizem "mercância"), *fluido* (substantivo, rima com *intuito*), *aziago* e *pudico*, *irascível* (cuidado para não dizer "irracível"). Já estas são proparoxítonas: *Getsêmani* (que se pronuncia *Guètsêmani*), *quadrúmano*, *ínterim* (cuidado para não dizer "interím"), *aríete* (cuidado para não dizer "ariêti") e *Ártemis* (deusa grega da caça e da natureza, irmã gêmea de Apolo, deus da música, das artes, da medicina, etc.; cuidado para não dizer "Artêmis").

Nosso português do dia a dia

200. Qual a diferença entre a princípio **e** em princípio**?**

R. **A princípio** significa inicialmente, no começo: *A princípio* confiei neles. **Em princípio** é o mesmo que em tese, teoricamente, de modo geral: *Em princípio*, todo réu é inocente. Podemos afirmar que no Brasil, *em princípio*, todos são iguais perante a lei. Podemos afirmar, ainda, que todo casamento é, *a princípio* e *em princípio*, uma verdadeira maravilha, um mel com açúcar. Depois... bem, depois é o fel com pimenta...

201. Meu vizinho está feliz, disse que comprou uma moto "zerinha".

R. Que ele seja muito feliz com a sua moto zerinh**o**!...

202. De fato, professor, nada "haver" **moto** "zerinha".

R. Não tem mesmo nada **a ver** moto "zerinha", porque *zero* e *zerinho* não têm feminino. E se você quiser usar português castiço, prefira assim: Não tem nada **que ver** moto "zerinha".

203. Qual é a diferença entre valorar **e** valorizar**?**

R. **Valorar** é determinar ou estimar o valor monetário ou o preço de alguma coisa, atribuir valor econômico a (alguma coisa), avaliar: O ourives *valorou* a joia em um milhão de reais. É, ainda, emitir ou proferir um juízo de valor sobre (alguma coisa), é dar parecer sobre (algo), avaliar, apreciar: *Valorar* a qualidade de uma telenovela. Já **valorizar** é dar o devido valor a (alguma coisa): É preciso *valorizar* o professor. É também aumentar o valor de (alguma coisa): Esse acessório *valoriza* o automóvel. É também ter em alta conta, apreciar: Eu *valorizo* sua amizade. É, ainda, calcular ou estimar a qualidade de (uma coisa), numa escala de valores: Eu *valorizo* a saúde sobre o dinheiro. Apesar das notórias diferenças, há dicionários que registram ambos os verbos como sinônimos. São?

204. Há também diferença entre inarrável **e** inenarrável**?**

R. Sem dúvida! **Inarrável** é que não se pode narrar ou contar sob pena de censura ou crítica; é o mesmo que *incontável*. Esse humorista tem um repertório de piadas *inarráveis*, principalmente em ambientes seletos. Uma história sinistra ou apavorante é *inarrável* a crianças. **Inenarrável** é que não se pode narrar ou descrever, por sua grandeza ou importância; é o mesmo que indescritível, tremendo, grandioso. Os campeões foram recebidos com *inenarrável* entusiasmo da população. Lima Duarte (ninguém nega) é um ator de *inenarrável* talento. Pelos dicionários jamais você iria saber tal distinção. Com uma exceção: **Grande Dicionário Sacconi**, infelizmente esgotado.

205. É difícil saber quando escrever mal e quando escrever mau?

R. Fácil! **Mal** é advérbio, por isso antônimo de *bem*: dormir *mal*, escrever *mal*. Também é substantivo (de pl. *males*) e conjunção: Sofrer de *mal* incurável. Morreu de *mal* súbito.

Mal abriu a boca, já começaram a rir. **Mau** é adjetivo, antônimo de *bom*: homem *mau*, *mau* pressentimento, *mau* tempo, *mau* humor. O conhecimento dessa diferença evita, por exemplo, que se diga ou escreva: *O gol só saiu porque a defesa está "má postada". Sua intenção é boa, mas pode ser "má-interpretada"*. Repare, agora, como escreveu em seu blogue um jornalista especializado em automóveis: *Entre os truques que alguns "mal" vendedores usam para tornar seminovos mais atrativos é adulterar a quilometragem original*. Esta é de uma jornalista da BBC News Brasil em Washington: *Diplomatas e especialistas americanos temem que Bolsonaro tente adiar eleições diante de "mal" resultado nas pesquisas de intenção de voto*. Agora, responda: eles não são ótimos?

206. Existe diferença entre mandado e mandato?

R. Existe e é bom que reforcemos aqui a diferença já comentada em outras obras. **Mandado** é ordem escrita que parte de autoridade judicial. Daí por que existe um *mandado* judicial, o *mandado* de segurança, um *mandado* de busca e apreensão, etc. **Mandato** é o poder político outorgado pelo povo, para que se governe ou legisle: o *mandato* dos deputados é de quatro anos, mas o *mandato* dos senadores é de oito anos. Os "adevogados" continuam usando "mandato de segurança". Normal... Alguns jornalistas também vão com eles: *O Tribunal de Justiça de Alagoas expediu um "mandato" de desocupação do prédio da Secretaria da Fazenda do Estado*. Já a Veja divulgou certa feita, em manchete, em seu *site*: **Roberto Jefferson desiste de recorrer ao Supremo.** *A defesa do deputado cassado enviou fax ao STF informando desistência do "mandato" de segurança*.

Jornalista que consegue confundir *mandado* com *mandato* equivale pouco mais ou menos a um professor de Matemática que confunde um quadrado com um retângulo.

Nosso português do dia a dia

207. Se o u dos verbos distinguir **e** extinguir **não soa, nunca soou, como se explica que repórteres continuem pronunciando esse "u" fantasma?**

R. Explica-se: falta de escola.

208. Há diferença entre invendável **e** invendível?

R. Sim, **invendável** é o que já não se vende tão facilmente, o que é difícil vender. Se você tiver um Gordini na garagem, por exemplo, e precisar de dinheiro com urgência, vai entender bem o que significa *invendável*... Ninguém quer. Já **invendível** é o que não se pode vender por alguma razão, por motivo de força maior. Se você deve e não paga, o juiz pode declarar *invendíveis* seus bens, para reparar sua dívida. Durante um inventário de família, os bens dos herdeiros continuam *invendíveis* durante o curso do processo.

209. Então, há também diferença entre vendável **e** vendível?

R. Sem dúvida. Um apartamento com vista para o mar, em andar alto, por uma pechincha, é *vendável*, qualquer pessoa quer, mesmo aquela que não tem o dinheiro suficiente... Por outro lado, se você já pagou sua dívida, já quitou seus compromissos pendentes, aquele mesmo juiz pode declarar já *vendíveis* seus bens. (Nem pense em ver estabelecida essa ou aquela diferença em seu dicionário!)

210. Há pessoas que confundem viagem **com** viajem. **Pode?**

R. Pode; em português tudo pode... **Viagem** é algo que se faz de vez em quando, de preferência nas férias e deleita ou cansa; já *viajem* é verbo. Nossa *viagem* foi cansativa, mas prazerosa. Não *viajem* à noite: é perigoso! Na gíria, porém, *viagem* é bem outra cousa...

211. Professor, sei que houve de sua parte uma sugestão de aportuguesamento do italianismo pizza. **Para** píteça. **Não viajou um pouquinho, não?**

R. Viajar? Como assim, viajar? Ah, sim, agora entendi, você está usando uma gíria. Não, não, longe disso! Sei que minha proposta, que é perfeita, legítima, inquestionável, causou terremotos e furacões em meios desavisados. Vamos, contudo, ao que interessa: *píteça* (que se pronuncia *pítiça*, e não "pítEça", como querem os engraçadinhos) é o aportuguesamento natural e legítimo do italiano *pizza*.

212. Mas sua proposta era para passarmos a usar píteça **por** *pizza*? **Para substituirmos a palavra** *pizza*?

R. De jeito nenhum! Alguns "artistas" interpretaram que sim; outros, só para injuriar, forçaram a interpretação. É preciso que fique bem claro: ao propormos tal aportuguesamento, não significou que estivéssemos exigindo que todos passassem a usar *píteça*, no lugar da palavra internacional *pizza*. Ou que todos passemos, doravante, a comer *píteça*. Não. Até porque essa *píteça* é forte demais, grossa demais!...

213. Ora, professor, se alguns brasileiros não conseguem nem mesmo deixar o shampoo**, como querer que engulam uma** píteça **dessas?**

R. Impossível! Convém, no entanto, que todos saibam o seguinte: se um dia – naturalmente lá por meados do século XXX – os brasileiros quiserem aportuguesar esse italianismo, terá de ser assim mesmo: *píteça*. Não há como fugir disso. Terá, então, vingado o modo vernáculo de escrever, assim como vingaram à moda vernácula os então inaceitáveis estrangeirismos *yach* (iate), *whisky* (uísque), *check-up* (checape), *black-out* (blecaute), *nylon* (náilon), *knock-out* (nocaute), *football* (futebol), etc. Quase todos esses aportuguesamentos foram motivo de chacotas à época em que foram postos à prova pública. O que acabou vencendo? O bom senso, mesmo porque o mau senso só consegue guarida nos espíritos superficiais. Ou nos mesquinhos.

214. Pois é. Vamos passar, agora, de pato para ganso, ou seja, de *pizza* **para pôr do** "sol".

R. Sim, esse é outro caso interessante. Antes do Acordo Ortográfico de 1990, o VOLP nos mandava escrever *pôr-do-sol*, com hifens. Já nessa época contestávamos esses hifens. Ora, quem escreve *pôr-do-sol* tem de ser coerente e escrever também "nascer-do-sol"; daí por que não aceitávamos os hifens ali.

215. Correto. Pelo menos a coerência, se existisse, mandaria que fosse assim mesmo. Mas... e daí?

R. Com o referido Acordo, por fim, resolveram retirar os hifens que nunca se fizeram necessários: *pôr do sol*. Ou seja: o que era um mero substantivo composto virou uma locução substantiva. E o VOLP – inacreditável – retirou os hifens, mas continuou com a classificação: substantivo masculino. Ora aquilo agora já não era um substantivo, mas uma locução substantiva. E na locução, a palavra *sol* se refere ao astro em si, portanto deve ter inicial maiúscula: *pôr do Sol*.

216. Claro, claro. E daí?

R. Daí que os luminares da Academia Brasileira de Letras, na edição digital do VOLP resolveram, matreiramente, à boca da noite, retirar "pôr do sol". Eis aí...

217. Não há também o caso de alto-mar?

R. Sim, o caso de *alto-mar*. A 6.ª edição do VOLP continua registrando *alto-mar*. (Esperamos que, ao publicarmos esta obra, já não tenham retirado também *alto-mar* da 6.ª edição digital, como fizeram com *pôr do sol*.) Ora, quem escreve *alto-mar* tem de escrever também, por absoluta coerência, "mar-alto". Mas isso o vocabulário oficial não ousa mandar que escrevamos. Então, por que *alto-mar*, com hífen? Os espanhóis usam *alta mar*; os franceses, *haute mer*; os italianos, *alto mare*. É só copiar! Mas nem isso sabemos?! Só nós é que temos que nos afundar em alto-mar?...

218. Os povos de língua portuguesa usam Maomé, aportuguesamento de Muhammad. Algum mal nisso?

R. Não, mal nenhum. Mas um jornal paulista passou a usar *Muhammad* por Maomé. Os muçulmanos acham que é uma demonstração de respeito a seu líder religioso chamá-lo por seu nome original. Observado tal preceito, então, temos de mudar também o ditado popular: *Se Muhammad não vai até a montanha, a montanha vem até Muhammad*. É preciso ver, agora, se a montanha aceita...

219. Há diferença entre matar a fome e matar à fome?

R. Muita. **Matar a fome** é saciá-la, é pôr alimento no estômago, é deixar de ter fome. Basta almoçar ou jantar para *matar a fome*. **Matar à fome** é matar de fome. Quem sequestra e não alimenta o sequestrado *mata-o à fome*. A seca no Nordeste costuma *matar à fome*. No mundo, ao almoço e jantar todos estão *matando a fome*; por aqui, a corrupção e a incompetência continuam *matando à fome*.

220. Se muçarela se escreve corretamente com ç, como se explica que quase todo o mundo escreva "mussarela"?

R. Explica-se: falta de escola. A palavra nos vem do italiano *mozzarella*; os *zz* italianos dão *c* ou *ç* em português: *muçarela*. O VOLP registra ainda *mozarela*. Você come?

221. Se a palavra portuguesa é este (E), como se explica que tenhamos leste como ponto cardeal?

R. Explica-se: a palavra *leste* não é portuguesa, sabe a francês (*l'est* = o leste). A forma legitimamente portuguesa, como você mesmo disse, é *este*. Daí por que as letras que representam os pontos cardeais são: N (norte), S (sul), E (e não "L", este) e O (oeste).

222. Sempre o francês, hem, professor, sempre o francês! Qual é o verdadeiro significado da palavra goleada?

R. **Goleada** é vitória por diferença igual ou superior a três gols que uma equipe impõe a outra. Não é o número de gols que sai numa partida. Um resultado de 7 a 5 não é uma *goleada*. Mas quando o Palmeiras vence o Corinthians por 8 a 0, como em 5 de novembro de 1933, ou mesmo por 3 a 0, em 23 de abril de 2022, ou vence o São Paulo por 4 a 0, numa decisão de campeonato paulista, aí se configura, de fato, uma autêntica *goleada*...

223. Uma curiosidade: quantas palavras fazem parte, hoje, do vocabulário português?

R. Cerca de 500.000 palavras fazem parte do vocabulário português atualmente, mas novas palavras são incorporadas diariamente ao nosso léxico (conjunto de palavras que formam a língua de uma comunidade linguística), que está sempre aberto a novas incorporações (*deletar*, *blogue* e *selfie*, por exemplo), enquanto outras vão sendo esquecidas (*datilógrafo, fax* e *mimeógrafo*, por exemplo). Os países lusófonos, ou seja, aqueles em que se fala a língua portuguesa são: Portugal, Brasil, Cabo Verde, Guiné-Bissau, Angola, Moçambique, São Tomé e Príncipe e Timor-Leste. Continua sendo falada na cidade chinesa de Macau, região autônoma chinesa e território português até 1999, mas tende a ser preterida em favor do mandarim.

224. Qual é a diferença entre terreno e terrestre?

R. **Terreno** é do mundo material (por oposição ao espiritual); é o mesmo que *mundano*: paixões *terrenas*, extravagâncias *terrenas,* bens *terrenos*. **Terrestre** é da terra ou por terra (em oposição ao mar ou a marítimo, ou a aéreo): o elefante é o maior animal *terrestre*; transporte *terrestre*, planta *terrestre*. Também significa da Terra: crosta *terrestre*, superfície *terrestre*, relevo *terrestre,* atmosfera *terrestre,* paisagem *terrestre*, curvatura *terrestre*, fotogrametria *terrestre*. Os dicionários – todos – dão tais termos como sinônimos. São? Você já viveu alguma paixão "terrestre"?. Já ouviu alguém falar em atmosfera "terrena"? Ou em curvatura "terrena"?...

Nosso português do dia a dia

225. E a diferença entre tempestivo **e** tempestuoso?

R. **Tempestivo**, de antônimo *intempestivo*, é que vem, se faz ou chega no tempo próprio, certo, adequado; portanto, equivale a *oportuno*. A chegada *tempestiva* da polícia evitou o crime. O advogado entrou com um recurso *tempestivo*. Fazer o recolhimento *tempestivo* de um imposto. **Tempestuoso** tem a ver, entre outras coisas, com tempestade; equivale a *tormentoso*: vento *tempestuoso*, mar *tempestuoso*, tempo *tempestuoso*, zona *tempestuosa,* noite escura e *tempestuosa*. Em sentido figurado usa-se por turbulento, violento ou, então, por acalorado: A relação do casal era de fato *tempestuosa*. Casou para viver dias *tempestuosos* na vida. Travam-se durante as campanhas eleitorais longos e *tempestuosos* debates.

226. Qual é a curiosidade envolvendo a palavra caminhoneiro?

R. A palavra *caminhoneiro* só existe por causa de *caminho*. Explico melhor: a palavra original é *camioneiro*; *caminhoneiro* só existe porque o *camioneiro* percorre *caminhos*; e em percorrendo *caminhos*, deu margem a que o povo, no Brasil, incluísse um *nh* em sua forma. Mas do radical francês *camion* com o sufixo *-eiro* só pode sair *camioneiro*, assim como só temos a palavra *camionagem*, e não "caminhonagem". Em Portugal só existe *camião*, forma coerente com a origem, que é o francês *camion*. (Olhe aí o francês de novo.) Por aqui, porém, só temos *caminhão*, mas ainda conservamos *camionete* e *camioneta*, a par de *caminhonete* e *caminhoneta*. Como se vê, o *caminho* é que mexeu com tudo...

227. Que significa exatamente a expressão meio período?

R. Significa meia manhã, meia tarde ou meia noite. *Período* é uma fração de tempo do dia, por isso é que dizemos *período da manhã, período da tarde, período da noite.* Assim, a pessoa que trabalha só de manhã, só de tarde, ou só de noite, trabalha *um só período*, e não "meio período". Nunca se ouviu ninguém dizer que trabalha "no meio período da tarde", mas sim no *período da tarde*. Há muita gente, porém, que se gaba de trabalhar somente "meio período". Anda trabalhando, realmente, muito pouco. Ou seja: praticamente não contribui...

228. Que novidade temos sobre o verbo mencionar?

R. *Mencionar* é verbo transitivo direto, mas não admite complemento oracional. Portanto, devemos construir assim: O bandido *mencionou* o nome de todos os seus comparsas, no depoimento à polícia. (E não: O bandido mencionou "que não teve comparsas".) Não *mencionei* os detalhes do plano. (E não: Não mencionei "quais eram os detalhes do plano".) O jornalista não é obrigado a *mencionar* a fonte da informação. (E não: O jornalista não é obrigado a mencionar "qual foi a fonte da informação".) Ele não *menciona*, na obra, a data do fenômeno. (E não: Ele não menciona, na obra, "quando se deu o fenômeno".)

229. Afinal, usa-se ou não se usa "um" antes de mil?

R. É óbvio que não. Todos dizemos que o Brasil foi descoberto no ano de 1500 (*mil e quinhentos*), não é mesmo? (Onde está o "um"?) Só por curiosidade: diga o ano em que seu avô nasceu! Usou o "um"? Não usou, claro que não usou, porque não se usa "um" antes de *mil* nas cabeças pensantes. Mas os jornalistas brasileiros insistem em usar "um" mil ou "1 mil". Veja esta manchete, colhida no portal IG: *Cerca de "1 mil" crianças foram estupradas por padrastos*. E ainda usam verbo no plural com 1! Só eles mesmos... Já antes de *milhão* usa-se *um*, porque se trata de nome coletivo, diferente de *mil*, que é numeral.

230. Como devo usar corretamente o verbo negar?

R. O verbo *negar* exige o verbo no modo subjuntivo: O acusado nega que *tenha* molestado a moça. (E não: O acusado nega que "molestou" a moça.) O tesoureiro do PT negava que *houvesse* mensalão. (E não: O tesoureiro do PT negava que "havia" mensalão.) Ela nega que *seja* prostituta. (E não: Ela nega que "é" prostituta.)

231. Do ponto de vista bancário, existem cheques "nominais"?

R. Não, só existem cheques **nominativos**; *nominal*, para os bancários, tem outro significado, mas não é o caso tratarmos disso aqui.

232. O Palmeiras pode perder "do" Corinthians?

R. Não, não pode. Quem perde, perde *para*, e não "de". É exatamente por isso que o Corinthians quase sempre perde **para** o Palmeiras...

233. Já que estamos nesse assunto, qual a curiosidade envolvendo o nome Corinthians?

R. O nome oficial desse popular clube paulista é *Sport Club Corinthians Paulista*. Se formos aportuguesá-lo (como está no dicionário Aurélio), teremos de fazê-lo por inteiro: *Esporte Clube Coríntiãs Paulista*. Qual corintiano aceita isso? Houve uma época em que os jornalistas escreviam "Coríntians", num aportuguesamento apenas parcial. Percebida a

Nosso português do dia a dia

insensatez, hoje só escrevem *Corinthians*. O adjetivo *corintiano* grafa-se sem o *h*, mas as faixas no estádio trazem "corinthiano", coisa de corintiano... Não se esqueça de pronunciar claramente o fonema final: Corinthian**s**! O povão, no entanto, ordena alto e bom som: **Vai, Curíntia!**...

234. Qual a curiosidade envolvendo o nome Palmeiras?

R. Primeiramente, convém ressaltar que o Palmeiras e o Corinthians são clubes coirmãos; daí por que, quando se fala em um, o outro vem atrás, ou vem à lembrança inevitavelmente. São clubes arquirrivais, sim, mas não inimigos; na verdade, corintianos e palmeirenses no fundo, no fundo, se amam, mas sentem enorme pejo em declarar publicamente tal sentimento, que eles guardam a oito chaves no fundo do coração...

235. Será, professor? Será que é isso mesmo?

R. Você não tenha dúvida! O Palmeiras foi fundado em 1914, quatro anos depois do Corinthians, por dissidentes deste clube. Vamos, agora, porém, falar apenas do Palmeiras. Pronuncia-se claramente o fonema final: *Palmeiras*, mas há quem diga que torce pelo "Palmeira", quando não pelo "Parmera". Cada qual é feliz à sua maneira... Quem torce pelo Palmeiras é *palmeirense* ou *esmeraldino*, embora antigamente, logo depois da mudança do nome de Palestra Itália para Sociedade Esportiva Palmeiras, muitos se diziam, principalmente no interior, "palmeirista". Note que o verbo *torcer* se usa com **por**, e não com "para". Um jornalista, no entanto, desejando informar-nos **por** quais times torcem alguns de seus colegas, estampa na Internet este título: **"Para" quais times torcem os comentaristas e narradores de futebol**. Dá zero pra ele!...

236. Hoje dizem porco **para o torcedor e** chiqueiro **para o** Allianz Parque. **Não é pejorativo isso?**

R. Pejorativo era, sem dúvida. Acontece que os palmeirenses, por conveniência, resolveram encampar *porco* e *chiqueiro*, retirando dos rivais bom arsenal de gozação. Os velhos palmeirenses, no entanto, sabem que a mascote do Palmeiras sempre foi o periquito.

237. Se Sociedade Esportiva Palmeiras é uma locução feminina, por que se diz o Palmeiras, e não "a" Palmeiras?

R. Porque em 1942, quando houve a mudança do nome, o clube já era conhecido nesse gênero: **o** Palestra. E hoje todos os homens de bom gosto (e também de bom senso) gritam: **Avanti, Palestra!**

238. Qual é a diferença entre paciência **e** resignação**?**

R. **Paciência** é a virtude que consiste em suportar todos os males, sem lamentar-se. Um pai que pede à filha que retorne antes da meia-noite, ao não ser atendido, pode ter *paciência* ou não. Se a tiver, cala-se; senão, são muitas as possibilidades... **Resignação** é a aceitação sem queixas de uma situação adversa, pelo convencimento da inutilidade de lutar contra ela. Um pai que proíbe a filha de namorar certo rapaz, e não é atendido, aceita, por fim, *resignado*, ter o homem como seu genro, mesmo porque, quase sempre, não há mesmo outro jeito...

239. Afinal, tal qual **é expressão variável ou não?**

R. Nós preferimos variá-la, assim como *tal e qual*, quando a frase tem verbo de ligação: Esse rapaz é *tal quais* seus irmãos. Esses rapazes são *tais qual* seu irmão. Esses rapazes são *tais quais* seus irmãos. Cada um dos seus elementos concorda com o nome a que se refere. Quando não há verbo de ligação, preferível será a não variação: Trabalhamos *tal qual* todo o mundo, mas recebemos menos. Essa gente vive *tal qual* animais. Nos dois casos, substitui-se facilmente por *como*.

240. Se a palavra de agradecimento é obrigado**, como se explica que todo o mundo diga** "brigado"**?**

R. Explica-se: preguiça... A um *obrigado* se deve responder *por nada* (de preferência a "de nada", que é um espanholismo). Mas há quem responda: "Obrigado você!" (não: *obrigado, digo eu!*). Há, ainda, os que dizem em resposta a um obrigado: "imagine!", quando não "magine!".

241. Se a palavra é besouro**, como se explica que todo o mundo diga** "bizôrro"**?**

R. Não se explica. Só não entendo por que para *tesouro* não dizem também, por coerência, "tizôrro". O povo tem dessas coisas...

242. Se a palavra é amendoim**, como se explica que muitos digam** "minduim"**?**

R. Explica-se: preguiça...

243. Se a palavra é fedor**, com** r **no final, como se explica que todo o mundo diga** "fedô"**?**

R. Essa se autoexplica...

Nosso português do dia a dia

244. Laringe **é palavra feminina ou masculina?**

R. *Laringe* é, em rigor, palavra masculina (**o** laringe), mas passou a ser usada como feminina, por influência do gênero de *faringe*.

245. Houve mesmo invasão russa "à" Ucrânia?

R. A maioria dos jornais trouxe que sim... Veja por esta notícia de um deles: *Líder máximo da Igreja Ortodoxa Russa não condenou invasão "à" Ucrânia e abençoou as tropas russas*. No entanto, *invasão* é palavra que se usa com **de**; afinal, todos sabemos o que é uma invasão de domicílio... Repare, agora, nesta manchete de jornal muito mal redigida: **Rússia afirma que invasão da Otan à Crimeia causaria guerra mundial**. Se o jornalista responsável por essa manchete honrasse a sua profissão, teria escrito de outra forma. Assim, por exemplo: **Rússia afirma que invasão da Crimeia por parte da Otan causaria guerra mundial**. A verdade é que raros jornalistas, hoje, honram a profissão. Daí por que sentimos muitas saudades de Lenildo Tabosa Pessoa.

246. Os carros têm "auto-falante"?

R. Que esperança! Desde que o aparelho foi inventado, escreve-se **alto-falante**. De repente, porém, alguém achou que estava errada a primeira palavra, raciocinando mais ou menos assim: *Claro que está errada: afinal, se se trata do que vai num automóvel, só pode ser auto-falante*. Raciocínio asinino, que algumas fábricas de automóvel até encamparam, porque fizeram (será que ainda fazem?) constar "auto-falante" em seus *sites*.

247. Qual é a diferença entre escutar e ouvir?

R. **Escutar** é ficar atento para *ouvir*, é aplicar o ouvido para perceber bem os sons, é esforçar-se para *ouvir*. **Ouvir** é receber os sons através do ouvido. *Escutar* é uma ação reflexa que vem da curiosidade ou da desconfiança. *Ouvir* é um ato natural de todos os seres vivos que não são surdos. Em *escutar* está sempre presente a ideia de esforço, inexistente em *ouvir*. O pai que pergunta ao filho, ao final de uma repreensão: *"Escutou" bem?*, não está se expressando corretamente; o filho deve, sim, *ouvir* muito bem a repreensão, o pito, o sabão. Nas passagens de nível das nossas ferrovias, vê-se uma velha e prudente advertência: PARE, OLHE E **ESCUTE**. Isto é, pare, olhe e preste atenção, esforce-se por ouvir algum som de locomotiva se aproximando. Essa mesma advertência seria inócua ou indevida se estivesse assim: PARE, OLHE E "OUÇA". Ouvir o quê?

248. E a diferença entre olhar, ver **e** enxergar?

R. **Olhar** é dirigir os olhos, movimentá-los de um lado ao outro. Ela *olhou* para mim, e eu *olhei* para ela: casamos. **Ver** é perceber pelo sentido da visão, é captar imagens por meio dos olhos. Toda pessoa que não é cega *vê*. **Enxergar** é ver com dificuldade, é perceber com os olhos o objeto sem distinguir suas partes. Um quase cego *enxerga*. A claridade fazia que os alunos não *enxergassem* o que estava escrito no quadro-negro, isto é, a claridade não permitia que os alunos distinguissem ou avistassem o que estava escrito no quadro. Quando movimentamos os olhos para os lados, *olhamos*; quando fazemos uso do órgão da visão, *vemos*; quando nos esforçamos para perceber visualmente, *enxergamos*. **Pare, *olhe* e *escute***, isto é, pare, dirija os olhos para ambos os lados da ferrovia e esforce-se por ouvir algum som de locomotiva se aproximando. Essa mesma advertência seria aberrante, se estivesse assim: *Pare, veja e ouça*. Ver o quê: Ouvir o quê?

249. Qual é a diferença entre enquete **e** pesquisa?

R. **Enquete** é um conjunto de opiniões ou testemunhos breves acerca de uma pessoa, coisa ou fato, geralmente reunido por veículo de comunicação de massa (jornal, revista, TV, etc.). **Pesquisa** é um estudo sistemático e investigação científica minuciosa acerca de um assunto ou campo de conhecimento, para descobrir ou estabelecer fatos, conhecer favoritos em eleições futuras, corrigir teorias, princípios, etc. A *pesquisa* sempre tem cunho científico e é justamente nesse ponto que difere substancialmente da *enquete*. O que as emissoras de televisão fazem, pedindo aos telespectadores que respondam sim ou não a uma pergunta, é portanto, simples *enquete*.

250. Se todo o mundo diz TV por **assinatura, TV** por **satélite, como se explica que todo o mundo diga TV** "a" **cabo?**

R. Explica-se: nem todo o mundo se guia pelo princípio da coerência.

251. Se a palavra milhão **é masculina, como se explica que jornalistas usem** "duas **milhões de pessoas**", "duzentas **milhões de latinhas de cerveja**"?

R. Explica-se: falta de escola. O diabo é que eles nunca usam *"uma" milhão de pessoas*. Por que será?...

Nosso português do dia a dia

252. Se a palavra milhar **é masculina (o milhar,** um **milhar), como se explica que jornalistas usem** "duas **milhares de ações",** "duzentas **milhares de vidas humanas",** "essas **milhares de crianças abandonadas",** "as **milhares de mães solteiras",** "duas **milhares de maçãs foram** perdidas **durante a viagem"?**

R. Também se explica: falta de escola. Ou preguiça de ir até um dicionário. Há os que usam "uma" milhar de agulhas; "duas" milhares de calculadoras; "as" milhares de pessoas; deu "uma bonita" milhar no jogo do bicho hoje. (No jogo do bicho, é só usada no feminino, por influência do gênero de *dezena* e *centena*: o povo joga na dezena, perde "na" milhar e ganha na centena.) Veja agora como um jornalista brasileiro reproduziu declaração do chefe da diplomacia russa, Serguei Lavrov, sobre o presidente da Ucrânia, Volodymyr Zelensky: *"Ele é um bom ator, mas se olhar com atenção e ler com cuidado o que ele diz, serão "encontradas" milhares de contradições".* Outro: *Entre "as" milhares fragrâncias de perfume, existem aquelas que são mais suaves e aquelas que foram feitas para chamar a atenção.* Só lhe faltou escrever "fragância". Note que faltou ainda um *de* após *milhares*!

253. Qual é o plural de morena jambo, carro retrô, carro turbo, camisa grená **e** filme pornô?

R. Anote: morenas *jambo*, carros *retrô*, carros *turbo* (redução de *turbinado*), camisas *grená* e filmes *pornô*. Todos os quatro elementos são invariáveis. Previsão da psicóloga Ana Canosa: *Seus filhos vão assistir a filmes "pornôs". Como falar com eles sobre isso?*

254. O que é lambri?

R. *Lambri* (ou *lambril*) é o nome que se dá a um revestimento de parede ou de forro de um ambiente. O plural de uma e de outra é *lambris*. O curioso aqui é que muitos usam "o lambris", "um lambris", assim como usam "o pilotis", "um pilotis", que não perdem nada para "o pastéis", "um pastéis"...

255. Como pronuncio corretamente a palavra subemenda?

R. Assim: *su-be-men-da*, e não "sub-emenda". Da mesma forma: *su-ba-flu-en-te* (para subafluente), *su-ba-quá-ti-co* (para subaquático) e *su-bes-pé-cie* (para subespécie). Essa divisão só vale quando há vogal depois de sub-; quando há consoante, fica assim: sub-li-nhar, sub-se-ção, sub-ge-ren-te, etc.

256. Qual é a diferença entre subalterno **e** subordinado?

R. **Subalterno** é o que está sob as ordens de um superior hierárquico, a quem ele deve obediência cega: oficial *subalterno*, militar *subalterno*. Pode significar, ainda, *submisso* e *inferior*: Putin quer que a Ucrânia seja um Estado *subalterno* da Rússia. Para não ser despedido, ele aceitou ocupar um cargo *subalterno* na empresa. **Subordinado** é o que está sob as ordens ou o comando de alguém ou algo superior. Numa empresa, existem funcionários *subordinados* a um chefe. O Contran é um órgão *subordinado* à Secretaria Nacional de Transportes Terrestres (SNTT). Na União Soviética, um *subordinado* podia denunciar seu chefe.

257. Há sinonímia perfeita entre bobo **e** tolo? **Ou seja, um** bobo **é um** tolo?

R. Não. **Bobo** é o que só diz ou comete bobagens; é rigorosamente o mesmo que *tonto*. Em salas de aula há muitos. **Tolo** é o que comete asneiras, num determinado instante, por ser ingênuo ou pouco inteligente. As mulheres sabem muito bem o que é um *tolo* e como facilmente se faz um. O *bobo* não tem remédio, agirá sempre como tal; já o *tolo* é uma vítima das circunstâncias. *Como fui tolo acreditando no amor dela!* – eis uma frase corriqueira e corretíssima!

258. E a diferença entre descriminalizar **e** descriminar?

R. **Descriminalizar** é declarar oficialmente a isenção de crime a (uma prática, um uso). Já estão querendo descriminalizar o uso das drogas. (Note que se descriminaliza o uso, a prática, o vício, e não "as drogas".) Já **descriminar** é bem outra coisa: inocentar, absolver. Apenas um juiz do STF quase descriminou um notório corrupto, devolvendo-lhe todos os direitos políticos. Raras são as vezes em que descriminar envolve ato vergonhoso.

259. Que dizer da diferença entre estada **e** estadia?

R. Apesar de uns e outros, cabeças-duras (ou algo que o valha), não aceitarem, existe significativa e antiquíssima diferença entre *estada* (permanência de pessoas) e *estadia* (permanência de veículos). Por isso, você só pode ter boa *estada* num hotel, boa *estada* na casa de amigos; já seu carro terá boa *estadia* num estacionamento. Pague a *estada* no hotel e a *estadia* no estacionamento e seja feliz! Apesar de uns e outros...

Nosso português do dia a dia

260. Se o que existe é ponte levadiça, **como se explica que ainda haja pessoas que queiram passar por ponte** "elevadiça"?

R. Explica-se: elevado desejo de sucumbir junto com esse tipo de ponte...

261. Qual o correto: a folhas 15, na **folha 15 ou** à **folha 15?**

R. Todas três são corretas. Se você substituir *folha(s)* por *página(s)*, nada muda. Muita gente, no entanto, usa uma quarta forma, errônea: "às" folhas 15, "às" páginas 15.

262. Qual é a diferença entre solilóquio **e** monólogo**?**

R. **Solilóquio** é a fala de uma pessoa a si mesma, para não ser ouvida por ninguém. As crianças, quando brincam sozinhas, fazem longos *solilóquios*, penetram num mundo desconhecido dos adultos: é a pureza d'alma em plena efervescência. **Monólogo** é a mesma fala, porém, para ser ouvida por alguém. Trata-se de uma forma dramática para extravasar pensamentos e emoções. Há inúmeras peças teatrais que apresentam *monólogos*. Famoso é o *Monólogo das mãos*, imortalizado por Procópio Ferreira.

263. Se quem nasce em Bagdá, capital do Iraque, é bagdali, **nome oxítono, como se explica que apresentadores de telejornais digam** "bagdáli"?

R. Explica-se: falta de escola.

264. Se quem nasce na Somália, país africano, é somali, **nome oxítono, como se explica que apresentadores de telejornais digam** "somáli"?

R. Explica-se: ignorância.

265. Se a palavra correta é bobagem, **como se explica que até presidente da República diga** "bobage"?

R. Explica-se: falta de escola.

266. Alguém pode levar mordida **de borrachudo em Ilhabela?**

R. Não, os borrachudos de Ilhabela, que não deixam banhistas em paz, felizmente não têm dentes. E bichinho que não tem dentes não morde, não dá mordidas, apenas *pica*, dá *picada*. As vespas e abelhas *ferroam*, dão *ferroada*.

267. É verdade que o verbo começar, **antes de infinitivo, exige sempre a preposição** a?

R. É verdade: comecei **a** chorar, começou **a** chover, começaram **a** gritar, começaram **a** rir, começamos **a** ficar preocupados. Perdoa-se, na fala, a pessoa não escolarizada uma omissão dessas. Mas não a jornalistas, que escrevem: **1)** *Absurdo seria perseverar numa estratégia de rígidos controles de preços, desatentos aos desequilíbrios que já se "começam notar".* **2)** *O novo Hyundai HB20S está em fase de desenvolvimento e deve "começar ser" testado em breve.*

268. Num mercado, devo pedir duzentos **gramas de presunto e** trezentos **gramas de muçarela?**

R. Isso mesmo, porque *grama*, medida de massa, é palavra masculina. Você já viu quanto está o preço de **um** grama de ouro? Muito mais que duzentos gramas de presunto e que trezentos gramas de muçarela...

269. Se o nome Marrocos **não admite artigo, como se explica que jornalistas usem** "no" **Marrocos,** "do" **Marrocos, etc.?**

R. Explica-se: falta de escola ou de ir a Marrocos. Quem já esteve **em** Marrocos voltou **de** Marrocos encantado.

270. Se o adjetivo ruim **tem hiato** (ru-im)**, como se explica que haja tanta gente** "rúim" **neste mundo?**

R. Não se explica. O mais curioso é que *tuim,* que também tem hiato, ninguém diz "túim"; todo o mundo pronuncia direitinho: **tu-im.**

271. Se a palavra é açúcar, **com** r **final, como se explica que existam pessoas que exagerem no** "açúca"?

R. Aqui talvez se explique: preguiça. Preguiça de articular o fonema final, assim como fazem com "dizê", "chegá", "sofrê", etc. Um simples r e não conseguem!

272. Se as palavras são burocracia **e** burocrata, **com** r **brando, como se explica que ainda existam pessoas que digam** "burrocracia" **e** "burrocrata", **achando, quase que com certeza, que aí exista o elemento** burro?

R. Explica-se: nesse caso, quem acha tem forte probabilidade de ser...

Nosso português do dia a dia

273. A palavra correta é tele-entrega ou "telentrega"?

R. Na 6.ª edição do VOLP saiu assim: *teleducação*. Como não havia registro de *telentrega*, concluímos que a palavra correta seria *telentrega*. De repente, a uma nova consulta ao VOLP, eis o que vemos: *tele-educação*. (O que impressiona é que esse pessoal muda as palavras que constam desse vocabulário sem aviso, quase que secretamente!) E, assim, o que era "telentrega" passou a ser **tele-entrega**.

274. Posso usar a palavra cara por rosto, sem problema?

R. Pode. Os que evitam tal uso afirmam que só cavalos têm cara. Ora... Como se define cara? Assim: *parte anterior da cabeça do homem e de alguns animais*. Não é palavra depreciativa. Tanto não é, que Machado de Assis, nosso maior escritor, usou *cara* em *Quincas Borba* quinze vezes e em nenhuma com intenção pejorativa. Há manuais de redação, porém, que advertem:*"rosto é que se emprega, quando se trata de pessoas, e não cara"*. Perdoai-lhes, Senhor, que eles não sabem o que escrevem! Com certeza, os autores desses manuais de redação que proliferam por aí, não leram *Quincas Borba*. E ler Machado de Assis, de vez em quando, faz um bem danado! Cara é ainda a palavra por excelência das expressões menos elegantes ou pejorativas: *levar um tapa na cara, não ter vergonha na cara, cara de pau, ficar com cara de asno*, etc. Acerca desses tais manuais de redação, reproduzo aqui palavras mais próprias que as minhas, do Prof. Evanildo Bechara, um dos nossos mais eminentes linguistas:

"Se esses manuais fossem escritos por quem de direito, que seriam os especialistas – você não vê, por exemplo, um sapateiro escrevendo um livro de receitas –, eles seriam muito mais úteis. Como a língua todo o mundo fala, todo o mundo pensa que sabe. E como pensa que sabe, começa a deitar regras". Vou além: considero-os todos autênticos lixos.

275. Agora, quero saber tudo sobre a expressão latina *sine qua non*.

R. *Sine qua non* significa condição indispensável ou apenas indispensável: A presença de um farmacêutico é, por lei, *sine qua non* numa farmácia ou drogaria. É condição *sine qua non* que ela venha. Esta é uma cláusula *sine qua non*, para assinatura do contrato. Pronuncia-se *sine kuá non*. Faz no plural *sine quibus non* (*sine kuíbus non*). Veja, no entanto, como procedem aqueles que, desejando usar expressão latina, colocam os pés pelas mãos: *Pela primeira vez, é possível fazer qualquer tipo de operação no computador sem medo de que a música que está rolando no seu tocador de MP3 em background comece a engasgar. São funções sine "qua" non para um sistema operacional ser considerado moderno.*

276. Qual é a diferença entre cargo e função?

R. **Cargo** é a posição que traz título honroso, vantagens, benesses, etc., mas também acarreta o peso de importantes deveres. A presidência da República é, sem dúvida, um *cargo*, que poucos ocupam com a competência ou a honestidade desejada. **Função** é a obrigação decorrente de *cargo*. Ser presidente da República é uma *função* que somente deveria ser exercida por quem realmente estivesse preparado para fazê-lo. Um candidato a deputado aspira ao *cargo* para exercer a *função* em nome de seus representantes, que o elegem. Hoje no Brasil, porém, estão sobre isso querendo mudar todo o conceito. O candidato a deputado aspira ao *cargo* para exercer a *função* que o povo jamais lhe outorgou: majorar deslavada e descaradamente seus próprios vencimentos, por exemplo. O *cargo* deveria ser ocupado apenas por aqueles que pretendessem exercer a *função* pública gratuitamente, por amor ao povo, à sua causa, por amor à Pátria, aos interesses dela. No mais, é tudo o que está (ou estava?) em Brasília. Também muito triste!

277. Tratemos, agora, da expressão em que pese a.

R. É essa a locução que temos, equivalente de *apesar de*, e não apenas "em que pese": *Em que pese ao temporal, chegamos bem. O Palmeiras venceu bem, em que pese ao árbitro.*

Elegeram o candidato do governo, em que pese à atual situação. Apesar de a pronúncia de *pese*, em rigor, ser com **e** fechado (por ser da mesma família de *pêsames*), só se ouve na língua corrente com **e** aberto. Na revista Veja, seção Radar, edição 2.039, saiu esta enriquecedora notícia: *Sarney é o rei do setor elétrico brasileiro – "em que pese o" poder de Dilma Rousseff na área.* Fez-me lembrar do comediante Lilico: Tempo bom não volta mais (que bonito!) Saudades de outros tempos iguais (vocês na boquinha!) O jornalismo brasileiro avança, em que pese **ao** despreparo de alguns jornalistas. Não convém variar a palavra *pese*, tomando-a como verbo, como já "ensinou" certo senhor pela televisão:

Em que "pesem" os problemas, vamos evoluindo. Além desse senhor, há certa publicação por aí que realiza verdadeiras mágicas em relação a essa expressão, para justificar seus empregos descabidos.

Nosso português do dia a dia

278. É correto usar segundo "quem"?

R. Não; com preposições dissílabas e trissílabas usa-se **o qual** (e variações). Siga a orientação de Xavier Fernandes, segundo **o qual** "janta" é palavra que se deve evitar. Encontrei na igreja a imagem de Santo Antônio, perante **a qual** me ajoelhei e rezei. Vejamos, agora, como escrevem jornalistas: *A afirmação é do porta-voz da Presidência, "segundo quem" o principal objetivo das mudanças é conter a inflação.*

279. Posso usar perante "a" **Deus,** perante "ao" **juiz?**

R. Não, depois de *perante* não se usa "a", assim como depois de *mediante* não se usa "a", assim como depois de *contra* não se usa "a", assim como depois de *desde* não se usa "de". Mas os criativos jornalistas brasileiros são useiros e vezeiros em frases como estas: *Quem somos nós perante "a" Deus? Você só pode visitar o Butão, país mais feliz do mundo, mediante "ao" pagamento de duzentos dólares por dia de permanência no país. Ministro é contra "a" uma ajuda do BNDES a Eike. Desde "de" manhã está chovendo na cabeceira do rio. Desde "de" 1945 não há guerras mundiais.* Eles são de uma criatividade enorme, invejável!

280. Chá de "carquejo" **é bom, professor?**

R. Há muita gente por aí comprometendo a saúde, tomando chá de "carquejo". Até uma fábrica de cachaça enaltece o seu produto desta forma: *A branquinha é um santo remédio: com "carquejo" ajuda o estômago, com café evita resfriado.*

Repare agora neste conselho de um jornal de Tatuí (SP):

Para tirar da boca o gosto do chá de "carquejo" tomado em jejum, beba um litro de café com leite e coma seis pãezinhos com margarina. A carquej**a** é uma planta medicinal, muito utilizada como remédio caseiro para regular a pressão arterial e os níveis de açúcar no sangue, além de ajudar a fortalecer o sistema imunológico. Devido à sua ação anti-inflamatória e diurética, a carquej**a** também pode ser usada para melhorar a digestão, combater os gases e ajudar a emagrecer, por exemplo. Vamos todos, então, tomar chá de carqueja?

281. No Rio Grande do Sul se diz leitE quentE, **ou seja, pronuncia-se como se escreve. Está errado?**

R. Não, errado não está, porque se trata de um regionalismo de pronúncia. No Nordeste, existe outra característica de pronúncia. Os nordestinos escrevem *coração* e *felicidade*, como todos os brasileiros, mas pronunciam *còraçãu, fèlicidádi*, ou seja, abrem geralmente a primeira vogal, quando se trata de **o** ou de **e**. É outro regionalismo de pronúncia. O caipira diz: *Cumpádi, mecê sofre do fìgo?* Ou seja: *Compadre, você sofre do fígado?* Respeitemo-los todos!

282. Será possível que um dia venhamos a escrever como falamos, ou seja, mínïnu, guvêrnu, dizintiría?

R. Não, seria o caos! O gaúcho fala de um modo, o nordestino de outro, o paulista de outro, e o caipira ainda de outro. E aí? Como é que fica? Quem vai prevalecer? Far-se-ia uma guerra para ver quem seria o vencedor? Por isso tudo, será impossível! A escrita é uma só para todos os falantes de uma língua; a pronúncia, no entanto, já é algo diferente. O português de hoje não é o mesmo do português de gerações passadas. Nenhuma língua se conserva intacta e idêntica através do tempo. A evolução é a característica maior de todas as línguas vivas. A evolução se estabelece pela língua falada, já que a língua escrita é conservadora por excelência. Não se esqueça de que foi o latim vulgar que se transformou tanto, a ponto de surgirem línguas; o latim clássico continua intacto.

283. É, entre a língua falada e a escrita existem muitas diferenças, sem dúvida.

R. Quando você lê uma notícia no jornal e depois vai contá-la a um amigo, não faz exatamente da mesma forma como está lá no jornal. Entre o escrito que lá está e o ato de contá-la oralmente existe uma diferença. Por quê? Porque a língua escrita tem as suas características, e a língua falada as suas. A língua falada é muito mais rica, porque a ela estão associados a entonação, os gestos, etc., inexistentes na língua escrita. A palavra *escola*, por exemplo, escreve-se com *e* na sílaba inicial, mas se pronuncia *iscola*; escreve-se *mexerica*, mas se pronuncia *mixirica*; escreve-se *marceneiro*, mas se diz *marcineiro* e assim por diante.

284. Nomes de carros variam ou não variam?

R. Variam, naturalmente: os Corollas, os Civics, os Audis, os BMWs, os Citys (contrariando o plural inglês *cities*), etc. Os nomes que terminam em -*s* ou em -*x*, obviamente, não variam: os Lexus, os Onix (em que a montadora não usou o acento, pensando, obviamente, em mercados que não de língua portuguesa). Se, porém, você usar um substantivo antes do nome do carro, aí a coisa muda: dois automóveis *Civic*, dois carros *Corolla*, porque o plural já foi satisfeito nos substantivos. Subentende-se dois automóveis *de nome* Civic, dois carros *de nome* Corolla.

Nosso português do dia a dia 87

285. Quando se lança um navio à água se diz que foi feito um bota-fora. **E se foram feitos dois?**

R. Serão dois *bota-fora*. Não varia tal composto, porque formado por verbo + advérbio.

286. E o plural de franco-atirador?

R. É *franco-atiradores*. Mas já houve uma época em que houve registro de "francos-atiradores". A 5.ª edição do VOLP, versão impressa, registrava "francoatirador". A justificativa? Era para que nós, seres mortais, não pensássemos que o elemento *franco-* fosse o mesmo de franco-canadense, franco-brasileiro, etc., ou seja, era para que não pensássemos que *franco-* tivesse algo a ver com *francês*. Pensaríamos?

287. Que se **dirá ou apenas** "que dirá"?

R. "Que dirá" não tem sentido gramatical algum. Se você, que é bom estudante, não sabe disso, que **se** dirá de seu irmão, que nem vem à escola! Se o ministro sabia de toda a corrupção, que **se** dirá do presidente! Se ela, que é mulher, não gosta de homem, que **se** dirá de mim! (e não "que dirá eu"). Se Calasãs, que é professor, escreve errado, que se dirá de ti! (e não: "que dirá tu"). Essa expressão pode ser substituída por *quanto mais eu!* ou *muito menos eu!*

Escreve uma competente jornalista carioca: *Delúbio Soares e Sílvio Pereira mal conseguem juntar numa frase o verbo ao sujeito, "que dirá" montar esquemas do tamanho, complexidade e dimensão deste em fase de revelação.* Ninguém pode duvidar que a referida jornalista afirmou uma enorme verdade (ainda que por linhas meio tortas...) e também se esqueceu do ponto de exclamação. Um jornalista especializado em economia escreve sobre certo presidente da República de certo país sul-americano: *E sendo aqui deselegante, digo que o presidente não é nem nunca foi chegado ao batente, ao despacho, ao expediente. Jamais poderá mourejar no gabinete, dez horas por dia, um simpático mandatário que tem na biografia o nunca ter se sentado à mesa nem para estudar, "que dirá" para trabalhar.* Isso não é ser deselegante, é ser verdadeiro, se bem que não perfeito...

288. Bem-estar **e** mal-estar **têm plural?**

R. Têm: *bem-estares* e *mal-estares*. Quem não aprecia gozar os *bem-estares* da vida, ou seja, os seus confortos? Para tanto, é preciso espantar do pensamento todos os *mal-estares* da vida, ou seja, os seus desgostos, seus dissabores, não vale a pena valorizá-los.

289. Se a palavra brócolis **só é usada no plural (os brócolis), como se explica que muita gente ande comendo** "brócoli"**?**

R. Explica-se: falta de escola. E mais: há muita gente que come "brócoli" e acorda com "olheira"...

290. Os brócolis estão caros. Pus todos os brócolis numa panela só. Que brócolis bonitos! **É assim que devo usar?**

R. Exatamente, sempre no plural, com todos os seus determinantes nesse número também. Assim como você já faz com *óculos*: *meus óculos escuros, onde estão meus óculos novos?* Assim como você já faz com *bodas, parabéns* e *picles.*

291. Se a palavra é mendigo, **como se explica que haja pessoas que anda digam** "mendingo"**?**

R. Explica-se: falta de escola. Existem até pessoas que dizem "bentoneira"! Devem achar, com certeza, que aquela máquina giratória é benta... Mas se trata, em verdade, de um galicismo: *betonnière* (*béton* = concreto + *-eira*).

292. Se o verbo intermediar, **derivado de** mediar, **conjuga-se assim, no presente do indicativo:** medeio, medeias, medeia, mediamos, mediais, medeiam, **como se explica que os jornalistas insistam em usar as formas** "intermedia", "intermediam", **que não existem?**

R. Explica-se: falta de escola. O Papa *intermedeia* as conversações de paz entre árabes e israelenses. Alguns deputados *intermedeiam* a negociação com os partidos. É difícil, quase impossível, que um jornalista escreva assim. Falta de escola.

293. Posso dizer que aquele que usa "intermedia", "intermediam" **também está pronto para usar** "odia", "odiam", **em vez de** odeia, odeiam**?**

R. Você é um gênio!...

294. Andam dizendo por aí que mulher muito magra não é magérrima. **Se não é** magérrima, **é o quê?**

R. Mulher muito magra em verdade é **macérrima**, ou seja, *macer-* (magro em latim) + *-rimo*, do mesmo modo que *paupérrimo* é formado de *pauper-* (pobre em latim) + *-rimo*. O *g* de "magérrima" se deve ao *g* de *magro*. Sobre essa forma popular, opinou o admirável gramático Gladstone Chaves de Melo, uma das maiores autoridades da língua portuguesa de todos os tempos: *O superlativo magérrimo é inaceitável e errado*. Opina, ainda, outro não menos admirável gramático, Rocha Lima: *É bárbara a palavra "magérrimo"*. (*Bárbara* no sentido lato, obviamente...) Agora, você me pergunta: O VOLP registra *magérrimo*? Respondo: Sem dúvida nenhuma. E haveria de não registrar?...

295. Existe o verbo detetar?

R. Existe, porque o VOLP passou a registrar essa forma depois do Acordo Ortográfico de 1990. Mas em Portugal só se usa **detectar**, que é a única forma que deveríamos usar também por aqui. Outro absurdo do VOLP, a meu ver, é registrar "girabrequim", que nenhum dicionário sério traz. Automóvel, pessoal, tem **virabrequim** (e faz tempo!). Aí me vem uma indagação: *Que tipo de Acordo Ortográfico é esse que não é encampado por uma das partes? Que tipo de Acordo é esse que, ao invés de unir, desune?*

296. Que dizer de somatória?

R. É outro caso; *somatória* só teve registro no VOLP depois de 1990. Em rigor, a palavra correta é **somatório**, única forma que os dicionários portugueses reconhecem, além de todos os professores e gramáticos de bom senso.

297. E que dizer de veredito?

R. É mais um caso na mesma situação; *veredito* só teve registro no VOLP depois do Acordo Ortográfico. Mas os portugueses só usam a verdadeira forma: **veredicto**. Então, volto a me perguntar: *Que raio de Acordo é esse em que as duas partes não se entendem?*

298. Mas de mictório o VOLP não tirou o c.

R. Sim, devem os luminares da Academia Brasileira de Letras ter se esquecido dessa palavra, porque se dela se lembrassem já teriam registrado "mitório" no VOLP... E agora que nós os fizemos lembrar, aguardemos ansiosamente a próxima edição do vocabulário...

299. Se na próxima edição vier "mitório", eles também terão de transformar micção em mição, se algum resquício de coerência ainda existir ali.

R. Pois é, teriam criado um caso incontornável. Teríamos, então, de controlar a "mição", para evitar a incontinência "micional"... Mas não se preocupe: não irão fazê-lo.

300. Um jogo de futebol tem "juiz"?

R. Não, embora muita gente esteja acostumada a gritar "juiz ladrão"! Qualquer jogo esportivo tem *árbitro*. **Juiz** é aquele que tem autoridade para julgar pelo que se alega e prova, segundo a lei; é o mesmo que *magistrado*. O **árbitro**, diferentemente do *juiz*, decide sempre de modo discricionário, ainda que tenha regras por seguir. De qualquer forma, sua decisão provém de um impulso momentâneo, fato inadmissível numa decisão de *juiz*, que não raro passa meses e até anos estudando um processo, para proferir uma sentença que considera perfeita, justa. Além do quê, o *juiz* julga dispondo de fartos elementos para embasar a sua decisão, o que falta ao *árbitro*, que não julga, apenas assinala infrações, às vezes a seu modo e critério. Assim, convém que os torcedores passem a gritar diferente: ÁRBITRO LADRÃO!!! Mas aí – reconhecemos – já não é a mesma coisa, parece não ter a mesma sinceridade que gritar JUIZ LADRÃO!!! Só no Brasil se usa "juiz" por *árbitro*; nos países de língua espanhola, por exemplo, ninguém fala em "juiz" nos jogos de futebol.

301. Se genitor **significa** pai, e progenitor **significa** avô, **como se explica que os jornalistas usem uma palavra pela outra?**

R. Explica-se: falta de escola. E não são apenas os jornalistas que fazem isso; os "adevogados" são craques nisso...

302. Se a palavra corcel **nos vem diretamente do francês** coursier **(com** s, **portanto), que, por sua vez, tem origem no latim** cursus, us **(corrida), como se explica que o VOLP nos mande escrever** corcel, **com** c?

R. Aqui há duas explicações: quiseram imitar o espanhol, em que também se grafa *corcel*; a outra explicação é sutil, mas me parece óbvia...

303. Se o verbo acordar **é intransitivo, e não pronominal ("acordar-se"), como se explica que alguém** "se" **acorde?**

R. Explica-se: é que aqueles que "se" acordam são pessoas especiais e poderosas, porque conseguem acordar a si mesmas. Não necessitam de ninguém, nem mesmo de despertadores...

304. Entre enjeitar e rejeitar **existe alguma diferença?**

R. Existe. **Enjeitar** é recusar com desprezo algo que se tem ou que está à nossa disposição. **Rejeitar** é recusar o que é dado ou oferecido, é não aceitar o que não se tinha, o que vem de outrem. *Rejeitamos* um convite, um beijo, um dinheiro, uma sugestão (coisas que sempre vêm de alguém); *enjeitamos* um parente, um amigo e até um filho (indivíduos que nos são íntimos ou muito próximos). Algumas fêmeas animais *enjeitam* seus filhotes assim que nascem. Quando o que se *enjeita* é coisa, e não pessoa, acresce-se o componente do desprezo ou da arrogância. Há presos que *enjeitam* a comida que lhes é servida e mendigos que *enjeitam* moedas de baixo valor.

305. Num formulário de dados pessoais, devo usar no item nacionalidade brasileiro (concordando com o meu sexo) ou brasileira (concordando com a palavra nacionalidade)?

R. Você, homem, deve usar *brasileiro*; só a mulher deve usar *brasileira* (e mesmo assim, nem sempre...) A concordância, neste caso, leva em conta o sexo da pessoa que preenche o formulário.

306. Qual o verdadeiro gênero da palavra cultivar, sinônima de variedade?

R. Em botânica, é substantivo feminino (*a cultivar, uma cultivar*) e define toda variedade vegetal resultante de uma seleção, de uma mutação ou de uma hibridização (natural ou provocada) e cultivada por suas qualidades agronômicas: *a cultivar manga-burbom; a cultivar laranja-da-terra*. Forma-se da expressão inglesa **cultivated variety** = variedade cultivada. Ora, quando uma palavra surge da união de sílabas de uma expressão, ela toma o gênero da palavra principal dessa expressão (em português é sempre a primeira; em inglês, invariavelmente, a última). Portanto, não há o que discutir: *a cultivar* (manga *cultivar* rosa, ameixa *cv.* carmesim, etc.). O fato de em francês e em espanhol *cultivar* ser palavra masculina, ainda que *varieté* e *variedad* sejam nomes femininos, não significa que devamos necessariamente dar à palavra o mesmo gênero. Correto está, pois, o redator de um suplemento agrícola de um grande jornal paulista, quando escreveu: **Endive** *em francês é chicória. O nome botânico desta hortaliça é* **chicorium endivia** *e no Brasil temos diversos tipos: escarola, catalonha, crespas, lisas, etc. Não conhecemos no mercado* **cultivares francesas**. O dicionário Houaiss registra-a como masculina. Mas nele tudo é perfeitamente normal.

307. Existe criança de "0" ano de idade?

R. Acho que não. Creio que não. Estou certo de que não. Mas os jornalistas costumam nos comunicar assim: *Serão vacinadas crianças de "0" a dois anos de idade*. Na verdade, eles deveriam nos comunicar de outra forma, bem mais respeitosa: *Serão vacinadas crianças até dois anos de idade.*

308. Qual o gênero correto da palavra iguana?

R. O masculino: *o iguana, um iguana.* Veja você a quantas andam alguns de nossos dicionários: um deles registra *iguana* como substantivo feminino (errado); o outro, sabidão, registra a palavra tanto como substantivo feminino quanto como substantivo masculino. Na Internet, ainda, você vai encontrar um verdadeiro tratado sobre "a" iguana. Mas esse animal existe?! A madrasta Internet anda dizendo que sim...

309. Qual seria, professor, uma grande curiosidade da língua portuguesa, que a todos pode causar certa perplexidade?

R. Sem dúvida – e já lhe pedindo a devida licença – é a curiosidade envolvendo a palavra chula *cu*. Tão evitada hoje em dia, por motivos óbvios, tem origem nobre, que todos devem saber. A palavra não nasceu chula nem era chula até meados do século XIX. Significava apenas e tão somente *nádegas*, palavra inocente. Daí por que foi empregada no século XV por Fernão Lopes em Crônica de D. João I, p. 294:

Prometendo Pêro Sarmento a El-Rei... que ele o açoitaria no cu, como fazem ao menino. No século XVIII, bem mais próximo de nós, portanto, Cruz e Silva a usou em O hissope, I, pág. 24: *Lavar-lhe o nédio cu e até beijar-lho.* Raiou o século XIX e lá pelas tantas a palavra ganhou certa extensão semântica e, num processo normal, passou a significar *ânus.* Acabava, assim, a folia literária no emprego da palavra, que se tornou inadmissível na boca ou na pena de gente respeitosa. Hoje, até com razão. Mas essas mesmas pessoas respeitosas, graves, austeras, circunspectas, não se pejam de usar abertamente *acuar, cuecas, cueiro, culatra* e *culote*, palavras da mesma família. O espanhol e o italiano estão plenos de expressões coloquiais em que essa palavra entra sem a conotação chula (p. ex.: *perder el culo por alguien* = admirá-lo muitíssimo ou estar apaixonadíssimo por ele).

310. Mais alguma curiosidade nesse... nesse... – vamos dizer assim – campo semântico?

R. Sim, tenho mais um caso extremamente singular e, mais uma vez, peço-lhe vênia para dele tratar. É extremamente singular, porque nenhum de nossos dicionários trata dele. É sobre a locução *filho da puta*, único registro no VOLP. Mas que existe *filho-da-puta*, não tenha dúvida e vou provar. Trata-se apenas de um mais um lapso

Nosso português do dia a dia

do VOLP, que registra apenas a locução *filho da puta* e ainda a classifica erroneamente como "substantivo masculino", e não como locução substantiva masculina (loc. s. m.). Não é difícil explicar a diferença entre uma e outra. **Filho-da-puta**, com hífen, pode ser adjetivo e substantivo e se usa por mau-caráter, crápula, calhorda, pulha, o que lá seja de ruim, e caracteriza aquele indivíduo que só visa a prejudicar outrem; é o sacana, o pilantra, o filho-da-mãe (que o VOLP registra sem hifens): Essa minha vizinha é uma grande *filha-da-puta*! Ele só tem amigos *filhos-da-puta*. Apenas como adjetivo, significa sórdido, abjeto, imundo: Que atitude mais *filha-da-puta* a dele! Também significa de baixo nível, ordinário, vagabundo: Que emprego mais *filho-da-puta* me foram arrumar! Ainda significa de má qualidade, muito ruim, péssimo: Que carro mais *filho-da-puta* eu fui comprar! Você já viu gasolina mais *filha-da-puta* que a nossa? Como interjeição, expressa impaciência, irritação, grande surpresa ou revolta: *Filha-da-puta!* ela descobriu tudo! Usa-se, ainda, como *filho-da-mãe*, em sentido meliorativo, principalmente no âmbito familiar: Não é que o *filho-da-puta* é bom de bola mesmo?! Puxou ao pai... Quantas não foram as vezes em que ouvimos de um pai, orgulhoso: O *filho-da-puta* puxou ao pai: é inteligente. Não se confunde com *filho da puta* (sem hífen), expressão que identifica o filho de uma prostituta: Ele é *filho da puta*, mas não é *filho-da-puta* como muita gente. Ninguém está livre de ter um irmão *filho-da-puta*. Por mais convincente que possamos ser, para o VOLP todos têm que ser *filhos da puta*...

311. Essas considerações me fizeram lembrar o caso de saia justa.

R. Sim, antes *saia justa*, sem hífen, era uma saia colada ao corpo; *saia-justa*, com hífen, se usava por situação embaraçosa, em que ninguém gostaria de estar. Mandaram retirar o hífen. Havia necessidade? Agora, a menina que usar *saia justa* na escola passará por *saia justa* entre seus colegas e professores. Reforço a pergunta: havia necessidade?!

312. É correto perguntar Que que é isso?**, ou seja, usando um** que **em seguida do outro?**

R. É correto. O *que que* está acontecendo aqui? Não é assim que perguntamos também? É que entre um *que* e outro está oculto **é** da locução de realce *é que*: E o que **é** *que* você acha que houve aí? Que **é** *que* é isso? O que **é** *que* está acontecendo aqui?

313. Se a pronúncia correta das palavras gratuito **e** circuito **é com acento prosódico no** u, **como se explica que haja pessoas que digam** "gratuíto", "circuíto"?

R. Explica-se: falta de escola. Em telejornais volta e meia se ouvem repórteres dizer "curto-circuíto" ou "circuíto" de Monza. Por quê? Porque eles são ótimos!...

314. Se a palavra crisântemo **é proparoxítona, como se explica que haja pessoas que digam** "crisantêmo"?

R. Também se explica: falta de contacto com jardins, falta de contato com as flores, falta de experiência de vida.

315. Se a palavra filantropo **é paroxítona, como se explica que haja pessoas que digam** "filântropo"?

R. Explica-se facilmente: tais pessoas **não são** filantropas...

316. Se os nomes próprios Guido, Guevara **e** Guerino **nunca trouxeram trema, como se explica que haja pessoas que digam** "Güido", "Güevara", "Güerino"?

R. Explica-se: falta de pessoas que tenham esse nome em família...

317. Se a palavra correta é ano-novo, **com hífen e em caixa-baixa, como se explica que a imprensa inteira traga** "Ano-Novo" **e às vezes até** "Ano Novo"?

R. Explica-se: preguiça de consultar um dicionário. Ou outra coisa, bem mais séria... Três informações a mais: *cara de pau*, agora, não tem hifens; mas *ano-calendário* (de pl. *anos-calendário*) e *ano-exercício* (de pl. *anos-exercício*), que não têm registro no VOLP, se escrevem **com** hífen. Não tem nenhum sentido grafá-las sem hífen, assim como sentido não há em grafar *ano-luz* (de pl. *anos-luz*) sem hífen. O fato de não constarem no VOLP não significa que não está no mundo, como os advogados se referem ao que não está nos autos. Quanto a não constarem no VOLP, queira ir ao item **446**.

318. Se a palavra correta é carnaval, **com inicial minúscula, como se explica que todos os jornalistas escrevam** "Carnaval", **com inicial maiúscula?**

R. Explica-se: vontade de enaltecer o que muito lhes apetece... Muito me espanta de eles não escreverem também "Micareta"...

Nosso português do dia a dia

319. Se o nome de doenças sempre foi escrito com inicial minúscula (diabetes, dengue, faringite, **etc.), como se explica que a mídia use** "Covid-19", "Aids", "Sars", **etc.?**

R. Explica-se: vontade de assustar as pessoas...

320. Qual o gênero correto da palavra tsunâmi?

R. Masculino: *o tsunâmi,* **um** *tsunâmi.* Mas quem assiste a determinado telejornal só ouve seu apresentador dizer "a" tsunâmi, "uma" tsunâmi. Esse telejornal, aliás, já foi bom; sua emissora também já foi confiável.

321. Há professores que são desatentos "com" **os alunos?**

R. Creio que não. Tudo porque desatento aceita apenas duas e apenas duas preposições: **a** ou **de**. Ele anda *desatento* **a**o (ou **d**o) mundo que o rodeia. Ninguém é *desatento "com"*, por isso não há professores desatentos "com" seus alunos nem muito menos pais desatentos "com" seus filhos. Eis, porém, a confissão de um homem que ainda não se arrependeu dos pecados que cometeu: *Sou desatento "com" formalismos. Minha professora de português sempre me dizia:* Tens que ser mais formal. Escreves bem, mas és desatento "com" a ortografia. (Tenho cá minhas dúvidas se a professora disse mesmo desse jeitinho...)

322. Qual o plural de lugar-tenente?

R. Segundo a 6.ª edição do VOLP, *lugares-tenentes.* Segundo a maioria dos dicionários sérios, entre os quais o Aulete: *lugar-tenentes.* Segundo todos os portugueses bem-informados: *lugar-tenentes.* Aí, então, nos vem novamente à mente aquela pergunta: Que raio de Acordo Ortográfico é esse que só tem desacordos?

323. E o plural de terra-nova, **que designa uma raça de cães maravilhosos?**

R. O plural sempre foi *terra-novas*, os dicionários sérios portugueses registram apenas *terra-novas.* O VOLP registra *terras-novas.* Que raio de Acordo é esse?

324. Qual o plural de couve-flor?

R. Segundo a 6.ª edição do VOLP, são dois: *couves-flores* e *couves-flor.* Aqui, o VOLP tem razão em registrar *couves-flor*, porque o segundo elemento restringe ou determina o primeiro, é até melhor plural que o primeiro.

325. Qual o plural de porco-espinho?

R. Segundo o Aulete e o dicionário de Rebelo Gonçalves, apenas *porcos-espinhos*. Segundo a 6.ª edição do VOLP, são dois os plurais: além desse, ainda *porcos-espinho*. Também aqui o VOLP acerta, porque o segundo elemento restringe ou determina o primeiro, sendo até plural mais aconselhável que *porcos-espinhos*. Não se esqueça de que existem vários outros tipos de porcos: *porco-formigueiro, porco-marinho, porco-montês*, etc.

326. E o VOLP registra também dois plurais para cada um desses compostos?

R. Aí é que está: não. A 6.ª edição do VOLP só registra um plural para cada um desses compostos: *porcos-formigueiros, porcos-marinhos* e *porcos-monteses*. Mais uma incoerência entre muitas desse vocabulário.

327. Posso usar tanto tipos de porcos quanto tipos de porco?

R. Pode; depois de **tipos de**, usa-se singular ou plural, indiferentemente. Há dois tipos de *álcool* (ou de *álcoois*) para veículos: o anidro e o hidratado. Quantos tipos de *dicionários* (ou de *dicionário*) você conhece? A quantos tipos de *vocabulário* (ou de *vocabulários*) você dá crédito? Que tipos de *pessoas* (ou de *pessoa*) são seus amigos?

328. Um programa de televisão pode começar "meio-dia" ou "meio-dia e meio"?

R. Não. No primeiro caso há apenas um problema: deixar de usar a combinação **ao**: *ao meio-dia*. No segundo caso há dois problemas: além da omissão de tal combinação, usar "meio", em vez de *meia*, já que *meio-dia e meia* nada mais é que meio-dia e meia *hora*. Quem diz *uma e meia* não pode nunca dizer *meio-dia e "meio"* nem muito menos *"meio-dia e meia apresentaremos essa entrevista"*, como ouvimos recentemente num programa esportivo da ESPN, o que – convenhamos – é normal...

329. E que dizer daqueles que dizem "são quase meio-dia", "são uma e meia" ou "nossa, já são quase meia-noite!"?

R. Devem ser gente muito infeliz, porque não tiveram escola. Ou, se tiveram, não a aproveitaram a contento. A mídia esportiva brasileira está cheia deles. Existe um apresentador de programa esportivo, ora no SBT, que é campeão nesse tipo de concordância. A quem frequentou a

Nosso português do dia a dia

escola com proveito esse tipo de "concordância" não passa despercebido, assim como não passam despercebidas outras asneiras. Dia desses, um repórter esportivo teve a coragem de afirmar que o treinador português, ora no Brasil, Abel Ferreira, era o melhor do Brasil, "quiçás" do mundo. E ainda repetiu: *Quiçás" do mundo!* **Quiçá** sua mãe o tenha acalentado, quando bebê, com a linda canção cubana *Quizás, quizás, quizás...*

330. Em um documentário pela televisão, ouvi "um quebra-cabeças", "o quebra-cabeças". **E aí?**

R. Aí que certos documentários pela televisão irritam pela incompetência do redator ou do tradutor. Basta ir a um dicionário e ver que no singular a palavra não termina em "s": *quebra-cabeça*. E também: *cartão de visita*, e não "visitas"; *vira-lata*, e não "latas"; *guarda-roupa*, e não "roupas"; *chupa-cabra*, e não "cabras". Veja, porém, o que escreve um jornalista do *site* Lance: *Com apenas 15 anos, não é exagero dizer que Endrick é a maior promessa do futebol brasileiro neste momento, apesar de ainda não ter feito sequer uma partida pelo profissional do Verdão. Até aqui, seu cartão de "visitas" foi pelo que fez na base.* Esses nossos jornalistas não são ótimos? Por outro lado, existe *saca-rolha* a par de *saca-rolhas* e apenas *desmancha-prazeres* (apenas um desmancha-prazeres estraga uma festa toda). Quem usa "o quebra-cabeças", "um quebra-cabeças", deve estar pensando em *quebra-molas e quebra-nozes*, ambas com o segundo elemento no plural. Já *quebra-gelo* e *quebra-gelos* coexistem, com preferência para a segunda.

331. Qual é a diferença entre grafita, grafite **e** grafito**?**

R. Há dicionários que dão essas três palavras como sinônimas. Vamos ver se realmente são? **Grafita** ou **grafite** é carbono de brilho metálico, excelente condutor de calor e de eletricidade, usado em eletrodos, motores nucleares, pinturas, como lubrificante, para fazer mina ou cargas de lapiseiras, etc. Tem origem no alemão *Graphit*, palavra cunhada pelo mineralogista Abraham Gottlob Werner (1748-1817). **Grafite** (e apenas **grafite**, como nome feminino: **a** grafite) ainda é o nome que se dá ao lápis próprio para desenho e ao bastonete de grafita ou de outra matéria que vai no interior dos lápis ou das lapiseiras, usado para escrever, desenhar, etc., também conhecido como *mina*. Como nome masculino, **grafite** significa inscrição, pintura ou desenho feito em paredes, muros, monumentos e outras superfícies, geralmente para ser visto pelo público, podendo ser artístico (também chamado *grafito*) ou vandálico (também chamado *pichação*). É, ainda, o nome da cor cinza forte da *grafita*, ou seja, cinza-chumbo (o *grafite* nesse carro fica muito bem). **Grafito**, além do significado a que nos referimos, também é a palavra que se usa para a inscrição ou desenho feito em rochas, paredes, monumentos, em épocas antigas ou remotas.

332. Se a palavra correta é alopecia, **com acento prosódico na sílaba -ci-, como se explica que médicos digam** "alopécia"?

R. Explica-se: falta de interesse dos médicos, desde que eram estudantes, em dar importância a português.

333. Se a palavra é hidrossanitário **(instalações hidrossanitárias), como se explica que engenheiros e arquitetos insistam em escrever** "hidro-sanitário"?

R. Explica-se: falta de interesse de engenheiros e arquitetos, desde a época de estudantes, em dar importância a português. Caso contrário – também – não se veriam esses profissionais escrever "ante-projeto", que é quase marca registrada deles.

334. Se a palavra correta é autoelétrico, **como se explica que pela cidade existam tantas** "auto-elétricas"?

R. Explica-se: falta de escola.

335. Se a palavra correta agora é deus nos acuda, **sem hífen e com inicial minúscula, como se explica que haja muita gente que escreva** "Deus nos acuda"?

R. Explica-se: exagerado sentimento de religiosidade... Também com inicial minúscula se escreve *ao deus-dará*, que significa sem propósito determinado (viver ao deus-dará, viajar ao deus-dará) ou à mercê da própria sorte (deixar o país ao deus-dará). Mas agora é o Corinthians que entra em pauta. O clube passava, então, por mais uma de suas crises. Um jornalista esportivo, que se acha intelectual, escreve em sua coluna, depois de outras pérolas ortográficas: *Sabemos que o clube está "ao Deus dará"*. O que mais deverá estar *ao deus-dará*?...

336. Qual é o plural de puro-sangue?

R. *Puros-sangues*, que se usa tanto como adjetivo quanto como substantivo: *os puros-sangues, cavalos puros-sangues*. Mas há jornalistas que escrevem "cavalos puro-sangue". Normal. Há até jornalista que consegue cometer erro infantil em manchete. Como este, visto no portal Terra: **Ex-ministro Milton Ribeiro é solto e deixa carceiragem da PF.** Jornalista que não conhece nem mesmo ortografia (*carceragem*) pode estar por aí escrevendo?

337. A palavra moral é sempre feminina?

R. Não; quando significa estado de ânimo, estado de espírito, é masculina. Por isso, se *o seu moral* estiver *baixo*, vá ao estádio ver o Corinthians jogar! Sairá de lá outra pessoa...

338. Qual é a pronúncia correta: triplex ou tríplex?

R. Ambas as pronúncias e escritas são corretas, mas o povo parece preferir a oxítona. O mesmo se dá com *duplex* e *dúplex*. Mas por falar em *triplex*, isso me lembra Guarujá, não sei bem por quê...

339. Qual é a curiosidade envolvendo o nome Guarujá?

R. Bem, como nome de cidade, não aceita artigo. Portanto, pode ir **a** Guarujá, voltar **de** Guarujá e até passear **por** Guarujá, sempre sem o artigo. E quando passear por Guarujá, não deixe de visitar o triplex mais famoso da cidade...

340. Eu sei que não devo usar "mais pior". Mas... e "menos pior"?

R. Também não. Tão irrecomendável é essa combinação quanto *"mais pior"*. Quando perguntaram a um conhecido ator brasileiro, simpático ao PT desde a sua fundação, se ante tantos e tamanhos escândalos de corrupção e cinismo, ainda continuaria votando nos candidatos do partido, respondeu, na lata: *Vou votar no "menos pior".* Eu, de minha parte, garanto que vou continuar votando no menos ruim...

341. Se a palavra alerta é um advérbio, que, portanto, não varia, como se explica que as pessoas a usem no plural?

R. Explica-se: falta de escola. Como acham que usar "estamos alerta" ou "os vigias continuam alerta" está errado, os jornalistas despreparados inventaram a expressão "em alerta", assim como secretárias incompetentes fizeram com "em anexo", evitando a flexão do adjetivo *anexo*, que elas consideram impossível. Leio neste instante no Diário do Nordeste esta manchete: **Todo o Ceará está "em alerta" para o risco de chuvas e ventanias fortes neste fim de semana**. (Além de "em alerta", uma redundância: *ventania* já não é vento forte?) O mesmo inconveniente encontramos na expressão "em suspenso", usada por *suspenso* ou *por concluir*: *O Conselho da Universidade decidiu manter a reunião de hoje, 25, "em suspenso" até as 8h de amanhã. Quando o novo prefeito tomou posse, as obras iniciadas pelo antecessor ficaram "em suspenso".* Cria-se com enorme facilidade! Se ao menos criassem positivamente!

342. Professor, atenhamo-nos um pouco mais na palavra alerta**. Que comentários ainda podemos ter sobre ela?**

R. Como disse, *alerta* é advérbio e, como tal, não varia:

As Forças Armadas continuam *alerta*. Estaremos sempre *alerta* contra os bandidos. Ficamos *alerta* sempre que ouvimos nosso cão latir. Num dos principais jornais cariocas, no entanto, se leu isto: *Durante o ato, foram exibidos os novos caças Sukhoi que a Venezuela comprou da Rússia no ano passado. O líder venezuelano pediu que os militares fiquem "alertas" a qualquer sinal de desestabilização.*

É preciso — também — que os jornalistas fiquem alerta...

Entrevista com o ex-presidente Sarney. Pergunta o jornalista:

Como o senhor tem visto a atuação do presidente da Venezuela na América Latina? Responde o nobre senador: *Não basta dizer que um país tem as instituições, quando elas não são democráticas, mas meramente formais. O que ocorre agora na América Latina é que a gente sente uma certa tentação autoritária, ou mesmo totalitária em alguns países. Devemos estar "alertas" para que não tenhamos um novo processo de autoritarismo na região.* Mais abaixo, adverte novamente o nobre senador: *Temos de estar "alertas" para defender a democracia.* Temos de estar sempre **alerta**, senador, sempre **alerta**! Muitos estão usando no lugar do advérbio *alerta* a expressão "em alerta", altamente irrecomendável. Num telejornal, informa a apresentadora: *Pode haver temporais no Sul do Brasil. Veja as regiões que estão "em alerta".* Notícia do portal UOL: *Ar seco deixa seis Estados "em alerta": médico explica como evitar problemas de saúde.* Às vezes, mesmo no singular, eles acabam colocando os pés pelas mãos. Notícia do portal Terra: *O Estado de São Paulo segue "em alerta" devido aos baixos índices de umidade do ar.* No *site* de uma rádio paulistana, apareceu esta manchete: **PCC: a polícia está "em alerta".** Eis finalmente uma bobagem em dose dupla, encontrada na Internet: *Litoral paulista "em alerta": água de coco transmite a doença de Chagas.* Nem existe "em alerta" nem muito menos a deliciosa água de coco transmite doença alguma, muito ao contrário.

Alerta provém do italiano *all'erta* (ao alto), que era a voz de comando com que se ordenava aos soldados que se levantassem e prestassem atenção às sentinelas, que ficavam no topo das montanhas. Assim, na frase *Os soldados estão alerta*, o termo *alerta* é adjunto adverbial de lugar e *estar*, verbo intransitivo, e não verbo de ligação.

Nosso português do dia a dia

343. Referindo-me a automóvel, posso usar um zero-quilômetro, ou seja, um veículo novo, que ainda não foi rodado?

R. Sem dúvida, pode, porque dicionários sérios registram esse composto como adjetivo e também como substantivo. Mas a 6.ª edição do VOLP é diferente: só registra *zero-quilômetro* como adjetivo. Portanto, procure comprar apenas um *carro zero-quilômetro*, porque, se adquirir *um zero-quilômetro*, estará lascado!...

344. Zero-quilômetro **tem plural?**

R. Diz uma das regras do plural dos compostos: quando um composto é formado por dois substantivos, ambos variam. Temos, então, redator-chefe, *redatores-chefes*; abelha-mestra, *abelhas-mestras*, etc. Ora, se *zero* é substantivo e *quilômetro* também, temos no plural, seguindo a regra: *zeros-quilômetros*. Portanto, você pode perfeitamente dizer: *Ele só compra zeros-quilômetros*. Mas a variação só serve para o substantivo composto, não para o adjetivo composto, o que significa dizer que só existem *carros zero-quilômetro*. E, por favor, não confunda lógica com sintaxe!

345. **Zero** grau **Celsius ou zero** graus **Celsius? Zero** hora **ou zero** horas?

R. No Brasil, prefere-se sempre no singular, tanto *zero* quanto *hora*: *Faz zero **grau** Celsius. O horário de verão iniciava-se à zero **hora** do domingo.* Em Portugal, é diferente; preferem pluralizá-los. Portanto, não há erro em nenhum dos casos; há, sim, preferência por esta ou por aquela construção.

346. Por falar em preferência, tenho visto acento no adjetivo preferencial ("preferêncial").

R. Isso anda acontecendo mesmo. É próprio de quem não sabe distinguir a sílaba tônica de uma palavra. Ou seja, falta de escola. Se em *preferência* há acento é devido à sílaba tônica *ren*; mas em *preferencial*, a sílaba tônica já não é "ren", mas **al.**

347. Que dizer do advérbio adrede?

R. *Adrede* é um advérbio que significa *de propósito, de caso pensado, com intenção deliberada, intencionalmente*: O atentado foi *adrede* concebido para retirar o candidato da disputa. Pronuncia-se *adrêdi*, mas "adevogados" costumam dizer "adrédi". Normal. O curioso é que eles abrem em *adrede* e fecham em *cassetete*. Isto porque a pronúncia é *cassetéte*, já que a palavra nos vem do francês *casse-tête* (= vinho que sobe à cabeça). Por que, então, dizer "cassetête", se na expressão francesa *tête-à-tete* (= cabeça a cabeça, depois cara a cara), nunca ninguém disse "tête a tête"? Mas os "adevogados" têm razões que a própria razão desconhece...

348. Um repórter pode repercutir **uma notícia?**

R. Hoje anda podendo. Só se vê o verbo *repercutir* como transitivo direto na mídia, transitividade que nunca teve. Os jornalistas lhe deram esta acepção: registrar a repercussão de. Virou jargão jornalístico, coisa de jornalista, isto é, coisa intestina. Se você, num exame ou concurso, usar o verbo *repercutir* dessa forma, está lascado!

349. Existem as palavras malcriação e malformação?

R. Hoje *malcriação* existe, porque a 6.ª edição do VOLP a agasalha, mas a forma tradicional, original é *má-criação*. A existência de *malcriado* é que propiciou o surgimento de *malcriação*. Quanto a *malformação*, é forma autêntica, a par de *má-formação*.

350. O professor viveu os anos "sessenta"?

R. Vivi, sim, os anos **sessentas**, que foram os anos de ouro de muita gente. Foram os anos em que só se ouvia bossa nova e – sertanejos – só havia mesmo Tonico e Tinoco... Não havia *rave*, não havia *funk*, não havia PCC... Meu caro, não se iluda! Por favor, não se iluda: essa é a concordância correta, a concordância à luz da razão, e não aquela em que o numeral fica no singular: anos "sessenta". Quem sabe distinguir numeral de substantivo, entretanto, facilmente vê; quem não sabe não vai ver nunca. Muito menos enxergar. O povo, como não tem nenhuma obrigação de conhecer a língua profundamente, está livre de críticas, mas professores ou jornalistas, cujo instrumento de trabalho é a língua, sobretudo a norma padrão, usarem *anos "sessenta", anos "noventa", anos "trinta"*, é realmente lamentável! Mas no Brasil tudo é possível, tudo é bem previsível, o tudo (para pior) no Brasil já faz parte da sua cultura. Vamos, todavia, à explicação, a mais racional possível, quase matemática: o numeral é invariável; o substantivo não. Ter *sete* irmãos é uma coisa; pintar os *setes* é outra. No primeiro caso temos um numeral, por isso, jamais caberia ali "setes"; no segundo caso temos um substantivo, portanto: *setes*. Vamos ver isto, porém, com mais calma! A década de 1960 é composta, naturalmente, de dez anos:

Nosso português do dia a dia

1960 – mil novecentos e sessenta (já temos 1 sessenta);

1961 – mil novecentos e sessenta e um (temos, agora, 2 sessentas);

1962 – mil novecentos e sessenta e dois (temos 3 sessentas);

1963 – mil novecentos e sessenta e três (temos 4 sessentas);

1964 – mil novecentos e sessenta e quatro (temos 5 sessentas);

1965 – mil novecentos e sessenta e cinco (temos 6 sessentas);

1966 – mil novecentos e sessenta e seis (temos 7 sessentas);

1967 – mil novecentos e sessenta e sete (temos 8 sessentas);

1968 – mil novecentos e sessenta e oito (temos 9 sessentas) e

1969 – mil novecentos e sessenta e nove (temos 10 sessentas).

O fato se repete com as décadas de 1920, 1930, 1940, 1950, 1970, 1980 e 1990. Já com a década de 1910, não é possível usar "anos dezes", primeiro porque *dez* (que termina em -z) não varia (1010 se faz com dois *dez*, e não com dois "dezes"); segundo, porque a década de 1910 é assim formada:

1910 – mil novecentos e dez (portanto, 1 só dez);

1911 – mil novecentos e onze;

1912 – mil novecentos e doze;

1913 – mil novecentos e treze, e assim por diante.

Ou seja, não se repete o *dez* em mais nenhum ano da referida década. Agora, que – espero – tudo está maravilhosamente mais claro, deixe-me revelar uma coisa: se você não viveu os maravilhosos anos *sessentas*, os dourados anos *sessentas*, esteja certo: você não sabe o que perdeu!

Importante – Sabemos que, apesar de todas as evidências, apesar dessa irrefutável prova matemática, muita gente vai continuar vivendo dos seus *anos "sessenta"*, dos seus *anos "setenta"*, dos seus *anos "oitenta"*, dos seus *anos "noventa"*, etc. É compreensível: cada um que viva do jeito que quiser! Mas que ao menos tenha consciência!...

351. Uma pessoa que não tem ética é aética **ou** anética? **Um fato contrário à história é** a-histórico **ou** anistórico?

R. *Aético* e *anético* são formas variantes, assim como *a-histórico* e *anistórico*. Também variantes são *amostra* e *mostra*: Você teve aqui, uma pequena *amostra* (ou *mostra*) de como podemos usar duas palavras, indiferentemente, uma pela outra. Você foi à *mostra* (ou *amostra*) do pintor?

352. Qual é a diferença entre antever e prever?

R. **Antever** é ver com alguma antecedência e, necessariamente, com aplicação dos olhos: O motorista do ônibus *anteviu* uma grande pedra na estrada e parou o veículo. **Prever** é sentir antecipadamente, *prever* um resultado, um desastre, a morte de alguém. Em *prever* não se pressupõe necessidade absoluta da aplicação dos olhos. No ato de *antever* se pressupõe uma realidade, um fato certo; no de *prever* tal não ocorre obrigatoriamente. Todos podemos *antever* um desastre, bastando que apliquemos os olhos ao fato de uma locomotiva, em alta velocidade, estar prestes a colidir com um veículo que lhe obsta a passagem. Poucos, porém, podem *prever* o infausto acontecimento e, mesmo assim, se forem paranormais. Aquele que *antevê* é testemunha física do fato; não assim o que *prevê*.

353. Uma pessoa pode "vir" a óbito?

R. Não, as pessoas que morrem têm **ido** a óbito; "vindo" a óbito nunca vieram, não... A expressão correta é **ir** *a óbito*, e não *"vir" a óbito*. Os jornalistas sabem disso? Que esperança!

354. Se não se usa acento da crase antes de verbo, como se explica que no comércio os vendedores escrevam em placas: produtos "à" partir de 1,99?

R. Explica-se: falta de escola. Alguns ainda usam acento agudo no **a**: "á" partir!

355. Como devo pronunciar fome?

R. Com **o** fechado: *fômi*. E assim também *come, homem, some* (do verbo *sumir*). Toda vogal que antecede fonema nasal é fechada, jamais aberta. É por isso que o homem come porque está com fome. Tudo fechado. Pra que abrir?

356. Se os verbos terminados em -ejar não têm nenhuma forma com e aberto, com exceção de invejar, como se explica que as pessoas insistam em dizer "gaguéju", "gargaréju", "festéju", "pestanéju", "planéju", "peléju", "veléju", "apedréju", etc.?

R. Explica-se: vontade incontrolável de abrir a boca, quando deveriam fechar...

Nosso português do dia a dia

357. Quando devo usar mais **e** mas**?**

R. **Mais** é o contrário de *menos*: *mais* açúcar, *mais* luz, comer *mais*. **Mas** (que não se pronuncia "mâs", como fazem os gaúchos) é substituível por *todavia, porém, no entanto*: Ela é bonita, *mas* pouco inteligente. Eis ambas as palavras nas mesmas frases: Ele ganha *mais*, *mas* é *mais* experiente que eu. Não tem *mais* experiência quem vive *mais*, *mas* quem *mais* experimentou. Você está ficando cada vez *mais* culto, *mas* não vá pensar que já sabe tudo. Agora veja o que escreve um jornalista, para nos deixar mais assustados: *Quando se trata de guerras nucleares, não é o caso que o lado com o maior arsenal vença – "mais" que todos perdem.*

358. Mas por quê, afinal, há tanta confusão entre mas **e** mais**?**

R. É que muita gente pronuncia a conjunção *mas* inserindo um *i* depois da vogal, provocando confusão em quem não sabe distinguir uma palavra da outra. Não há nenhum inconveniente nessa inserção. Já no Rio Grande do Sul, pronunciam "mâs", que, a meu ver, surge de uma grande confusão: a vogal só se fecha quando se localiza antes do fonema nasal, não depois.

359. Futebol **e** voleibol **têm plural?**

R. Têm. Veja se concorda: houve uma época em que o Brasil praticava um dos melhores *futebóis* e *voleibóis* do mundo. E hoje? O VOLP registra ainda a forma *volibol*, assim como *volibolista*; no entanto, registra *voleibolístico*, mas não volibolístico. Não é ótimo esse VOLP?

360. Pirassununga **ou** Piraçununga**?**

R. Em rigor, *Piraçununga*. A forma *Pirassununga*, tradicional, é a única que se vê nessa cidade paulista. Os piraçununguenses não querem nem saber de *Piraçununga*, mas a 6.ª edição do VOLP não registra "pirassununguenses". E agora? Como podem existir piraçununguenses em Pirassununga?

361. Lages **ou** Lajes**?**

R. Em rigor, *Lajes*. Acontece aqui o mesmo problema visto no caso anterior. Na cidade catarinense só se vê a forma *Lages*, mas a 6.ª edição do VOLP não registra o adjetivo "lagense", apenas *lajense*. E agora? Como entender que lajenses estão morando em Lages?...

362. Deve ser perigoso!... Bagé ou Bajé?

R. Em rigor, *Bajé*. Agora, veja o privilégio que o VOLP concede aos moradores dessa cidade gaúcha: registra tanto *bajeense* quanto *bageense* como adjetivo pátrio. Aí você me pergunta: *Então, por que não também "lagense"?* Posso responder: *Talvez um dos luminares que elaboram esse vocabulário seja um ilustre bageense...*

363. Você insinua que se houvesse entre os organizadores do VOLP alguém nascido em Lages talvez encontrássemos "lagense" registrado no vocabulário?

R. Não, não creio que seja assim. Mas pode ser. Não custa nada...

364. Hoje no Brasil em que tudo é discriminação, tudo é racismo, tudo é machismo, tudo é homofóbico, isso me parece estranho mesmo. E o caso de Jaboticabal?

R. Em rigor, *Jabuticabal*, porque *jabuticaba*, hoje, se escreve com *bu*, mas antigamente, isto é, antes de 1943, só chupávamos "jaboticabas". Como a cidade foi fundada muito antes de 1943, que é quando se deu a mudança de *Goyaz* para *Goiás*, de *pharmacia* para *farmácia*, etc., justifica-se o desejo de boa parte da população em manter a grafia original. Afinal, o povo brasileiro é pouco ou nada conservador... Neste caso, há também, um privilégio do VOLP: os habitantes da cidade podem dizer-se tanto *jaboticabalenses* quanto *jabuticabalenses*.

365. Tratemos agora do caso de Magé.

R. Em rigor, *Majé*. Os habitantes dessa cidade fluminense também foram agraciados com as duas formas pelo VOLP: *mageense* e *majeense*.

366. E o caso de Taboão da Serra?

R. Em rigor, *Tabuão da Serra*. Este caso é semelhante ao de Jaboticabal. Antes de 1943 se escrevia *táboa*, de aumentativo *taboão*. Mas o VOLP aqui também foi cruel, assim como foi com os piraçununguenses e lajenses: só registra *tabuense* como adjetivo pátrio. Nada de "taboense".

367. Existe o mesmo problema com os habitantes de Camocim, no Ceará?

R. Não, embora a grafia rigorosa seja *Camucim*, porque tem a ver com *camucim*, nome indígena, o VOLP agracia seus habitantes tanto com *camocinense* quanto com *camucinense*.

368. Sim, nome indígena também é Moçoró, mas a cidade ostenta Mossoró.

R. De fato, a origem indígena só nos leva a *Moçoró*, mas *Mossoró* é a grafia tradicional, portanto válida. Os habitantes dessa cidade potiguar também são chamados *moçoroenses* ou *mossoroenses*, indiferentemente. Segundo o VOLP.

369. Ipaussu é uma cidade paulista?

R. Sim, *Ipaussu* é uma cidade paulista que, em rigor, deveria chamar-se *Ipauçu*. Primeiro, porque se trata de nome indígena; segundo, porque cidades de nome indígena escrito com *ss* trataram de mudar para ç (caso de *Paraguassu*, que passou a ser *Paraguaçu*); terceiro, porque o VOLP só reconhece os *ipauçuenses*, despreza completamente os "ipaussuenses"...

370. Se o mar do Caribe também é chamado de Caraíbas, como se explica que existam turistas brasileiros que se vangloriem de ter ido veranear nas "Caráibas"?

R. Explica-se: novos-ricos costumam ser assim...

371. Se a palavra correta é caramanchão, como se explica que ainda haja pessoas que namorem no "carramanchão" dos jardins?

R. Explica-se: talvez os casaizinhos se sintam mais protegidos de olhos curiosos num "carramanchão" do que num *caramanchão*...

372. Posso usar "a" grosso modo?

R. Não; *grosso modo* é expressão latina, dispensa a preposição. Expliquei grosso modo?

373. Qual o plural do alemão blitz?

R. É *blitze*. Mas os jornalistas brasileiros precisam urgentemente saber disso.

374. E de *sexy*?

R. *Sexy* não tem plural, ao menos no Brasil. Em Portugal, ao que parece, usam *sexys*. Só mesmo por aqui é que existem garotas *sexy*...

375. Se a língua rejeita locuções adjetivas formadas por em + adjetivo, **como se explica que os jornalistas usem diariamente frases como esta:** PT deixa "em aberto" essa questão, **em vez desta:** PT deixa por resolver essa questão?

R. Explica-se: falta de escola. Primeiro, eles teriam que saber o que é locução e posteriormente o que é locução adjetiva. Muito trabalho! Desistiram... Há quem faça ainda pior: há quem escreva que a eleição na França continua "em aberta"! Aí é duas pancadas numa cabeça só...

376. Se as locuções não variam, como se explica que haja um narrador esportivo que só diz: O "juiz" deu três minutos "de acréscimos".

R. Explica-se: esse narrador não tem noção de português, sua língua, da qual ele depende para o seu trabalho. É useiro e vezeiro em cometer asneiras no ar. E já faz tempo! Para ele, *árbitro* é "juiz", e *de acréscimo* tem de variar. Que beleza!...

377. Que se pode dizer da palavra futsal?

R. A meu ver, trata-se de palavra malformada, mas tem registro no VOLP, que, no entanto, registra *futevôlei*. Vocabulário que registra *futevôlei*, se houver coerência, tem de registrar também *futessal*. Coerência? Alguém falou em coerência?

378. Por que escrevemos chute **com** ch?

R. Boa pergunta. Realmente faz sentido: por que *ch* em *chute* (do inglês *shoot*, que significa tiro, arremesso), se o grupo *sh* do inglês ou das línguas orientais dá **x** em português? O inglês **sh**ampoo nos dá **x**ampu; **sh**eriff nos dá **x**erife; **Sh**angai vira **X**angai; **Kash**mir ou **Cash**mere se torna **Ca**x**emira** e por aí vai. Mais uma informação útil: Jogadores de basquete também *chutam*, também *dão chutes*. Muita gente desavisada, no entanto, acha que só se chuta com os pés; *foot* (= pé), porém, nada tem que ver com *shoot*. Assim, *chutar com os pés* não constitui redundância. Recentemente, um jornalista esportivo, impressionado com a violência da cabeçada para o gol de determinado zagueiro, afirmou para nós todos, num programa de televisão: *Aquilo foi um chute com a cabeça.*

O homem, naturalmente, é daqueles que pensam que só se chuta com os pés.

379. Então, não tem explicação o fato de a palavra chute ser escrita com ch?

R. Deve ter, mas só lá pelos idos da Academia Brasileira de Letras. A palavra *pashimina* ainda não figura no VOLP, mas quando lá estiver, a forma só poderá ser esta: *paximina*. Se optarem por *ch*, é fraude ortográfica... A propósito, propus recentemente trocarmos *sushi* e *sashimi* por *suxi* e *saximi*, atendendo a meu intransigente espírito de coerência. A reação foi imediata e explosiva; vozes (até do Além) se levantaram contra a proposta, naturalmente de pessoas que não querem deixar o *shampoo* por nada. A gente compreende...

380. A palavra correta é aborígine ou aborígene?

R. Ambas têm registro no VOLP, mas a primeira é preferível. A outra só existe porque recebeu influência da palavra *origem*. Não há nenhum fundamento etimológico para a grafia *aborígene*. Tanto é assim, que nem o próprio VOLP registra "aborigêneo", mas apenas *aborigíneo*. Por algo deverá ser...

381. Que se pode dizer das palavras aborrescência e aborrescente?

R. São neologismos. *Aborrescência* é a idade em que o adolescente causa, por sua própria natureza, os maiores transtornos aos pais e também aos professores. Quantos adolescentes não há, hoje, na fase da aborrescência! Quantos *aborrescentes* não há nas nossas escolas, aporrinhando professores! Trata-se de termos formados de *aborrecer* + *adolescência* (ou *adolescente*).

382. Que se pode dizer de acessar?

R. É um neologismo de informática que vingou plenamente no português do Brasil. No português europeu prefere-se *aceder* (ter ou obter acesso a). Mas por aqui, todos estamos livres para **acessar** qualquer *site*. Ainda por aqui – é preciso dizer – existem defensores do uso de *sítio* por *site* e não aceitam *mouse*, aliás, como fazem os portugueses. Se forem coerentes, terão de dizer: *Vou aceder meu sítio com o seu rato...* Dirão?

Os termos de informática vieram para ficar. Não deve ser muito agradável dar murro em ponta de faca.

383. Posso usar, sem problema, "o mesmo" em substituição a um pronome qualquer?

R. Não convém. Frase como *Compraram o livro e não levaram "o mesmo"* deve ter "o mesmo" substituído pelo pronome **o**: *Compraram* *o livro, e não **o** levaram.* Frase como *A inauguração do cinema se deu ontem; "à mesma" compareceram várias autoridades*, deve ter *a ela* no lugar de "à mesma". Frase como *O fenômeno foi visto por Luísa e Manuel, e "os mesmos" não quiseram dar entrevistas sobre "o mesmo"* deve estar redigida assim: *O fenômeno foi visto por Luísa e Manuel, **que** não quiseram dar entrevistas sobre **ele**.*

384. Se formos fazer um boletim de ocorrência (B.O.), então, será inevitável encontrar "o mesmo" ou "os mesmos", "a mesma" ou "as mesmas".

R. Sim, os escrivães são muito dados a *"O mesmo" declara que...; "Os mesmos" afirmam que...* e por aí vai. Um verdadeiro festival "mesmítico" (palavra que acabo de criar)...

385. Que se pode dizer da locução "afim de"?

R. Pode parecer incrível, mas ainda há quem use "afim de" por *a fim de*, equivalente de *para*. Num aviso pela Internet das lojas Magazine Luiza, está lá: *Tá "afim de" receber ofertas exclusivas e cupons?* A resposta só pode ser: *Claro que não!* Os controladores de voo nacionais publicaram não faz muito uma carta pedindo "socorro" à sociedade, em razão da prisão do presidente da Associação Amazônica dos Controladores do Tráfego Aéreo, tenente Wilson Alencar, afirmando que a prisão estava recheada de irregularidades. A carta, senhores controladores, também estava recheada de irregularidades. Uma delas era, justamente, o uso de "afim de" por *a fim de*:

Vale ressaltar que o regulamento prevê que o detido seja comunicado três dias antes de sua punição, "afim de" que o mesmo se prepare. Além de usarem "o mesmo" por *ele*, na carta ainda se vê mais esta tolice: *Pedimos socorro "à" todos.* Um "à" antes de palavra masculina e ainda pronome indefinido é algo suficiente para prender até seu presidente...

386. Por falar em crase, passei por uma farmácia e vi uma placa anunciando: Descontos de 50 "à" 80%.

R. Pois é, mas não se usa "à" antes de números, a menos que esses números indiquem as horas. Por isso, mesmo com vultosos descontos, essa farmácia não é digna de que nela entremos...

387. Existe redundância em afta bucal?

R. Não. As aftas, sem embargo de ocorrerem mais na mucosa bucal, também aparecem nas mucosas genitais. Também redundância não há

Nosso português do dia a dia

em *azulejo azul*. **Azulejo** nada tem que ver com *azul*; a palavra nos vem do árabe *az-zulaig*, diminutivo de *zuluj* (pedras lisas); o *a* inicial é o artigo definido *al*, cujo *l* se assimilou ao *z*. Portanto, há não só o *azulejo azul*, como o *azulejo branco*, o *azulejo verde*, o *azulejo amarelo*, etc.

388. Novidade, novidade. Pensei que houvesse redundância aí. Que se pode dizer de iceberg e bacon?

R. Que passou da hora de tais anglicismos serem aportuguesados: *aicebergue* e *bêicon*. Não se sabe por que essas formas ainda não constam do VOLP. Já lá constam *caubói, náilon, checape* e tantas outras, mas *aicebergue* e *bêicon* não. Talvez seja porque algum dos responsáveis pela elaboração desse vocabulário tenha tido algum avô ou bisavô no Titanic e, num café da manhã qualquer, um *bacon* lhe tenha feito algum mal...

389. Pode ser, pode ser... Numa mercearia conheci uma fruta que lhe chamam "atimoia". Esse é o nome verdadeiro da fruta?

R. Trata-se de uma fruta anonácea híbrida, resultante do cruzamento da fruta-do-conde ou *ata* com a *cherimólia*. O povo a chama de "atimoia", como também dirá "cherimoia". Mas se houver coerência (novamente a tal coerência), a forma que o VOLP deverá registrar é *atemólia*, com a variante *atimólia*.

390. A forma correta é automação ou automatização?

R. Ambas têm registro no VOLP, mas a preferível é a segunda (*automatização* industrial), porque a primeira é cópia do inglês. Não obstante, acabou incorporando-se ao nosso léxico (*automação* industrial). Note, porém, que o verbo é *automatizar*, e não "automatar".

391. Que se pode dizer de "aleitamento materno"?

R. Sim, outro problema existe aí. *Aleitamento* é o ato de dar de mamar, usando a mamadeira; *amamentação* é que é a ação de dar de mamar, usando as mamas. Assim, uma veterinária pode perfeitamente *aleitar* um filhote de golfinho ou de chimpanzé, mas não será imprudente a ponto de amamentá-los. E que disso ninguém tenha dúvida!

392. A forma correta é asterisco ou "asterístico"?

R. O sinal gráfico em forma de estrelinha (*) tem este nome: *asterisco*, ou seja *aster-* (estrela) + sufixo *-isco* (que indica diminuição), também presente em *chuvisco* e *pedrisco*. A Sociedade Médica de Uberlândia ofereceu, certa feita, um formulário para ser preenchido por eventuais interessados. E advertia: *Preencha o formulário abaixo para utilizar a área exclusiva. Os campos assinalados com "asterístico" (*) são de preenchimento obrigatório.* Obrigatório, obrigatório mesmo é escrever certinho: **asterisco**. Por isso, nunca se esqueça destas minhas tradicionais palavras: os médicos são muito entendidos (em medicina...).

393. Por falar em medicina, existe, por acaso, apêndice "suporado"?

R. Não. O apêndice que exige imediatos cuidados médicos, por estar cheio de pus, é o apêndice *supurado*. No interior do Brasil, todavia, ainda há muita gente que morre de apêndice "suporada", quando não de "apênis estuporada"...

394. A palavra correta é "arrego" ou arreglo?

R. A palavra que significa *acordo* é *arreglo*: *plano de arreglo político*. Há pessoas que provocam, provocam e, depois, durante a briga, pedem *arreglo*, ou seja, desistem, por saber que vão apanhar. Espanholismo puro, a palavra foi modificada no seio popular para "arrego", que se deve evitar.

395. Qual é a curiosidade envolvendo a palavra atazanar?

R. A curiosidade é que se trata de uma corruptela de *atanazar* (*a-* + *tanaz*, antiga variante de *tenaz* + *-ar*) ou de *atenazar* (*a-* + *tenaz* + *-ar*). Hoje se usam as três formas, sem problemas, mas a mais popular é justamente a corruptela: *atazanar*. Além de apertar com tenaz, significa, figuradamente, atormentar, aborrecer, chatear: *Há crianças que **atenazam** a vida dos adultos, e adultos que **atanazam** a vida das crianças. Ambos nos **atazanam**...*

396. Existe a palavra cagueta?

R. No VOLP não, mas ali se vê *caguetagem* e *caguetar*. Se há alguma coerência nisso, por favor, avise-me! Oficialmente, existem as formas *alcagueta, alcaguete* e *caguete*, mas não "cagueta", que é, justamente, a que mais o povo usa.

397. Existe diferença entre avaro e avarento?

R. Não muita. Os dois são mãos de vaca, não gostam de gastar, mas o *avaro* nunca dá; o *avarento* até dá, mas desde que seja uma merreca.

Nosso português do dia a dia

398. E entre assassino **e** homicida, **existe alguma diferença?**

R. Também não muita. O *assassino* é aquele que mata pessoas intencionalmente; o *homicida* é o que mata pessoas voluntária ou involuntariamente. Aquele que mata em legítima defesa não é *assassino*, mas não deixa de ser um *homicida*.

399. E a diferença entre barranca **e** barranco**?**

R. Sim, ambos são terrenos altos e íngremes, mas *barranca* se aplica apenas a rio, sendo, portanto, equivalente de *ribanceira*; *barranco* se aplica a estrada e também a rio. Portanto, podemos usar: a *barranca* (ou o *barranco*) do São Francisco, do Amazonas, do Tietê. Mas apenas: o *barranco* da estrada.

400. O grampo para prender papéis por pressão tem um nome: clipe.

R. Sim, *clipe*, e não "clips". Mas quando alguém está precisando de um grampo desses, geralmente pede assim: *Me dá um clipes!* É o mesmo que comer "um pastéis" tomando "um chopes"...

401. E que dizer de ciúmes**?**

R. Essa é outra. Veja bem: *ciúmes* é o plural de *ciúme*, assim como *clipes* é o plural de *clipe*; assim como *chopes* é o plural de *chope*. As pessoas inseguras num namoro ou mesmo num casamento têm *ciúme* (ou mesmo *ciúmes*, se quiser exagerar). O que não deve é uma pessoa ter "muito ciúmes", ou seja, misturando singular com plural, assim como se faz com "um pastéis". Agora, veja esta manchete encontrada no portal Terra: **Ciúmes após relação a três provoca briga generalizada**. Essa frase equivale a esta: Pastéis após o café da manhã "faz" mal. Não há nenhum problema em o jornalista ter usado a palavra no plural aí, porque não misturou singular com plural, mas uma vez usada no plural, o verbo deve acompanhá-la. A não ser que chopes de jornalista "é" sempre "choco"...

402. Se a palavra cabeleireiro **deriva de** cabeleira, **como se explica que alguém diga** "cabelelero"**?**

R. Explica-se: falta de escola.

403. Se a palavra é ibero, **sem acento no** i, **como se explica que as pessoas digam** "íbero"**?**

R. Explica-se: falta de escola, porque também dizem "celtíbero". A essas pessoas, que desejam aprimorar-se, sugiro uma escola em São Paulo, muito boa: a Faculdade *Ibero*-Americana.

404. Qual é a diferença entre segredo e sigilo?

R. **Segredo** é aquilo que não se diz ou não se deve revelar; é o silêncio que nos impõe a obrigação ou a necessidade: *segredo* de justiça, *segredo* profissional, *segredo* industrial, *segredo* de Estado. **Sigilo** é o segredo absoluto, ligado à ética, o qual não deve ser revelado nem veiculado em nenhuma hipótese: *sigilo* confessional, *sigilo* bancário, *sigilo* fiscal, *sigilo* telefônico.

405. Qual é a diferença entre maus tratos e maus-tratos?

R. **Maus tratos** são sevícias, tortura, mau tratamento. *Há pais que conferem maus tratos aos filhos.* **Maus-tratos** é termo jurídico e significa crime cometido por aquele que põe em risco a vida ou a saúde de pessoa sob sua autoridade, guarda ou vigilância. Tem uso restrito, mas os jornalistas brasileiros usam *maus-tratos* a torto e a direito, confundem tudo, a ponto de informarem que fulano perdeu seu cão de estimação por causa de "maus-tratos". Esta manchete é bem recente: **Cães Lulu da Pomerânia são resgatados por "maus-tratos" no interior de São Paulo**. É um suceder sem fim de maus tratos à língua.

406. Existe alguma diferença entre conferência e palestra?

R. Sem dúvida, existe. A **conferência** é uma lição formal e catedrática sobre tema importante, na qual o conferencista discorre magistralmente, sem permitir apartes. A **palestra** é a mesma lição, porém, durante a qual ou depois dela se pressupõe discussão ou debate sobre o tema tratado. O palestrante quase sempre admite apartes e está sempre disposto a aceitar conceitos distintos dos seus, em relação ao que foi abordado. Não assim o conferencista, que, douto no assunto, sobre ele discorre sem deixar margem a dúvidas ou a questionamentos.

407. Que diferença existe entre uma loja que abre de noite e outra que abre à noite?

R. *Abrir de noite* é abrir durante a noite. Um estabelecimento comercial que abre às 20h e fecha às 8h *abre de noite*. Não é usual. *Abrir à noite* é abrir as portas às 8h e permanecer assim até as 22h ou, no máximo, até as 24h. No mês de dezembro, por ocasião das festas natalinas, muitas lojas *abrem à noite*; haveria alguma que abrisse **de** noite?

408. Uma despesa pode ser "vultuosa"?

R. De jeito nenhum. **Vultuoso** é inchado: *lábios vultuosos*. Não tem nada a ver com **vultoso**, que significa enorme, de grande vulto: *quantia*

Nosso português do dia a dia

vultosa, vultoso empréstimo, fazer vultosas despesas. Num *site* de uma universidade se leu isto: *Salienta-se ainda que uma grande minoria de atletas profissionais recebe quantias "vultuosas" de salários.* E também não me cheirou muito bem "uma grande minoria". Não deixe passar despercebido: trata-se de uma nota de u-ni-ver-si-da-de!

409. Despercebido **ou "desapercebido"?**

R. Apesar de alguns aceitarem uma palavra pela outra, convém fazer a distinção. **Desapercebido** significa desprevenido: *A chuva nos pegou desapercebidos de guarda-chuva. Não vá a provas e exames desapercebido de caneta!* **Despercebido**, apenas *despercebido*, a meu ver, significa não notado: *O erro passou despercebido dos revisores. Com pesada maquiagem, ela não poderia mesmo passar despercebida na festa.* Numa revista especializada em automóveis, apareceu este título: *Andamos no novo Peugeot 208, um modelo que certamente não vai passar "desapercebido" nas ruas.* Na verdade, o novo Peugeot 208 não passa mesmo *despercebido* nas ruas...

410. Qual é a diferença entre costume **e** hábito?

R. Costume é o modo de agir muito geral. **Hábito** é o modo de agir muito particular, pessoal. Uma pessoa tem *hábito*; um povo tem *costumes*. Por isso é que nunca se ouviu falar em *usos e "hábitos"* de um povo. Assim, convém estar sempre atento na diferença: Tenho o *hábito* de me deitar tarde. Ela adquiriu o *hábito* de escovar os dentes desde criança. O povo paulista tem o *costume* de trabalhar muito. O brasileiro sempre teve o salutar *costume* de receber bem os turistas.

411. E a diferença entre desmistificar **e** desmitificar?

R. Essa também existe. **Desmistificar** é pôr a nu (no aspecto ético ou moral), é desmascarar. Alguém que sempre passou por milagreiro pode ser desmistificado, após algumas acuradas investigações. Há pessoas que se dizem médicos, sem ao menos terem aprendido a fazer um curativo. Quando a polícia chega ao "consultório", desmascara-as, ou seja, *desmistifica*-as. Há pessoas, ainda, que precisam muitas vezes ocupar altos cargos públicos para, afinal, serem *desmistificadas*. No Brasil já houve até um presidente assim. **Desmitificar** é destruir o caráter mítico em torno de uma pessoa tida por especial, um monstro sagrado, um semideus, desiludindo ou decepcionando grande número de pessoas; é, enfim, reduzir um mito à dimensão da objetividade. Parte da imprensa americana se esforça hoje por *desmitificar* o presidente Kennedy. Muitos torcedores brasileiros, nós entre eles, *desmitificaram*

Zico, no exato instante em que ele errou aquele incrível pênalti contra a França, na Copa do Mundo de 1986, no México. Inesquecível e imperdoável! É também mostrar a verdadeira face ou realidade de alguma coisa, ou seja, é fazer ver uma coisa como ela realmente é: *Esse professor é ótimo:* **desmitificou** *a matemática como um assunto árduo, difícil, cacete.*

412. Afinal, a palavra correta é berinjela ou beringela?

R. Eis a questão. O VOLP traz apenas *berinjela*, mas *beringela* se justifica pelo étimo (persa *badingan*) e pela adoção dessa forma pelas demais línguas latinas, que, com exceção do espanhol, só a registram com *g*, caso do catalão *alberginia* e do francês *aubergine*. Já que o VOLP tem força de lei, vamos continuar defendendo a forma *berinjela*, até que algum luminar da nobre Academia Brasileira de Letras se digne debruçar-se sobre o assunto e, com certeza, fazer o registro nas próximas edições do vocabulário da forma mais consentânea com a etimologia.

413. Falando em etimologia, a palavra carcaça lhe lembra alguma coisa?

R. Sim, sim. *Carcaça* é uma palavra que, em rigor, se levada em conta a sua origem (francês *carcasse*), só poderia ser escrita com *ss: carcassa*. Nada nos leva a grafá-la com ç, a não ser o registro oficial. Há os casos de *arpão* e de *caçarola* também. *Arpão* deveria ser ser escrita com *h*, porque vem do francês *harpon; caçarola* deveria ser escrita com *ss*, porque provém do francês *casserole*. Ninguém na ABL (Academia Brasileira de Letras) se alevanta para explicar tais discrepâncias. Por alguma razão será...

414. Alevanta?!

Sim, *levantar* e *alevantar* são formas variantes, portanto corretas. Também são variantes *alimpar* e *limpar* e *soprar* e *assoprar*. Pode, portanto, *alimpar* a cara e *soprar* bem forte!

415. E não podemos esquecer ainda o caso de giz.

R. Sim, *giz* se escreve com **z** por quê? Se provém do grego *gýpsos, ou* pelo latim *gypsum, i* = gesso), de onde foram tirar o *z*? De uma cartola de mágico, quase que com certeza.

Nosso português do dia a dia

416. Qual é a diferença entre conturbar **e** perturbar**?**

R. **Conturbar** é pôr em desordem e confusão (no senso exterior), é agitar: *conturbar* a ordem pública. **Perturbar** é pôr em desordem e confusão (no senso interior): Aquela carta dela me *perturbou* inteiramente. A presença dela ali muito me *perturbava*. *Perturbar* está relacionado com emoção, componente que não existe em *conturbar*, que a substitui por *agitação*.

417. Existe diferença de emprego entre mesmo **e** igual**?**

R. Existe. **Mesmo** se usa em referência a um só ser.

Igual se emprega em relação a outro ser. Se você está com a *mesma* namorada do ano passado, parabéns: eis aí um homem fiel! Se, porém, você está com uma namorada *igual* à do ano passado, parabéns: eis aí um conquistador! Se você comprou um belo carro importado, seu vizinho não poderá ter o *mesmo* carro, mas fará de tudo para ter um carro *igual*. Afinal, essa é a sina dos vizinhos... Não faz muito se leu num de nossos jornais: *Enquanto o Ministério da Reforma Agrária gastou dez bilhões de reais para assentar famílias de trabalhadores sem terra, o da Educação sonha com a "mesma" quantia, para construir escolas.* Não me consta que o Ministério da Reforma Agrária seja tão generoso, a ponto de querer dividir a sua verba com o da Educação. *Mesmo* porque os objetivos não são *iguais*...

418. Posso usar cadê**?**

R. Use sem medo, mas de preferência apenas na língua falada; a língua escrita, bem mais exigente, não a vê com bons olhos! *Cadê* é contração e corruptela de *que é de*, assim como as variantes *quede* e *quedê*. Portanto, quando perguntamos *cadê a ética?*, estamos, na verdade, perguntando *que é da ética?* Quando o povo todo pergunta *quedê a segurança?*, na verdade, está pedindo o que lhe é de direito...

419. Que se pode dizer da palavra causo**, muito usada no interior do Brasil?**

R. A palavra *causo*, na língua popular, usa-se por caso, conto, estória: *O matuto mineiro é cheio de **causos**. Todo o mundo apreciava ouvir os **causos** que ele contava.* Só nessa acepção é que se admite seu emprego. Está claro que ninguém vai sair por aí dizendo *Este país é um "causo" sério*...

420. Existe desfile de "moda"**e jogo de** "dama"**?**

R. Nunca existiram. O que bons costureiros e estilistas fazem é desfile de *modas*. Muita gente fala justamente do que nada entende. Ninguém faz nem nunca fez *desfile de "moda"* (é a palavra *modas* que significa artigos para o vestuário feminino). Além de um bom desfile de *modas*, também é muito prazeroso um jogo de *damas*. Será que nas redações de jornais e revistas também se joga "dama"?...

421. Qual é a diferença entre continuação **e** continuidade**?**

R. **Continuação** é prosseguimento, prorrogação, prolongamento e se mede em horas, dias, meses, anos: a *continuação* de uma greve, de uma guerra, de um trabalho, de uma leitura. **Continuidade** é extensão ininterrupta, é sucessão ou fluxo ininterrupto; relaciona-se com elo, nexo, ligação: a *continuidade* de uma rodovia. Uma novela, para despertar interesse, tem de ter *continuidade* entre um capítulo e outro, responsabilidade do contrarregra, e não apenas *continuação*. Um governo pode ter *continuidade* se for eleito o candidato situacionista, mas nem por isso terá *continuação*. A *continuidade* pressupõe tudo o que é contínuo, sem interrupção no seu todo; um deslizamento de terra compromete a *continuidade* de uma rodovia, impedindo a *continuação* da viagem; se a *continuidade* de um cabo de aço ficar comprometida, poderá haver um acidente. Muitos, no entanto, continuam falando em "continuidade" de greve. Quando justa, deve se lutar pela *continuação* de uma greve. Se uma estrada já não tem *continuidade*, não haverá *continuação* da viagem. Foi feliz um jornalista, ao escrever, logo após a posse de Lula na presidência da República: *José Aníbal afirma que o PSDB vai colaborar com o novo governo porque há continuidade*. E havia mesmo! Em suma: a *continuação* pertence ao campo da duração, enquanto a *continuidade* pertence ao campo da extensão.

422. Um avião, no Brasil e em Portugal, aterra **ou** aterrissa**?**

R. Um avião, no Brasil e em Portugal, quando não cai, *aterra, aterrissa* e até *aterriza* (o VOLP registra *aterrizar*). A primeira é legitimamente portuguesa (*a-* + *terra* + *-ar*); a segunda é um galicismo que vingou; a terceira é meramente popular no Brasil. Os substantivos correspondentes são, respectivamente, *aterragem, aterrissagem* e *aterrizagem* (que a 6.ª edição do VOLP não registra, num novo lampejo de incoerência; se agasalha *aterrizar* tem de agasalhar *aterrizagem*). Tom Jobim, ao compor a letra de *Samba do avião*, usou com muita propriedade *aterrar*, mas alguém (que não poeta, evidentemente) pensou, com pesar, que *aterrar* poderia ser confundido com *aterrorizar*. E resolveu

Nosso português do dia a dia

mudar de *aterrar* para *pousar*. O sentido é o mesmo, porque avião que aterra, pousa, mas a originalidade e a beleza natural se foram.

423. Qual é a diferença entre coeficiente e fator?

R. **Coeficiente**, em matemática, é o número ou símbolo algébrico prefixado como o multiplicador para uma quantidade variável ou desconhecida. Por exemplo: em 5x e ax, *5* e *a* são os *coeficientes* de x. **Fator** é cada um dos dois ou mais números, elementos ou quantidade que, quando multiplicados juntos, formam um produto dado; é o mesmo que *multiplicador*. Por exemplo: 5 e 3 são *fatores* de 15; *a* e *b* são *fatores* de ab. O *coeficiente* é sempre um símbolo prefixado com valor desconhecido; não assim o *fator*. Um grande banco nacional anunciou certa vez que tinha o menor "coeficiente" do mercado para financiamentos. Em verdade, tinha o melhor *fator*.

424. Existe a palavra escravagista?

R. Existe, o VOLP a registra, assim como *esclavagista*, mas é cópia do francês *esclavagiste*; nós temos *escravista*. Com registro ainda existem *escravagismo* e *esclavagismo*. Nós temos *escravismo*.

425. Nomes de meses se escrevem com inicial maiúscula?

R. Não, sempre com inicial minúscula, a não ser em datas históricas: 7 de **S**etembro, 15 de **N**ovembro, etc. Em títulos de obras linguísticas, literárias ou artísticas, há hoje uma tendência ao uso da maiúscula apenas na primeira palavra: *Nossa gramática completa, Os lusíadas, Os três mosqueteiros, Sete homens e um destino, ...E o vento levou,* etc.

426. Qual é a diferença entre retroceder e recuar?

R. Todo aquele que volta para trás no que tinha andado, **retrocede**. Todo aquele que volta para trás, por alguma conveniência muito forte ou por um perigo iminente, **recua**. O que, seguindo seu caminho, encontra um obstáculo que não o deixa prosseguir, *retrocede*; o que no seu caminho ouve o rugir de um tigre ou o miado de uma onça, *recua*. Há gente, todavia, que, por muito menos, recua mais do que depressa...

427. Entre "eu" e o professor existem preferências distintas.

R. De fato, existem entre **mim** e você muitas distinções... Nunca use "eu" ou "tu" a não ser antes de verbo; depois de preposição, empregamos *mim* e **ti**: *Ela não vive sem mim. Ela passou por mim.* (Alguém usará

Ela não vive sem "eu"? Ela passou por "eu"? Pois a aberração é a mesma dita por você: entre "eu" e o professor).

428. Registrado! Existe a palavra "inobstante"?

R. Só existe para os "adevogados". Eis trechos de dois deles: *O locatário foi insultado, "inobstante" haver pago pontualmente seu aluguer. O réu tinha bons antecedentes, "inobstante" o crime que cometera.* Os advogados, verdadeiros profissionais, no entanto, preferem usar o que a língua lhes dispõe: *não obstante* ou *nada obstante.*

429. Existe a palavra "interclubes"?

R. Não, pelo menos até a 6.ª edição do VOLP ela não consta. Mas parece-me que no interior paulista existe uma competição de nome Campeonato Paulista *Interclubes* de Tênis. O Palmeiras se diz primeiro campeão mundial *interclubes* da história. A mídia fala em Mundial *Interclubes* da Fifa. E agora? Essas competições e campeões até podem existir, mas o nome que se lhes dão é que merece reparos. A palavra "interclubes" é muito malformada: o prefixo *inter-* se apõe a adjetivo (interescolar, interestadual, interoceânico, interurbano, etc.), e não a substantivo. Em razão dessa má-formação, usa-se uma concordância esdrúxula: campeonato mundial "interclubes", fazendo um suposto adjetivo no plural modificar uma expressão no singular. Como não existe "interclubista", seria de bom senso usarem **entre clubes** no lugar de "interclubes". Agora, para encerrarmos, apenas uma notícia de jornal: *O São Paulo se tornou o primeiro clube brasileiro tricampeão da Taça Libertadores, principal "interclubes" da América do Sul.* Não consigo dar parabéns...

430. Existe diferença **entre** refeição **e** repasto?

R. Muita! **Refeição** é a porção de alimentos que tomamos de cada vez, a certas horas do dia ou da noite. **Repasto** é a refeição abundante, daí por que nenhum *repasto* pode ser frugal, a menos que se queira fazer ironia. Em suma: o miserável não tem *refeição* nenhuma; o pobre se contenta com lanches; a classe média faz *refeições* normais, ou seja, se alimenta cinco vezes por dia; os ricos se deliciam nos seus *repastos*, e os milionários se locupletam em seus banquetes. E assim seguirá a vida *ad aeternum.*

431. Qual é a curiosidade envolvendo a palavra mídia?

R. *Mídia* é aportuguesamento do inglês *media* (que se pronuncia *mídia*), plural de *medium* = meio, com adoção de tal pronúncia como

Nosso português do dia a dia

grafia. A palavra só existe no português do Brasil; em Portugal se usa o que também deveríamos usar: *média*. *Mídia* surgiu numa redação de jornal ou, mais provavelmente, numa sala de agência de publicidade: em ambos os locais viceja a flor da língua anglo-saxã. Dessa palavra surgiram então outros mostrengos, todos já arraigados por aqui: *midiateca, midiático, midiatizar*. Afinal, no Brasil, tudo o que cheira a Tio Sam vinga. Veja o caso de AIDS, que perdeu a corrida para SIDA. A macaquice é ampla, geral e irrestrita.

432. Qual a expressão correta: massa "cefálica" **ou massa** encefálica?

R. É massa *encefálica*. *Cefálico* é o mesmo que *cranial*: *perímetro cefálico*.

433. Posso usar misse **no lugar do inglês** miss?

R. Pode, embora essa palavra ainda não tenha registro no VOLP, o que não surpreende. *Mesmo casado, ele não resistiu à beleza da* **misse** *Universo e lhe deu um beijo. São muitas as candidatas a* **misse**.

434. Que significa mulato inzoneiro?

R. Bem, mulato não precisa explicar – penso... Já *inzoneiro* significa *mexeriqueiro, fofoqueiro*. É esse mulato que consta na letra de *Aquarela do Brasil*, "sambinha" de Ari Barroso... Muitos cantam usando "izoneiro". Nesse caso, convém cantar só no banheiro (e bem baixinho)...

435. É correta a palavra osseointegração?

R. A palavra não consta no VOLP. À técnica moderna, usada tanto na Medicina quanto na Odontologia, surgida com o médico sueco Per-Ingvar Bränemark, radicado no Brasil (Bauru, SP), é dado esse nome, que já se está vulgarizando, mas a melhor forma em português é *osteointegração*, a exemplo de *osteocartilaginoso, osteopatia, osteoporose*, etc.

436. Posso escrever tanto quatorze **quanto** catorze?

R. Sim, escrever pode, mas pronuncie apenas *catorze*.

Certa feita, uma apresentadora de telejornal esportivo nos comunicou, entre sorridente e eufórica: *No dia "cuatôrzi" de julho, o Globo Esporte faz*

35 anos. Merece parabéns? E mais: você tanto pode escrever *quota* quanto *cota*, mas só pronunciar *cota*; pode escrever *quotidiano* e *cotidiano*, mas só pronunciar *cotidiano*. Saiba ainda sobre pronúncia correta que nucleico e proteico sempre tem o ditongo aberto; antes do Acordo Ortográfico ambas as palavras tinham acento agudo: *nucléico, protéico*. E ainda: *líquido, liquidar, liquidação, liquidificador* e *liquidez*, todas cinco podem ser ditas como quiser, com **u** sonoro ou não. Fique com mais isto: escreva *nhem-nhem-nhem* ou *nhe-nhe-nhem*, que é rigorosamente o mesmo que *mi-mi-mi*, que todo o mundo usa sem hifens, erroneamente, é claro.

437. Qual é a diferença entre cliente e freguês?

R. **Cliente** é a pessoa que utiliza os serviços de um profissional liberal: advogado, engenheiro, arquiteto, médico, etc. **Freguês** é aquele que frequentemente compra coisas numa mesma loja, num mesmo armazém, num mesmo supermercado, etc. ou aquele que costuma ir sempre a um mesmo bar, restaurante, etc. A palavra é estrita ao comércio, seja legal, seja ilegal. Assim, travestis e prostitutas também têm *fregueses*. Engenheiros, dentistas, advogados, arquitetos, etc. ou quaisquer outros profissionais liberais têm *clientes*, e não "fregueses". Jocoso é imaginar um advogado dizendo que tem muitos "fregueses", embora muitos não vejam nenhuma jocosidade no oposto: um comerciante dizer que tem muitos "clientes". A graça é a mesma.

438. É verdade que existiu um faraó chamado "Queóps"?

R. Só na Globo.

439. Como assim?

R. É que a TV Globo apresentou há alguns anos um documentário de uma hora em que só se falou em "Queóps". Deve ser, naturalmente, por alguma grande intimidade entre essa emissora e esse faraó, que fora daí ninguém conhece... O faraó que o mundo conhece tem outro nome: *Quéops*.

440. A colocação pronominal no Brasil diverge um pouco da colocação pronominal dos portugueses, não é mesmo?

R. Sobre isso, temos muito que dizer, para você nunca esquecer. Dentre as sintaxes portuguesas, a menos importante é justamente a sintaxe de colocação, ao menos para nós, brasileiros. No Brasil, prefere-se a próclise quase que em todas as circunstâncias: *Me dá um dinheiro aí* e também a colocação solta de pronomes oblíquos entre verbos: *Ela não quer se comprometer*. Há jornalistas, no entanto, que insistem em

Nosso português do dia a dia

usar a ênclise, quando esta colocação é inadmissível. Repare neste texto de um deles: *Apesar de ser cearense, Arraes construiu sua carreira política em Pernambuco, onde "elegeu-se" para cargos no Legislativo e Executivo*. Meu filho, se não sabes colocar pronomes, sê prático, sê simples, segue este conselho mais ou menos correto, dirigido a pessoas de singelo conhecimento: usa sempre a próclise, que nunca errarás! Mas que se dirá de um jornalista que, na dúvida, entre uma colocação e outra, acaba optando pelas duas? Repare:

Os cinco carros antigos nacionais mais lembrados e valorizados – na opinião de especialistas e colecionadores, como Og Pozzoli e Romeu Siciliano –, foram reunidos nesta e na próxima página. São eles: os Ford Maverick GT V8 e Galaxie, Dodge Charger R/T e os Volkswagen Fusca e Karman Ghia. O Maverick GT V8 é um bom exemplo de modelo que "se transformou-se" em objeto de desejo não apenas de colecionadores mas do público em geral. Essa dupla colocação inexistente me faz lembrar uma anedota. Diz-se que certa vez um professor não muito seguro de seus conhecimentos estava dando sua aula, quando um aluno pergunta: *Professor, qual é o certo: **o carro SE atolou** ou **o carro atolou-SE**?* O professor, depois de meditar um pouco, responde: *Se as rodas da frente do carro estiverem atoladas, é **o carro SE atolou**. Mas se forem as rodas de trás, é **o carro atolou-SE**.* Não muito satisfeito, o aluno volta a perguntar, com a dúvida que é peculiar aos alunos de certa faixa etária: *Professor, e se as quatro rodas estiverem atoladas?* O mestre nem vacilou: *Bem, aí é **o carro SE atolou-SE**.* Foi o que ocorreu com o jornalista acima: seu texto se lascou-se...

441. Com fácil de, difícil de, duro de, **etc. posso usar o pronome** "se" **depois da preposição?**

R. Não. É fácil de explicar essa, não é difícil de entender. Duro de viver é na Antártica. Está explicado? Para que o "se" depois da preposição *de*? Não há necessidade.

442. Quem nasce sob o signo de Escorpião é...

R. ...*escorpiano*. Os astrólogos, no entanto, como veem coisas que um simples mortal não consegue ver, usam "escorpiniano". Veja o que disse um deles: *Devido a sua natureza complexa e secreta, o "escorpiniano" não é fácil de "se" entender*. E os astrólogos? São fáceis de entender?

443. Existe a palavra "paralelograma"?

R. Não. No entanto, nove, entre dez professores de Matemática escrevem-na no quadro-negro, certamente por influência de *grama*.

Mas que tem a ver uma coisa com outra? Ao comentar a questão de uma prova de uma universidade federal, um catedrático disse: *As diagonais do "paralelogramma" cruzam-se em seus pontos médios. A constatação sobre o ponto de cruzamento de diagonais do "paralelogramma" é a puríssima geometria planar.* Conclusão: matemáticos entendem muito. (De matemática...)

444. "Pecan" é forma correta?

R. Não, em português se usa **-ã** no final das palavras: pecã, Irã, Ivã, Aquidabã, Iucatã (Yucatán é grafia espanhola), Oberdã, fã, cardã, afegã, avelã, ímã, poncã, grã-fino, tobogã, Itapuã (e não "Itapoã", nem muito menos "Itapoan"), Piatã, Teerã, Vietnã, Ubiratã, Natã, sedã, enfim, todas.

445. Todas? E Butantan?

R. Esse é um caso à parte. O nome do instituto sempre foi *Butantã*. No entanto uma decisão interna, intramuros, decidiu retornar à grafia do dia da sua fundação, em 1901: *Butantan*. Se a moda pega, ainda vamos tornar a *pharmacia* e a *Goyaz*...

446. É verdade que não existe a palavra "trança-pé"?

R. Para o VOLP, ela não existe; para o mundo brasileiro, sim. Quem já não passou um "trança-pé" em alguém, para fazê-lo cair? A palavra que tem registro é *traspés*, mas ao menos enquanto eu saiba, ainda ninguém passou isso em ninguém... O fato de não constar no VOLP não significa que a palavra não possa ser usada. Se nos preocuparmos em ser fiéis a esse vocabulário, então, não podemos sequer dar *piscada*, porque essa palavra não consta ali; não podemos dar *espirrada*, porque essa palavra não consta ali; não podemos dar *espreguiçada*, porque essa palavra não consta ali; nem seu carro pode dar uma *rodopiada* e capotar, porque essa palavra também não consta ali; dar uma *vasculhada* no lixo para recuperar um documento que a secretária jogou inadvertidamente, nem pensar.

447. Esse VOLP é supimpa mesmo, hem! De forma geral ou de "uma" forma geral?

R. Usar o artigo indefinido nessa expressão, para quê? Não há necessidade! Portanto, *de forma geral, de maneira geral, de modo geral*. No *site* Ciência e Clima, no entanto, acabamos de ler: *De "uma" forma geral, o litoral do Ceará é marcado por processos erosivos, como aqueles associados ao movimento de dunas*. Pois é.

Nosso português do dia a dia

448. Qual é a diferença entre adágio, aforismo **e máxima?**

R. **Adágio** é a frase popular, curta e anônima, na qual se dá um conselho fundado na experiência; é o mesmo que *ditado, provérbio* e *rifão*. Ex.: *Nem tudo o que reluz é ouro. Quem tudo quer tudo perde.* **Aforismo** (note: com **o** no final) é a frase breve, muitas vezes sem verbo, que encerra uma verdade geral ou uma observação sutil. Ex.: *Cada macaco no seu galho. Casa de ferreiro, espeto de pau. Cada cabeça, sua sentença.* Um laboratório farmacêutico, preocupado em explicar as causas da úlcera péptica gastroduodenal, lançou isto: *Até hoje se conhece pouco sobre a real fisiologia da moléstia. Continua válido o "aforisma" sem ácido não há úlcera.* Farmacêutico é um profissional que entende muito. (De farmácia...) **Máxima** é a mensagem breve e sábia de autor quase sempre conhecido; é o mesmo que *pensamento*. Sócrates disse há milhares de anos: *De três coisas precisam os homens: prudência no ânimo, silêncio na língua e vergonha na cara.* Nada mais atual...

449. Devo usar cataclismo ou "cataclisma"?

R. *Cataclismo*, sempre *cataclismo*, rimando com *aforismo*. Embora seja essa a forma correta, há certos jornalistas que insistem em usar "cataclisma". Isto veio em manchete: **Temor de "cataclisma" no PS francês diante do risco de vitória do** não à UE. Eis esta curiosidade: *O "cataclisma" estelar no filme 2001: Uma Odisseia no Espaço, de Stanley Kubrick, foi filmado em uma fábrica de espartilhos abandonada. A cena foi um close de tinta que pingava em um balde.* E, agora, a previsão do Apocalipse: *O físico Edgar Cayce, junto com vários de seus colegas de pesquisa, concordou que haverá um grande "cataclisma" nos próximos dez anos. Cayce diz que a América do Norte – toda ela – vai ser coberta pelo mar, começando pela falha de San Andreas até que toda a América seja riscada do mapa. Isso irá criar um tsunâmi, do tipo que nunca foi registrado na história ocidental, onde o Japão também cairá como vítima das forças da natureza. Os índios Hopi sempre afirmaram que a vida na Terra era cíclica e que a nova era começaria após um "cataclisma" em 2012.* Acertou em cheio quem não acreditou...

450. Cromossomo ou cromossoma?

R. O VOLP registra ambas, mas a verdade verdadeira está só com *cromossomo*.

451. Quando uma palavra primitiva tem e ou o aberto, sua derivada aumentativa ou diminutiva deve manter o timbre da vogal?

R. Sem dúvida. Vejamos inicialmente o caso de **neto**, cujo **e** tônico é aberto. Tanto o seu aumentativo quanto o seu diminutivo mantêm o timbre: *nètão, nètona, nètinho, nètinha.* **Loja** tem **o** tônico aberto; portanto, *lojão, lojona, lojeca* e *lojinha* têm **o** também aberto. Outro exemplo: **tela**. Tanto *telinha* quanto *telão* devem ter **o** aberto. Ainda outro exemplo: **roda**. Tanto *rodinha* quanto *rodão* devem ter **o** aberto. E assim também com *bola, festa, chefe, minhoca, boneca, reta, copo, lajota, mola, sela, seta, testa, sacola,* etc.

452. É verdade que o superlativo sintético de sério **tem dois** ii**?**

R. Sim, todo adjetivo terminado em *-io* antecedido de consoante faz o superlativo com dois *ii*: sério, *seriíssimo* (o Brasil é um caso seriíssimo!); macio, *maciíssimo* (travesseiro maciíssimo!); frio, *friíssimo* (está friíssimo hoje!); precário, *precariíssimo* (o povo anda em situação precariíssima!); primário, *primariíssimo* (você cometeu um erro primariíssimo!), sumário, *sumariíssimo* (o julgamento foi sumariíssimo!), próprio, *propriíssimo* (essa atitude é propriíssima de você; o momento era propriíssimo para fazer as reformas; esse apelido é propriíssimo para ela), provisório, *provisoriíssimo* (solução provisoriíssima), reacionário, *reacionariíssimo* (de reacionariíssimo ele virou revolucionariíssimo), vadio, *vadiíssimo* (naquela época ele era vadiíssimo), etc. Se o adjetivo termina em *-io* precedido de vogal, todavia, é diferente: feio, *feíssimo*; cheio, *cheíssimo,* etc.

453. A palavra prolegômenos **também só se usa no plural?**

R. Sim, *prolegômenos* (prefácio longo, introdução demorada) só tem uso no plural, assim como núpcias, parabéns, óculos, picles, etc. Apesar disso, um deputado federal, durante uma de suas participações na Comissão de Ética da Câmara dos Deputados, saiu-se com esta: *Não vou fazer "nenhum prolegômeno", vou fazer somente duas perguntas.* Deputado, *nenhuns prolegômenos*! Não se esqueça, da próxima vez que desejar ser erudito, faça-o de forma completa: *nenhuns prolegômenos*!

454. Posso protestar a favor?

R. Sem dúvida, pode. Muitos pensam que só se protesta *contra*. Enganam-se. O verbo *protestar* significa *levantar-se, insurgir-se, clamar, bradar*. Assim, todos podemos (e devemos) *protestar a favor*

Nosso português do dia a dia

da paz, do amor, da alegria e, sobretudo, da moralização dos nossos costumes. Sem malas nem cuecas...

455. Como devo pronunciar corretamente o nome do filósofo Epicteto?

R. *Epictéto*, nunca "epíteto". Epicteto foi um filósofo estoico frígio, que viveu entre os anos de 50 e 135. Afirmava que o bem estava dentro de nós mesmos, defendendo a fraternidade humana. Escravo em Roma, libertado e depois exilado, seus ensinamentos exerceram grande influência sobre o imperador e também filósofo Marco Aurélio. Dizia que a vida é como um grande e solene banquete, em que se deve experimentar um pouco de tudo, mas sempre de modo moderado. Depois de Marco Aurélio, nunca foi ouvido...

456. Tem a palavra censo **algo a ver com** censor, **de censura?**

R. Tem e muito. A palavra *censo*, sinônima de recenseamento, é da mesma família de *censor* e *censura*. Há até uma história atrás disso: na antiga Roma havia uma pessoa encarregada de proceder ao levantamento das populações das cidades conquistadas. Essa pessoa tinha o direito de bisbilhotar a vida de todo o mundo. Tudo o que se referia à moral e aos bons costumes estava afeto ao censor, que se achava no direito de fazer e desfazer, sem dar satisfação a quem quer que fosse. Os censores se achavam acima do bem e do mal. Essa pretensão correu séculos e perdurou até pouco tempo atrás aqui mesmo no Brasil...

457. Se a pronúncia correta de cervo **é com** e **aberto (cérvu), como se explica que todo o mundo diga** "cêrvu"?

R, Explica-se: pensam que é para distinguir de *servo*, que significa *criado*. Como as pessoas pensam errado!

458. Se Chipre, Pernambuco e Sergipe **são nomes que não se usam com artigo, como se explica que apresentadores e repórteres de telejornais insistam em usar** "o" Chipre, "no" Chipre, "o" Pernambuco, "no" Pernambuco, "o" Sergipe, "no" Sergipe?

R. Explica-se: falta de escola. E com *Piauí* e *Sardenha*, que exigem artigo, eles usam sem. É ou não é absoluta falta de escola? *Chipre* foi conquistada por Ricardo Coração de Leão em 1191 (subentende-se *ilha*, daí o *conquistada*). *Pernambuco* e *Sergipe* são estados brasileiros do Nordeste. É assim desde os idos de 1500...

459. Se panorama **já significa, por si só,** vista ou visão geral**, como se explica que alguns jornalistas ainda usem** "panorama geral" **e** "panorama parcial"**?**

R. Explica-se: falta de visão...

460. Se d'Eu **(de conde** d'Eu**) se pronuncia** dê**, como se explica que repórteres e apresentadores de telejornais digam "deu"?**

R. Explica-se: ao dizerem "deu", certamente estão pensando em outra coisa...

461. Se o nome da cidade paulista é apenas Aparecida**, como se explica que muitas pessoas insistam em cumprir promessa em Aparecida** "do Norte"**?**

R. Explica-se: muita religiosidade e pouco conhecimento de geografia... E o cacófato (pou**co co**nhecimento) foi de propósito...

462. Já que estamos com a mão na massa, qual é a diferença entre cacófato **e** cacofonia**?**

R. O **cacófato** resulta em palavra chula ou obscena da união de sílabas imediatas, como a que cometi ali: *pou**co co**nhecimento*. Outro exemplo é aquele do torcedor desanimado que diz: *Meu time nunca mar**ca gol***. Já a cacofonia resulta em palavra apenas desagradável da união de sílabas, como *beijei a bo**ca dela**, vi-**me já** na rua*.

463. Devo usar protocolar **ou** protocolizar**?**

R. As duas formas existem, mas a segunda é preferível: a primeira é apenas forma popular, mas é a mais usada na voz passiva: *Acho melhor protocolizar* (ou *protocolar*) *todos os contratos e documentos. O contrato do jogador foi protocolado na Federação*. Não se tem visto "foi protocolizado".

464. Se aquele que cria peixes em cativeiro se dedica à piscicultura**, é um** piscicultor**, como se explica que num programa da televisão sobre a vida rural tenham estampado no vídeo** "psicultor"**?**

R. Explica-se: falta de escola e de respeito para com o telespectador. Também assisti a esse programa. A reportagem foi feita em Petrolândia (PE), onde se criam peixes em viveiro, no rio São Francisco, que banha a cidade. Quando o repórter foi entrevistar um dos **piscicultores,**

Nosso português do dia a dia

apareceu na tela o nome dele e embaixo, a pérola: "psicultor". Para o autor da pérola, além de cultivar peixes, o homem também cultivava almas...

465. Diga-me tudo o que sabe sobre a palavra ioga!

R. A *ioga* (ó) nada mais é que a prática do *Yoga* (ô), a filosofia em si. A palavra nos vem do sânscrito *yogah* = união com Deus, através do inglês *yoga*. Isso é tudo.

466. A pronúncia correta é autópsia ou autopsia?

R. Existem os dois modos de escrever e pronunciar, mas a primeira tem preferência. Interessante observar que *autópsia*, em rigor, significa exame de si mesmo, mas não se emprega em tal acepção na língua contemporânea. A palavra rigorosamente correta para designar o exame cadavérico feito por um médico-legista é *necropsia*, que o povo diz necrópsia", justamente por influência da prosódia de *autópsia*. O mais incrível é que a 6.ª edição do VOLP continua registrando "necrópsia". Nada ali surpreende. Já com relação a *biópsia* e *biopsia*, devo dizer que ambas são corretas, mas convém saber que a primeira só existe por influência de *autópsia*; a grafia e prosódia rigorosamente gramaticais estão com a segunda.

467. Professor, "quanto é dois vezes dois?", posso saber?

R. É zero! A todas as pessoas que assim perguntassem, a resposta deveria ser a mesma: **zero!** O interessante é que quase todo o mundo sabe **quantos são duas** *vezes dois*, porém, quase todo o mundo pergunta: *"Quanto é dois vezes dois?"*. Ora, se *vezes* é palavra feminina e se *dois* é plural, não há como fugir àquela pergunta. Portanto, da próxima vez, todos deverão perguntar: *Quantos são duzentas vezes quatro?*

Quanto é uma vez dois? Aí, talvez, alguém responda... Note que quando queremos saber as horas, também usamos palavras no plural: *Que horas são?* Mas sempre existirá aquele sujeito sem-noção que perguntará: "Que hora é?". Quando você desejar saber o dia do mês, também deverá perguntar: *Quantos são hoje? Quantos foram ontem? Quantos serão amanhã?* A resposta também deverá vir assim: Hoje *são* doze. Ou: Ontem *foram* onze. Ou: Amanhã *serão* treze.

468. Que novidade nos aguardam as conjunções alternativas?

R. Com exceção de *ou*, que pode ou não ser repetida, todas as demais conjunções alternativas são repetidas obrigatoriamente: *ora... ora, já...já, quer...quer, nem...nem, seja...seja*, etc.: Ela *ora* ria, *ora* chorava. Estávamos cansados de radicalismos, *seja* de esquerda, *seja* de direita. Você vai trabalhar e estudar, *quer* queira, *quer* não queira. Preciso de ajudantes, *seja* homens, *seja* mulheres. Os jornalistas, porém (sempre eles) costumam misturá-las: Estávamos cansados de radicalismos, seja de esquerda "ou" de direita. (E ainda retiram a vírgula!) Você vai trabalhar e estudar, quer queira "ou" não. Preciso de ajudantes, seja mulheres "ou" homens. De um jornalista do setor automotivo:

Dizem que na natureza nada se cria, tudo se copia. E parece que no mundo "automobilístico" os caminhos não diferem muito disso, seja para o bem "ou" para o mal. O que mais espanta, no entanto, não é jornalista cometendo bobagem, isso é corriqueiro. O que mais espanta é ver num dicionário a bobagem, a mistura desastrada. Eis a definição de **termeletricidade** no dicionário Houaiss, acepção 2: *Geração de energia elétrica em usinas que utilizam algum tipo de combustível, seja do tipo convencional "ou" nuclear. Habemos papam,* sim...

469. Fluorar **a água ou** "fluoretar" **a água?**

R. Sem dúvida, *fluorar* a água, isto é, tratá-la com flúor. Não sei bem por quê, acabo de me lembrar de um repórter que, depois de entrevistar um membro sisudo do governo militar, declarou: *O homem não esboceteou nenhum sorriso!* Creio que muito mais simpático seria se o homem *esboçasse* um sorriso...

470. Qual é a curiosidade envolvendo as palavras paralelepípedo e competitividade?

R. A curiosidade é que nelas existem sílabas gêmeas: *lele* numa, *titi* noutra. Muitos, na pronúncia, "comem" uma dessas sílabas e dizem "paralepípedo", "competividade". Para evitar isso, basta prestar atenção aos acentos secundários: *pàralèlepípedo, compêtitìvidáde*. O único dicionário que indica os acentos secundários das palavras é o **Grande Dicionário Sacconi**, infelizmente esgotado.

471. Qual é a curiosidade envolvendo as palavras tara e tarado?

R. Ah, esta é supimpa! **Tara**, em sentido próprio, é o recipiente, o envoltório que contém determinado gênero, produto ou mercadoria; é, enfim, a diferença entre o peso líquido e o peso bruto. Assim, se na feira compramos uma caixa de uvas, a **tara** é a caixa; **taradas** são as uvas. Como foi possível daí terem surgido os termos **tara** e **tarado**, no sentido que mais hoje se empregam? Conta-se que um rapaz teria certa vez atacado e matado três lindas garotas, para satisfazer seus intintos

Nosso português do dia a dia

sexuais. Ou seja: estupro triplo, seguido de morte. Descoberto o crime, seu autor foi condenado à forca. Chegado o dia da execução, o carrasco deparou com um problema: o rapaz estava tão magro, tão raquítico, que fatalmente não teria morte instantânea, como é de desejo de todos os algozes generosos. Não teve dúvida, então, em amarrar uma barra de ferro ao peito do rapaz, para que não ficasse agonizante por muito tempo. Cumprida a sentença, quiseram (por mera curiosidade) saber o peso do rapaz. Descontou-se, assim, o peso da barra de ferro (que era a **tara**) e se obteve o peso do morto (o **tarado**). Daí por diante os termos começaram a circular já com sentido figurado: **tara** (fúria sexual), **tarado** (furioso sexual). Só não sabemos dizer com certeza se isso é mera estória ou se é mesmo pura história...

472. Existe uma doença canina chamada "pavirose"?

R. Não, a doença que ataca muitos filhotes de cão não vacinados tem outro nome: *parvovirose*. "Pavirose" é palavra de gente que nunca foi à escola, parenta bem próxima da "prosta" e da "bentoneira"...

473. Posso usar antes "de" que e depois "de" que?

R. Não. A locução ou é prepositiva, *antes de, depois de*, que se usam principalmente antes de substantivo e de certos pronomes; ou a locução é conjuntiva, *antes que, depois que*, que se usam no início de orações. Eis exemplos: *Chegamos antes da chuva. Ela chegou depois de mim. Chegamos antes que chovesse. Ela chegou depois que eu cheguei.* Portanto, não se constrói: Chegamos antes "de" que chovesse. Ela chegou depois "de" que eu cheguei.

474. E apesar "que"? Está com uso liberado?

R. Na língua popular, tão despretensiosa, tudo é liberado. Mas na língua formal, padrão, a expressão *apesar "que"* não tem vez. Apesar de que muita gente boa a tenha e tem usado...

475. O nome da famosa baía carioca é de Guanabara ou "da" Guanabara?

R. A famosa baía carioca, hoje tão poluída e maltratada, tem seu nome com **de**, e não com "da": baía **de** Guanabara. Leu-se, porém, no *site* Ciência e Clima: *A área do entorno da baía "da" Guanabara apresenta uma das maiores densidades populacionais do país*. Pois é. A antiga entidade filantrópica americana também se chama Exército **de** Salvação, e não "da" Salvação. De outro lado, temos *Nossa Senhora Aparecida* a par de *Nossa Senhora da Aparecida*, já que seu nome integral é *Nossa Senhora **da** Conceição Aparecida*.

476. Se depois da interjeição salve **se usa obrigatoriamente vírgula, como se explica que em hinos de alguns clubes brasileiros, a vírgula deu lugar ao artigo** "o", **como em** Salve o **tricolor paulista?!**

R. Explica-se: falta de escola e, de certa forma, falta até de alguma religiosidade, porque uma das mais importantes orações católicas começa assim: *Salve, Rainha, mãe de misericórdia.* (Nunca ninguém rezou assim: Salve "a" Rainha.) Falta, ainda, de algum senso patriótico, já que o Hino à Bandeira começa assim: *Salve, lindo pendão da esperança.*

477. Mas o hino do Corinthians também começa com Salve "o". **E agora?**

R. Ora, e agora... Cante, então: *Salve, Corinthians/O campeão dos campeões/Eternamente/Dentro dos nossos corações...*

478. Qual é a censura que se pode fazer nesta manchete de jornal: *Anitta causa polêmica após dizer que ficaria até com cachorros?*

R. Só censuro aí o uso de "após" antes do infinitivo. Antes de infinitivo não se usa "após", que deve dar lugar a *depois de*. Os jornalistas brasileiros não têm a mínima ideia disso, porque usam todos os dias "após + infinitivo". Essa é, a meu ver, a única censura que vejo na manchete...

479. Também não se usa preposição depois de após?

R. *Após* já é uma preposição, não precisa da companhia de outra, assim como *desde*, outra preposição, que rejeita a companhia de outra, "de". Aparecia muito no vídeo de uma emissora de televisão, durante a transmissão de uma partida de futebol: *Após "ao" jogo, assista um filme inédito.* Passaram-se uns dez anos para aprenderem e deixarem de usar isso e também a regência errada do verbo *assistir*. Esse é o tempo mínimo de que certo tipo de pessoas precisa para assimilar alguma coisa...

480. Qual é a diferença entre pronunciar **e** proferir**?**

R. **Pronunciar** é expressar com clareza e precisão, por meio da voz: *pronunciar* um discurso, *pronunciar* uma frase interessante. **Proferir**

Nosso português do dia a dia

é pronunciar alto e bom som: *proferir* palavrões, *proferir* blasfêmias. Portanto, um juiz normalmente *pronuncia* sentenças; pode também *proferi*-las, desde que leia em voz alta, para que todo o mundo ouça. Não havendo plateia, a todo juiz cabe apenas *pronunciar* sentenças.

481. Mulher pode ser "soprana"?

R. Não. *Soprano* é substantivo que se aplica tanto ao cantor quanto à cantora que tem a voz mais aguda: *um soprano, uma soprano*. Portanto, não existe a palavra "soprana". Certa feita, porém, uma apresentadora de famoso telejornal informou: *A "soprana" Aprile Millo chegará amanhã ao Brasil*. E nem sequer ficou vermelha!

482. Por que a palavra zebra passou a significar acontecimento inesperado, geralmente em competição esportiva?

R. É que a zebra, como todos sabemos, não figura entre os 24 bichos do jogo do bicho. Certo dia, então, apareceu um treinador de futebol no Rio de Janeiro, muito galhofeiro, que garantia a todos os repórteres que naquele ano de 1964 ia dar zebra, porque o seu time, a Portuguesa, seria campeão carioca. Os repórteres gostaram da brincadeira, mesmo porque só podia ser brincadeira. Adotaram a palavra como sinônima de algo totalmente improvável, acontecimento pra lá de inesperado. A partir daí, o Brasil inteiro virou zebra...

483. A palavra saudade só existe mesmo na nossa língua?

R. Não, a palavra *saudade* tem tradução exata em poucas línguas, mas tem. Não é, como muitos imaginam, um idiotismo da língua portuguesa. O russo, o alemão, o romeno, o árabe, o armênio e até o japonês possuem palavras que lhe correspondem, mas nenhuma tem a mesma suavidade sonora que a nossa. Na doçura do som, nossa língua tem, portanto, absoluta exclusividade. As pessoas têm *saudade* (ou *saudades*), tanto faz.

484. Qual é o plural de caráter? E de mau-caráter?

R. O plural de *caráter* é *caracteres*: São gêmeos, porém, de *caracteres* bem distintos. O plural de *mau-caráter* é *maus-caracteres*. Quantos *maus-caracteres* existem no Congresso? Certa vez disseram que havia mais de 300 *maus-caracteres* no Congresso. Até suavizaram o termo! Usaram picaretas!...

485. Qual é a diferença entre projetil **e** bala**?**

R. **Projetil** (ou *projétil*) é tudo o que possa ser arremessado com força, por meio de armas ou não. Assim, uma pedra, uma bola e até uma tampa de panela pode ser um *projetil*, quando lançadas com força em direção de alguém ou de algo. **Bala** é projetil metálico, lançado por arma de fogo. Costuma tirar a vida de culpados e inocentes. A bala com uma cruz talhada na ogiva, feita para explodir quando atinge o alvo, tem um nome: *dundum*, substantivo masculino: *o dundum, um dundum.*

486. Uma mulher pode ser "pão-dura", "dedo-dura", "pé-rapada"**?**

Tudo isso numa só mulher?... Não, não pode, porque *pão-duro, dedo-duro* e *pé-rapado* são compostos usados tanto para o homem quanto para a mulher. Portanto, qualquer mulher pode ser *pão-duro* ou até *pé-rapado*, mas *dedo-duro* é apenas para caracteres menos evoluídos...

487. Se a palavra que designa a doença é hemorroidas**, sempre no plural, como se explica que existam pessoas que sofram de** "hemorroida"**?**

R. Explica-se: as hemorroidas, muitas vezes, forçam as pessoas a não articular o *s* final. Dói...

488. Se a expressão correta é corpo de **delito, como se explica que repórteres a todo momento digam apenas** "corpo delito"**?**

R. Explica-se: falta de intimidade com a escola, com boas leituras, com bons chefes de redação. Há jornalistas que não conseguem usar *corpo de delito*. Repare neste trecho de notícia do Diário do Nordeste sobre exploração sexual infantil: *As adolescentes foram submetidas à exame de "corpo delito"*. Como se não bastasse, o jornalista ainda lascou acento no "a" antes de *exame*, palavra masculina. São ou não são uns gênios?

489. Se a pronúncia correta da palavra condor **é com acento na última sílaba, como se explica que muita gente diga** "côndor"**?**

R. Explica-se: falta de intimidade com a vida selvagem...

490. Se consenso **já significa, por si só, unanimidade de opiniões, como se explica que certos repórteres ainda falem em** "consenso geral"**?**

R. Explica-se: preguiça de consultar um dicionário e uma vontade enorme de chover no molhado...

491. Se as palavras certas são convalescença **e** nascença, **como se explica que haja pessoas que usem** "convalescência" **e** "nascência"?

R. Explica-se: excessiva intimidade com a ciência...

492. Se conviver **já significa, por si só, viver junto, como se explica que pessoas ainda insistam em** "conviver juntas"?

R. Explica-se: supõem, por certo, que "conviver juntas" seja ainda mais juntinho...

493. Caudal **é palavra masculina ou feminina?**

R. Embora o VOLP e dicionários brasileiros a registrem como substantivo comum de dois: **o/a** caudal, **um/uma** caudal, convém optar sempre pelo masculino: Hoje me surpreendeu **o** pouco caudal da equipe flamenguista. O Tejo chega a Portugal com **um** caudal muito fraco. Quem olha para **aquele** caudal d'água de mil cores, que atravessa a cidade do poeta, deve pensar que a região é **um** caudal de gente descuidada ou, no mínimo, desavisada, tal é a quantidade de detritos.

494. Afinal, o verbo sobressair **é ou não pronominal?**

R. Não. Um dicionarista menos avisado classifica esse verbo como pronominal, mas quando o fez não deveria estar num de seus melhores dias. Muitos o acompanharam, inclusive dicionários portugueses. Paciência! Exerceram o sagrado direito do livre-arbítrio... Mas continuo preferindo frases como estas: *Qual foi a misse que* **sobressaiu** *no concurso? Ela sempre* **sobressai** *entre suas amigas.*

495. E se aquele dicionarista estivesse "nos" **seus melhores dias, não estaria melhor?**

R. Estaria bem pior, porque *"nos" seus melhores dias* é expressão que deve dar lugar a *num dos seus melhores dias.* Como hoje estou num dos meus melhores dias, posso ir além na explicação. Uma pessoa que dança, depois de longo tempo de inatividade, pode dizer a seu par: *Estou como nos meus melhores dias.* Agora, sim, podemos usar a expressão toda no plural, porque se trata de uma comparação entre os tempos antigos e os atuais.

496. Essas sutilezas de linguagem é que me aterrorizam. Existe saco de papel "multifolhado"?

R. Não. O saco de papel de muitas folhas é *multifoliado,* feito geralmente com papel Kraft *multifoliado.*

497. Essas sutilezas ortográficas é que me deixam doido! Como é que um papel de muitas folhas **não pode ser** "multifolhado"?

R. Não, não pode. Respeite os ditames da sua língua!

498. Um chá de "quebrante" **me fará bem?**

R. Não, prefira tomar um chá de *quebranto*! É sempre muito eficaz: tira tristeza, tira dor de cabeça, tira inapetência, é muito bom. Já o chá de "quebrante" só atrai maus espíritos...

499. Não seria mais "prazeirosa" **uma companhia de mulher do que um chá?**

R. Infelizmente, nunca será, ainda que seja de uma misse... Prazerosamente lhe apresento *prazerosa*, a palavra correta.

500. A preposição que se correlaciona com entre é "a" ou e?

R. Os jornalistas usam "a"; qual, então, você acha que é a preposição correta? A preposição que se correlaciona com a preposição **entre** é **e**, sempre foi **e**, apesar dos jornalistas: Foram vacinadas todas as crianças entre 1 **e** 3 anos de idade. Foram dolorosos os dias que mediaram entre 20 **e** 30 de abril. Agora, veja como agem os nossos periodistas: *A confusão provocada no aeroporto Tom Jobim rendeu ao ex- atleta uma autuação por desacato. E, se for considerado culpado, ele poderá ser condenado a uma pena entre seis meses "a" dois anos de prisão. Já os dois amigos do ex-atleta ainda responderão ao crime de dano patrimonial, com previsão de pena entre seis meses "a" três anos.* Repare ainda que o jornalista nem mesmo sabe que se responde **por** crime, e não "a" crime. Eis aí um jornalista que ama a preposição a e dela não desgruda por nada...

501. O a – **até eu mesmo sei** – **é preposição correlata da preposição** de.

R. Isso mesmo: **de...a**. Só serão aceitos candidatos **de** 18 a 21 anos. A idade das crianças varia **de** cinco **a** oito anos. Mas usada a preposição *entre*, ambas as frases ficam assim: Só serão aceitos candidatos **entre** 18 **e** 21 anos. A idade das crianças varia **entre** cinco **e** oito anos.

502. Daqui e dali **também se correlacionam apenas com** a. **Acertei?**

R. Sim. Tanto *daqui* quanto *de, daí* e *dali* pedem *a*:

Daqui **a** Criciúma é longe. Daqui **a** Lajes são três horas de carro. Você sabe qual é a distância exata da Terra **à** Lua?

Daqui **à** praia são duas quadras. Só daqui **a** anos vou voltar a vê-la. Daqui **a** alguns minutos chegaremos. Daqui **a** um minuto estaremos de volta. Daqui **a** quinze dias retornaremos. Estaremos aqui daqui **a** um pouquinho. Escreve uma editorialista carioca: *Esses deputados conhecem o caminho das pedras e acabaram fazendo um negócio da China renunciando aos respectivos mandatos. Saíram da linha de tiro, não correm o risco de perder os direitos políticos, "daqui mais" um ano e pouco podem estar de volta.* Esta frase pertence inteirinha a um jornalista esportivo: *O jogador, aos 36 anos, não esconde que já pensa em encerrar a carreira. Porém, ele tem planos concretos "daqui alguns" anos.* Manchete no *site* de uma rádio paulista: *O jogador diz que só volta ao Brasil "daqui dois" anos.* Os jornalistas de um diário de São Paulo fizeram um teste num novo modelo de automóvel. Veja como nos deram a notícia: *Esse novo modelo da Honda deve estar nas ruas brasileiras "daqui uns" três ou quatro meses.* Notícia preocupante numa revista semanal: *Já começou a catástrofe causada pelo aquecimento global, que se esperava para "daqui 30" ou 40 anos. A ciência não sabe como reverter seus efeitos. A saída para a geração que quase destruiu a espaçonave Terra é se adaptar aos furacões, secas, inundações e incêndios florestais.* Todos vamos, de fato, procurar adaptação... Veja agora isto, se não é de ficar preocupado: *O início da votação no Congresso Nacional das medidas que compõem esse novo programa só começará "a daqui um" mês.* Não tenha dúvida: é a língua evoluindo... O apresentador de um programa de entrevistas costumava dizer, antes do único intervalo do seu programa: *O Globo News Painel volta "daqui um" instantinho.* Eles não são ótimos?...

503. "Desculpe a nossa falha", "Desculpe o atraso" **e** "Desculpe o transtorno" **são frases aceitáveis?**

R. Não. *Desculpe-**nos d**a nossa falha* deveria ser a frase constante dos elaboradores do VOLP. *Desculpe-**me d**o atraso* deveria ser a frase constante dos que não cumprem horário. *Desculpe-**nos d**o transtorno* deveria ser a frase das placas municipais, quando abrem buracos no asfalto usando sonoras britadeiras... Pode-se, com muita boa vontade e enorme condescendência, substituir a preposição *de* por *por*. Existe nessas frases um erro até de lógica: como alguém pode pedir que desculpe a falha, o atraso ou o transtorno se se desculpam apenas pessoas? Aquele que pretenda desculpar coisas está bem perto de ser internado num sanatório.

504. A palavra motociata **é boa?**

R. *Motociata*, passeata ou cortejo feito só por motociclistas e motoqueiros, é um neologismo criado pelo povo. A língua aceita qualquer neologismo, desde que bem-formado e necessário e que haja alguma deficiência do idioma. Veja-se o caso de *catadão* (sem registro no VOLP) e *boleiro*, palavras comuns hoje no mundo do futebol. *Carreata* surgiu por analogia com *passeata*, por isso nos parece palavra tolerável. Mas agora começam a aparecer também as *motociatas*, as *lanchaciatas*, as *tratoratas* (*tratoraços*, na Argentina), *as bicicletatas* e até as *misturatas*. Contanto que não apareça a "onibusata", a "carroçata", a "patinetata", a "naviozata" e até a "trentata", todos estaremos plenamente conformados...

505. Qual é a diferença entre motociclista **e** motoqueiro?

R. O *motociclista* é um aficionado ao motociclismo, é aquele que usa a motocicleta por lazer; o *motoqueiro*, geralmente um trabalhador, é também aquele que é useiro e vezeiro em desrespeitar as leis de trânsito e usar sempre o vão entre os carros para se locomover. São chamados *motoqueiros* ainda os que usam o seu veículo ou de outrem, roubado, para fazer assaltos. Como se vê, *motoqueiro* só não é uma palavra pejorativa por um triz: a existência de alguns honestos.

506. Qual é a diferença entre idealizar **e** idear?

R. **Idealizar** é planejar algo sublime, da mais alta aspiração intelectual, estética, espiritual, afetiva: *idealizar a mulher amada, idealizar um casamento perfeito*. Substantivo correspondente: *idealização*. **Idear** é projetar ou planejar (em qualquer sentido): *idear uma viagem, um roubo, um assalto, uma excursão*. Substantivo correspondente: *ideação*.

507. Se a palavra correta é plebiscito, **como se explica que haja pessoas por aí pedindo** "plesbicito" **para a instituição no país da pena de morte?**

R. Explica-se: falta de escola.

508. Se a palavra correta é muçulmano, **como se explica que haja pessoas que digam** "mulçumano"?

R. Explica-se: também falta de tolerância com pessoas de outros credos...

Nosso português do dia a dia

509. Se a palavra correta é faculdade, **como se explica que haja pessoas que digam** "falcudade"?

R. Explica-se: peso na consciência, por nunca poder ter conseguido chegar a uma delas...

510. Qual é a diferença entre incipiente **e** insipiente?

R. **Incipiente** é que está no início de um processo e também inexperiente, principiante. Em março de 2020, a pandemia ainda era *incipiente* no mundo. Em 1958, era *incipiente* a indústria automotiva no Brasil. Entregar o corpo a um cirurgião *incipiente* é um perigo! Tem como antônimo, na segunda acepção, experiente, tarimbado. **Insipiente** é que nada sabe, ignorante e também que não tem prudência, imprudente, insensato. Devemos sempre perdoar aos *insipientes*, porque deles será o Reino do Céu... Você tomou uma atitude *insipiente*. Tem como antônimo *sábio* ou *sensato*, *prudente*.

511. Qual é a diferença entre tachar **e** taxar?

R. Ambos os verbos têm a mesma significação: *classificar, rotular*, mas o primeiro se usa sempre no mau sentido; o segundo, em qualquer sentido. Assim, podemos *tachar* ou *taxar* um colega de mal-educado ou de cavalheiro, um político de corrupto ou de honesto, um presidente de trabalhador ou de mentiroso e cínico, mas não podemos *tachar* ninguém de inteligente ou de gênio, porque *tacha* é mancha, nódoa, defeito.

512. Qual é a diferença entre fruta **e** fruto?

R. **Fruta** é todo fruto comestível, principalmente o adocicado, consumido muitas vezes mais por prazer do que para sustento: chupar *frutas* no pé sempre é mais gostoso.

Fruto é todo ovário de uma flor, amadurecido depois de fecundado. Toda *fruta* é um *fruto*, mas nem todo *fruto* é uma *fruta*. A abóbora é um *fruto*, mas não uma *fruta*; a jabuticaba é uma *fruta*, sem deixar de ser um delicioso *fruto*.

513. Qual é a diferença entre ratificar **e** retificar?

R. Muita: **ratificar** é confirmar. O Superior Tribunal de Justiça *ratificou* a decisão do primeiro grau. O ministro *ratificou* tudo que disse ontem e já não vai pedir demissão. **Retificar** é corrigir, consertar: *retificar* uma declaração infeliz, *retificar* o rumo tomado, *retificar* a decisão do primeiro grau.

514. Qual é a diferença entre quantia **e** quantidade**?**

R. **Quantia** é sempre soma ou importância em dinheiro, expressa em qualquer documento ou não: Trago sempre alguma *quantia* no bolso. Vultosa *quantia* foi gasta nessa obra. Foi roubada boa *quantia* em cheques. Como *quantia* sempre se refere a dinheiro, há redundância na combinação quantia "de dinheiro", mas não em *quantia **em** dinheiro*, porque uma quantia pode ser em cheque, ações, etc. **Quantidade** é a palavra que se usa para todos os demais casos: Houve época no Brasil em que se levava pequena *quantia* para muita *quantidade* de dinheiro; hoje se carrega pouca *quantidade* de notas para grandes *quantias*.

515. Se todas as formas do verbo fechar **têm o e fechado, como se explica que a maioria das pessoas, principalmente do Sul e do Sudeste, "féche" portas e janelas?**

R. Explica-se: vontade louca de abrir, mesmo quando é para fechar...

516. Se a palavra correta é fragrância, **como se explica que ainda haja pessoas que gostem desta ou daquela** "fragância"**?**

R. Explica-se: falta de língua e olfato apurados...

517. Se a palavra correta é ignomínia, **como se explica que apareça até em dicionário a cacografia** "ignomia"**?**

R. Não se explica. Nem se justifica.

518. Se oximoro, **uma figura de linguagem, é palavra paroxítona, como se explica que certas gramáticas a tragam como proparoxítona:** "oxímoro"**?**

R. Também não se explica. Nem se justifica.

519. Se a palavra é pegada, **paroxítona, como se explica que advogados continuem usando** "pégada", "pégadas"**?**

R. Retifica-se: só os "adevogados" usam assim.

520. Se a expressão correta é por via de regra, **como se explica que advogados continuem usando** "via de regra"**?**

R. Retifica-se: só os "adevogados" usam assim. A expressão equivalente de *geralmente, normalmente, de maneira geral*, é **por via de regra**, e não

Nosso português do dia a dia

apenas "via de regra": *Por via de regra,* a economia só sente os efeitos de uma redução da taxa de juros depois de seis meses. A responsabilidade civil estabelece em nosso país, *por via de regra,* que aquele que causar dano a outrem deve ressarci-lo pelos prejuízos. É assim que usam os advogados...

521. Se a palavra correta é empecilho, **como se explica que alguns advogados usem** "impecílio", **como visto recentemente?**

R. Retifica-se mais uma vez: só os "adevogados" usam assim.

522. Afinal, o jardineiro agua **as plantas ou** água **as plantas?**

R. Depois do Acordo Ortográfico, o jardineiro pode fazer como quiser. E assim também com todos os verbos de mesma terminação: *apaziguar, averiguar, desaguar, enxaguar,* etc.

523. A expressão "horário" de Brasília **é correta?**

R. Não, não é. Os radialistas, repórteres e apresentadores de telejornal só dizem assim: *Agora são oito horas pelo "horário" de Brasília.* Deveriam informar um pouquinho diferente: *Agora são oito horas pela hora (oficial) de Brasília.* Podem até não usar *oficial,* mas devem usar **hora,** em vez de "horário". Também não existe "horário local", "horário de verão"; o que em verdade existe é a ***hora*** local e antigamente existia a ***hora*** *(brasileira) de verão.*

524. No Hino Nacional aparece uma forma do verbo espelhar. **Como a pronuncio:** espêlha **ou** espélha?

R. O verbo *espelhar* não tem nenhuma forma com **e** aberto. Respondi? *"O teu futuro espelha essa grandeza." Espelhe-se nos grandes mestres!*

525. Se tsar **é melhor forma e pronúncia que** czar, **como se explica que quase todo o mundo diga** "czar"?

R. Explica-se: pouco ou nenhum conhecimento da história russa...

526. Se Peloponeso **é nome que tem e aberto (né) e** Riritiba **se escreve com** i **na primeira sílaba, como se explica que professores de História insistam em dizer** "Peloponêzo" **e usar** "Reritiba"?

R. Explica-se: falta de conhecimento de português e de geografia... Professores de História têm a obrigação de explicar direitinho o que aconteceu na Guerra do *Peloponeso*. Professores de Geografia têm a obrigação de dizer que o padre José de Anchieta morreu na cidade capixaba de Riritiba. E acrescento ainda: professores de História têm a obrigação de informar a seus alunos o que aconteceu na famosa batalha de Alcácer-Quibir (e não "Quebir"), que foi um desastre para Portugal, na qual morreu um rei de apenas 24 anos de idade, amado pelos portugueses, que o aguardam até hoje.

527. Qual é a diferença entre pré-fixar e prefixar?

R. **Pré-fixar** é fixar com antecedência: *pré-fixar os juros*; *pré-fixar uma indenização em caso de acidente*; *pré-fixar uma data para o casamento*. **Prefixar** é pôr prefixo em: *prefixar um radical*. O VOLP não registra *pré-fixar*. O fato de termos **e** aberto nos casos de *pré-fixar* e **e** fechado nos casos de *prefixar* já nos impõe estabelecer a diferença. Portanto, é questão de tempo tal registro. Mas não garantido...

528. Qual é a diferença entre pré-juízo e prejuízo?

R. Esta é ainda maior que a anterior. **Pré-juízo** é a opinião antecipada ou juízo falso, geralmente adverso e sem conhecimento de causa, sem exame prévio dos fatos; é o mesmo que *prejulgamento*. *Não devemos fazer pré-juízos de ninguém*. Significa ainda preconceito: *povo de muitos pré-juízos*. **Prejuízo** é bem outra coisa; é dano, mal: *causar prejuízos ao país; os prejuízos que o fumo causa à saúde*. O VOLP também não registra *pré-juízo*, mas, como *pré-fixar*, é apenas questão de tempo. Mas não é garantido...

529. Qual é a diferença entre pré-ocupar e preocupar?

R. Esta, como a anterior, também é significativa. **Pré-ocupar** é ocupar antecipadamente, geralmente por precaução: *Os proprietários do prédio em construção, temendo uma invasão de desocupados, pré-ocuparam todas as suas unidades, mesmo sem instalações hidráulicas e elétricas*. **Preocupar** é causar preocupação a: *A inflação já preocupa novamente os brasileiros*. O VOLP ainda não registra *pré-ocupar*. Deverá fazê-lo brevemente. Mas não é garantido...

530. Existe diferença entre ter à mão e ter na mão?

R. Sem dúvida. *Ter à mão* é ter ao alcance da mão: *Sempre é bom ter à mão um bom dicionário*. *Ter na mão* é ter a posse de (alguma coisa) na mão: *Os passageiros que tinham a passagem na mão embarcaram. Ao desembarcarmos, éramos obrigados a ter o passaporte na mão*. Em

Nosso português do dia a dia   143

sentido figurado, significa ainda ter o controle de (alguém ou um grupo): *O treinador tem os jogadores na mão*. (Esta mesma frase foi ouvida de um comentarista esportivo, mas com "a", e não com **na**. Normal...)

531. Todo estabelecimento que serve comida árabe estampa, para todo o mundo ver: "sfiha", "kibe". **O que o português ou o brasileiro deve comer em estabelecimento assim?**

R. Deve comer *esfirra* e *quibe*. **Esfirra** nos vem do árabe *isfihah*. Há quem escreva "esfiha", grafia que também não se aconselha, por não constar no VOLP. **Quibe** nos vem do árabe *kubbeh* = bola. Neste caso, bem poderíamos aceitar a forma **kibe**, em respeito à escrita da palavra que lhe deu origem, porque a letra **k** já foi incorporada ao nosso alfabeto.

532. Em princípio, poderíamos escrever kibe **corretamente,** kilo **corretamente,** kilômetro **corretamente, etc. Ou não?**

R. Sem dúvida, se houvesse alguma coerência, todas essas formas seriam corretas. **Kibe**, do árabe *kubbeh* ou *kibbah* = bola; **kilo**, do grego *khylós, ou* = suco; **kilômetro**, do grego *khillioi* = mil + *metron* = medida, pelo francês *kilomètre*. Nestes dois últimos casos, a incoerência é ainda mais gritante. Ou não há absolutamente incoerência entre escrever *quilo* e abreviar *kg*?; ou não há total incoerência entre grafar *quilômetro* e abreviar *km*? O uso de *qu* valia enquanto não reconhecíamos a letra *k*, mas atualmente não se justifica o desprezo por ela nessas e também em muitas outras palavras.

533. Afinal, a palavra correta é maisena **ou** "maizena"?

R. A palavra correta é com **s**: *maisena*, que teve origem no nome de uma marca registrada inglesa (*Maizena*), porém hoje com sua grafia, por aqui, atualizada. Mas a caixinha amarela continua com a grafia da marca original.

534. Se o verbo manter **é pronominal (**manter-se**) no sentido de** permanecer, conservar-se, **como se explica que as placas nas nossas rodovias orientem os motoristas desta forma:** "Mantenha a direita"?

R. Explica-se: falta de escola. Há placas que orientam ainda: **Conserve a direita**. Seria o caso de perguntar: Conservar como? Usando o quê? Sabão ou detergente? Seria demais exigir do DER, DNER, DNIT ou do lá o que seja nos advertir assim: **Mantenha-se à direita. Conserve-se à direita**? Há mais uma placa desrespeitosa nas nossas rodovias: **Luz baixa ao cruzar veículo**. Todo motorista sensato dá *luz baixa, ao cruzar* **com** *um veículo*. E se o órgão responsável por essa advertência conferiu a *veículo* o *status* de sujeito, aí é que a coisa desanda ainda mais.

535. Que dizer ainda da placa Sujeito a "guincho"? **E desta:** Obedeça "a" sinalização?

R. São só mais duas. Nenhum veículo está sujeito a "guicho", mas a *guinchamento*. Deveria haver multa e multa pesada para quem cometesse asneiras nas placas de sinalização. Os motoristas são multados por qualquer pecadinho no trânsito. E quem redige mal as placas de sinalização, como *Obedeça "a" sinalização, "Mantenha a direita"*, etc.? Não merecem nada?

Se o verbo *obedecer* é sempre transitivo indireto, como podem os motoristas obedecer **à** sinalização, se a própria recomendação não se recomenda? Como verbo transitivo indireto que é, o pronome oblíquo a ser usado é *lhe*. Mas certa feita um articulista de uma folha paulistana encerrou o seu texto desta forma: *O presidente diz que Mantega lhe foi fiel a vida inteira. Nunca o abandonou, especialmente no tempo das vacas magras. E, mais importante, "o" obedece cegamente, mesmo que tenha de ser fuzilado politicamente. Ok.* (Não demorou muito chegaram outros tempos, os do tá Ok?!...)

536. Da estrada para a cozinha: toda cozinheira "estala" **ou** estrela **ovos?**

R. Toda cozinheira *estrela* ovos. Por que *estrela*? Porque o ovo, quando lançado à frigideira, toma logo a forma de uma estrela. Mas há quem ache diferente: que o ovo mais estala do que estrela, quando cai na gordura quente. Por isso, há dicionários (o Aulete, p. ex.) que registram como sinônimos *estrelar* e *estalar* na acepção de frigir ovos sem mexê-los.

537. Qual é a diferença entre premonitório **e** premunitório?

R. **Premonitório** tem a ver com premonição, com aviso, com pressentimento. Quem já não teve um sonho que considerou *premonitório*? O filme *Síndrome da China*, de 1979, foi considerado *premonitório* do acidente nuclear de Chernobyl, em abril de 1986. Sonhar com a morte é mais um sonho simbólico que *premonitório*. **Premunitório**, forma que nenhum dicionário traz, mas o VOLP registra, é termo bastante restrito e tem a ver com preparo para o parto: Anteriormente ao trabalho de parto, ocorre o período *premunitório*. O

Nosso português do dia a dia

período *premunitório* é aquele em que o organismo materno se prepara para a gestante entrar em trabalho de parto.

538. Ginete **tem feminino?**

R. Sim, *gineta*. Ambos com **e** tônico fechado. Hoje, porém, as pessoas só preferem *jóquei* (para o homem) e *joqueta* (ê) para a mulher. *Gigante* faz no feminino *giganta*: Quando começou a crescer, na adolescência, ela se tornou uma *giganta*. Débora Rodrigues diz que seu sonho é ser uma *giganta* do automobilismo mundial. Essa mulher foi uma *giganta* na defesa da democracia. Como adjetivo, é invariável: *homem gigante, mulher gigante*.

539. **Qual a melhor forma:** percentagem **ou** porcentagem**?**

R. Ambas são corretas, mas prefiro *percentagem*, assim como prefiro *percentual*, em detrimento de *porcentual*, que também é forma correta.

540. Rã **é feminino de** sapo**?**

R. De jeito nenhum. O feminino de *sapo* é *sapa*; *rã* é substantivo epiceno: *rã macho, rã fêmea*. Em algumas classes do ensino fundamental, no entanto, não é difícil ainda encontrar professores que "ensinem" que "rã" é feminino de *sapo*. Nunca foi.

541. **É verdade que existem pessoas que têm** "sombrancelhas"?

R. Não, só existem pessoas com *sobrancelhas*. Nada de "sombra". Mas há pessoas que raciocinam mais ou menos assim: *Se fazem sombra aos olhos, só podem ser "sombrancelhas"*. O mundo está cheio de gente assim! Em Fortaleza, por exemplo, pelo menos um jornalista do Diário do Nordeste pensa assim, a ver-se pelo que escreveu: *Danuza Leão, idade não divulgada, saiu do interior do Espírito Santo para ser musa do Country Club, no Rio de Janeiro. Ainda adolescente, a filha da dona de casa Altina Leão e do advogado Jairo Leão transformou-se em ícone de beleza dos anos 50, desfilou em Paris e ganhou fama de excêntrica ao desembarcar no Brasil com as "sombrancelhas" e os cabelos pintados de laranja*. E ele é capaz de jurar que só Danuza Leão era excêntrica...

542. **Tive a** "súbita" **honra de conhecer Danuza Leão. Que linda!**

R. O que você teve, certamente, foi outra coisa: a *subida* honra de conhecer essa figura encantadora, irmã da não menos encantadora Nara Leão. É *subida honra* que significa elevada honra.

543. Pois foi isso mesmo que eu tive... Dia desses, na televisão, vi um documentário em que o apresentador se referia a uma pessoa que inventou "novos" **produtos. Estranhei.**

R. E estranhou com razão. Quem inventa já traz à luz novos produtos; em *inventar* já existe a ideia de *novo*. Pode alguém inventar "velhos" produtos? Se alguém lhe disser apenas que inventou um produto, você não irá concluir que esse produto é novo? Se estiver com mente sã, sua conclusão só pode ser essa. Mas esse pessoal da televisão certamente conhece muitos outros tipos de invenção, muito menos gratificantes... Por exemplo: numa entrevista com um especialista, estamparam no vídeo a palavra "acumpunturista", especialidade ainda não conhecida da medicina moderna... O que a medicina de hoje reconhece é a *acupuntura*, especialidade dos *acupunturistas*. Mas esse pessoal da televisão certamente conhece outras especialidades, bem menos gratificantes...

544. Como pronuncio corretamente as palavras coeso, ileso, obeso **e** obsoleto?

R. Todas quatro com **e** tônico aberto ou fechado, indiferentemente. No Brasil parece-me que a preferência é com **e** fechado; em Portugal, com **e** aberto. Anote estas, que se pronunciam apenas com **e** ou **o** tônico aberto: *incesto, coevo, blefe, coldre, dolo, orbe, suor, probo* e, naturalmente, *balé* e *paletó*. Estas, com **e** ou **o** tônico fechado: *alcova, cerebelo, corço, corça, crosta, enxaqueca, enxerga* (substantivo) e *rastelo*. Já *grelha* se diz com **e** tônico fechado ou aberto (preferível).

545. Se a palavra adido **tem feminino (**adida**), como se explica que os jornalistas continuem usando** "a adido" **militar,** "a adido" **cultural, etc.?**

R. Explica-se: falta de escola.

546. Se todos sempre estamos à espera de **melhores dias, como se explica que todo o mundo fique** "no" aguardo de **melhores dias, se uma expressão é equivalente da outra?**

R. Explica-se: falta de uso da expressão correta na língua cotidiana. Sem uso, o ouvido não se educa.

547. Qual é a diferença entre marinho **e** marítimo?

R. **Marinho** é o mesmo que do mar (animais *marinhos*, estudos *marinhos*, vida *marinha*, serpente *marinha*) ou formado pelo mar, procedente do mar (ondas *marinhas*, correntes *marinhas*, brisa *marinha*, fosforescência *marinha*, sal *marinho*). **Marítimo** é que se faz por mar (viagem *marítima*, comércio *marítimo*, transporte *marítimo*, navegação *marítima*), próximo do mar, litorâneo (povoação *marítima*, cidade *marítima*, terminal *marítimo*), construído no mar ou adjacente ao mar (plataforma *marítima*, porto *marítimo*), que se aplica ao mar (direito *marítimo*, léguas *marítimas*, milha *marítima*), que se pratica no mar (pesca *marítima*, pesquisas *marítimas*) e que se situa no ultramar (território *marítimo*, províncias *marítimas*). Portanto, ninguém faz *pesquisa "marinha"*. E quem faz *pesca "marinha"* anda pescando em águas turvas, onde não há peixe nenhum...

548. Se camundongo **se escreve com** u **na segunda sílaba, se sempre se escreveu com** u **na segunda sílaba, como se explica que agora o VOLP registre a cacografia** "camondongo"?

R. Não se explica. Nem se justifica. *Camundongo* tem como étimo o umbundo *okamundongo* = ratinho. Ninguém sério aceitou esse "camondongo". Interessante é que esse mesmo VOLP que registra "camondongo" só traz *camundongo-do-mato*. Ora, se *camondongo* é forma correta, por que também não seria "camondongo-do-mato"? Esse é o nosso VOLP, bem diferente, muito diferente da Academia das Ciências de Lisboa, que não vacila nem claudica.

549. Se o que está cercado não encontra passagem por nenhum dos lados, como se explica que esse mesmo dicionário defina ilha **como porção de terra cercada** "por todos os lados"?

R. Explica-se: seu autor talvez não tivesse muita noção de redundância.

550. Qual é a diferença entre preferido **e** predileto?

R. **Preferido** é o que foi escolhido por um motivo qualquer. Todos os torcedores têm o seu time *preferido*. **Predileto** é o preferido por uma questão de amizade, por ser querido antes dos demais, igualmente queridos. Você acha que os pais não tem seu filho *predileto*? Você acha que os professores nunca têm, em cada classe, seu aluno *predileto*?

551. Sempre têm. Qual é a curiosidade envolvendo a palavra brasileiro?

R. A palavra *brasileiro* é interessante, porque, no século XVI, quando o Brasil foi descoberto, era o negociante de pau-brasil que recebia essa designação. Não era o que nascia no Brasil, mesmo porque o nosso país, naquela época, nem se chamava Brasil. Em rigor, quem nascesse no

Brasil teria de ser chamado *brasilense* ou então *brasilês*. No entanto, prevaleceu *brasileiro* (que, cá para nós, é bem mais palatável). O sufixo *-eiro*, que se vê em *brasileiro*, não indica origem ou naturalidade. Apenas quatro adjetivos pátrios trazem tal sufixo, como casos excepcionais: *brasileiro, campineiro, mineiro* e *poveiro* (que é o que nasce em Póvoa de Varzim, Portugal). *Campineiro* era o que trabalhava nas campinas; *mineiro*, o que trabalhava nas minas; *poveiro* é o único adjetivo pátrio inexplicável quanto à presença de tal sufixo. E não se esqueça de que Eça de Queirós, um dos gigantes da literatura portuguesa, era poveiro.

552. Qual é a diferença entre mistério e segredo?

R. **Mistério** é uma qualidade oculta e desconhecida, é a cautela, a reserva com que manifestamos um pensamento. **Segredo** é o silêncio cuidadoso de não revelar o que convém esteja oculto. O *mistério* não é conhecido ou entendido; o *segredo* é o *mistério* não revelado. *Mistério* é um modo de criar suspense (o novelista faz *mistério* do final da novela); *segredo*, um modo de calar o que nos convém (ele guardou *segredo* até à morte sobre esse filho fora do casamento). Faz-se *mistério* falando; guarda-se *segredo* calando. (Os dicionários – todos – dão *mistério* e *segredo* como sinônimos. São?)

553. BMW: como pronuncio corretamente?

R. Os povos de língua inglesa dizem *bê êmi **dábliu***, enquanto os alemães (cuja língua tem o *w* com som de *vê*) dizem *bê êmi vê*. Nós, brasileiros, deveríamos pronunciar como os alemães, os fabricantes desse veículo. Mas não, preferimos seguir ingleses e americanos. Já não chega a representação das horas, em que esses povos usam o dois-pontos (5:00, 22:15) e a quem imitamos servilmente? No Brasil e em Portugal representamos as horas assim: 5h, 22h15min ou apenas 22h15. Note: nada de "hs", de "hs." nem muito menos de "hrs". E com o **h** coladinho no último dígito. Recentemente, uma emissora de televisão, depois de encerrar sua programação, deixou esta mensagem na tela: *Fim de transmissão. Horário de programação: "de 08:00hs às 00:00hs"*. Como você percebe facilmente, uma série de absurdos ocorreu aí. E saber que tudo é tão simples, mais inteligente e até mais econômico: **das 8h à 0h**!

554. De fato, seguimos muito ingleses e americanos. Senão não usaríamos polegadas nem pés cúbicos, não é mesmo?

R. Isso mesmo. Televisores brasileiros e portugueses, na verdade, têm *centímetros*; refrigeradores brasileiros e portugueses têm *litros*. Vá, todavia, convencer os brasileiros disso. Nem querem saber.

Nosso português do dia a dia

555. Qual é a curiosidade envolvendo as palavras piscina **e** aquário**?**

R. **Piscina** traz o radical *pisc-* (peixe), e **aquário** traz o radical *aqu-* (água). Assim, pela lógica, os peixes deveriam ser criados em *piscina*; e nos *aquários* é que deveríamos praticar o salutar esporte da natação. A semântica, porém, quis exatamente o contrário: nadamos na *piscina* e criamos peixes no *aquário*.

556. E a palavra engraxate**? Traz alguma curiosidade?**

R. Sim. *Engraxate* é palavra eminentemente popular e somente usada no português do Brasil. Não se sabe com certeza como surgiu. Alguns acreditam que se formou de *engraxa-te*, que é como se via nas tabuletas afixadas aos locais de trabalho dos nossos saudosos *engraxadores*...

557. Quando devo usar malgrado **e** mau grado**?**

R. **Malgrado** equivale a não obstante, apesar de: *Malgrado* a goleada que sofreu, o moral do time continua elevado. (Note que não varia.) **Mau grado** entra na expressão *de mau grado*, que significa de má vontade, a contragosto: De *mau grado* acompanhei-a até sua casa.

558. Qual é a diferença entre malvadez **e** perversidade**?**

R. **Malvadez** (ou *malvadeza*) é a maldade profunda, quase sempre audaciosa, praticada para todo o mundo ver, para todo o mundo tomar conhecimento ou, ao contrário, sorrateiramente. Tirar pirulito da boca de criança, por exemplo, é uma grande *malvadez*, assim como *malvadez* é grampear telefones de adversários políticos, como fazia certo cacique político baiano. **Perversidade** é a maldade praticada por quem se compraz em fazer o mal ou em vê-lo praticado pelos outros. Tirar pirulito da boca de criança para passar a chupá-lo na frente dela, folgadamente, fazendo pirraça, é uma *perversidade*. Também *perversidade* é grampear telefones de adversários políticos, elaborar um dossiê e, no dia seguinte, publicar o objeto do delito sorrateiramente num jornal, fazendo alusões ou referências indiretas, para mostrar à vítima o seu grande poder sobre ela, como cansou de fazer certo político baiano, de saudosa memória.

559. Qual é a diferença entre magoar-se **e** melindrar-se**?**

R. **Magoar-se** é descontentar-se por um ato injusto ou de desconsideração, ou por uma ofensa imerecida. A *mágoa*, desgosto que deixa vestígios duradouros, tende a desaparecer com o tempo, ainda que dure bastante. No espírito de alguns, todavia, ela sobrevive para todo o sempre, eternamente. **Melindrar-se** é sentir-se ferido na susceptibilidade ou nos sentimentos delicados. O *melindre* tende geralmente a ter efeito passageiro, mas pode também durar por algum tempo; nunca, porém, atinge o amor-próprio e o espírito tão profundamente como a *mágoa*.

560. Existe redundância em "dunas de areia"?

R. Não, não existe. Nem toda duna é formada de areia. A grande maioria das dunas é constituída de areia, mas elas podem ser também constituídas de neve, como ocorre vez ou outra no deserto do Saara. No Brasil, as dunas de Natal (RN) e de Fortaleza (CE) são as mais famosas.

561. Existe alguma diferença entre extremidade e fim?

R. Ô! **Extremidade** é a parte que está mais afastada do centro, é a ponta, o extremo: a *extremidade* da mesa, a *extremidade* dos dedos, a *extremidade* de uma faca. **Fim** é o ponto em que uma coisa termina, no sentido do comprimento: o *fim* da estrada, o *fim* da linha férrea. Assim e em verdade, ninguém se senta no "fim" da mesa nem tem um ferimento no "fim" dos dedos.

562. Posso usar as palavras desimportante e desimportância?

R. Está aí: a 6.ª edição do VOLP só registra *desimportante*, mas não quer saber de *desimportância*. Há nexo nisso? Para o VOLP e para todos os nossos dicionários, a palavra não existe. Para o povo e para o mundo, no entanto, ela existe. O VOLP e seus "puxadinhos", os calhamaços, só registram *desimportante*. Ora, e o substantivo correspondente? Você navega pela rede e vê milhares de empregos da palavra *desimportância*. Entre eles, este, de um leitor do jornal O Globo, com o qual me solidarizo inteiramente: *Morremos feito baratas, porque nossas vidas foram reduzidas à banalização, à desimportância de um inseto*. O vocabulário oficial e os velhos dicionaristas, no entanto, ignoram o mundo à sua volta: fomos reduzidos à desimportância de um inseto...

563. Se o verbo avultar, sinônimo de sobressair, não é verbo pronominal, como se explica que o dicionário Houaiss classifique assim esse verbo?

R. Não se explica, mas a gente entende perfeitamente. Esse mesmo dicionário também registra *sobressair* como pronominal, sem sê-lo. O desagradável, o quase inaceitável é que alguns dicionários portugueses acabaram indo atrás. E que dizer de "salchicha"?

Nosso português do dia a dia

564. Se a mulher tem mama **ou** seios, **e a vaca tem** teta **ou** úbere, **como se explica que tanto o dicionário Aurélio quanto o dicionário Houaiss registrem essas palavras como sinônimas?**

R. Não se explica, só se lamenta. Mulher não tem teta, tem seios ou mamas; vaca não tem seios, tem úbere ou mama. Juntar todas num mesmo balaio é mais do que complicado, é inexato, é beirar o ridículo.

565. Se rabugento **se escreve com** g, **como se explica que o dicionário Houaiss traga, no verbete** [1]coroca, "rabujento"?

R. Não se explica, se entende...

566. Se bituca **é palavra feminina, como se explica que tanto esse dicionário quanto o VOLP registrem a palavra como masculina?**

R. Não se explica, também se entende. Você já teve o desprazer de jogar "um" bituca na rua? Nunca faça isso!

567. A frase Estimo "em" vê-lo com saúde **traz algum problema?**

R. Traz. O verbo **estimar** (alegrar-se, folgar) não se usa com a preposição "em". Basta retirá-la. *Estimar em* significa calcular: *O joalheiro estimou o anel em dez mil reais.*

568. Qual o significado da abreviatura S.O.S.?

R. Essas três letras, todo o mundo sabe, exprimem pedido de socorro. Está fora de cogitação a versão de que as letras iniciais das palavras da frase inglesa *save our souls* (salvai nossas almas) é que deram origem a tal abreviatura. Isso é estória. Tais letras foram usadas pela primeira vez por ocasião do naufrágio do Titanic: no código Morse, o **S** se representa com três pontos (. . .), e o **O**, com três traços (_ _ _), que são, justamente, os sinais mais fáceis do referido código. Em situação de perigo, o bom senso manda ser simples, claro, objetivo.

569. Por que se usa a palavra laranja **por** testa de ferro?

R. A causa certa, ninguém sabe. Alguma luz, no entanto, vem do fato de *laranja* também significar pessoa tola, abestada, que costuma emprestar sua identidade (e às vezes até sua alma) a espertalhões. A polícia, geralmente, chega primeiro aos *laranjas*; depois, quando pode e quer, chega aos chefões. Importante é saber também que *laranja*, quando usada como adjetivo, não varia: *contas laranja, traficantes laranja*, etc. Os jornalistas ainda não sabem disso, a ver-se como escrevem: *O homem que atacou as jovens tem entre 20 a 24 anos, 1,78m de altura, é moreno e tem cabelos ondulados. No dia do crime, ele usava camiseta e bermuda "laranjas"*. E ainda usou "a" como correspondente da preposição *entre*. Não são ótimos nossos jornalistas?

570. Por que Luís se escreve com s e acento, e Luiz com z se escreve sem acento?

R. Por causa de uma regrinha de acentuação que diz o seguinte: quando o **i** tônico, isolado ou na companhia de *s*, for a segunda vogal do hiato, sempre recebe acento. Daí que temos que escrever: *saída, jataí, açaí, faísca, Luís*, etc. Quando, porém, esse mesmo **i** formar sílaba com **z**, não haverá acento: *raiz, juiz, Luiz*, etc. Os plurais destes nomes, porém, recebem acento: *raízes, juízes, Luízes*. Por quê? Porque, agora, o **i** está isolado na sílaba, e não mais na companhia de **z**. Convém salientar, contudo, que a forma certa é Luís, com **s**, e não com "z", pelo que já lhe peço desculpa...

571. Qual é a curiosidade envolvendo a palavra tratante?

R. Até o século XVI, *tratante* era um título que muito honrava os grandes comerciantes. Todo homem de negócios que se destacasse na sua profissão recebia o honroso título de *tratante*, então altamente dignificante. Hoje, porém, *tratante* já não é termo elogioso; ao contrário, define o indivíduo velhaco, espertalhão, vigarista. Por quê? Porque a partir de dado momento, os comerciantes começaram a mudar de atitudes, começaram a mudar o disco...

572. Que curiosidade traz a palavra caldo?

R. A palavra *caldo* designava antigamente apenas e tão somente líquido ou suco bastante quente, fervente, já que provém do latim *calidus* (= quente). Tanto assim é que *caldar* significa *aquecer*. Hoje, porém, tomamos um *caldo de cana gelado*, o que, à luz da lógica, é um contrassenso, assim como *marmelada de chuchu, ferradura de prata, embarcar num avião, erro de ortografia, má caligrafia*, etc. São as catacreses da vida. Quem tiver interesse em se aprofundar no assunto, consulte *Figuras de linguagem* em **Nossa gramática completa**, 34.ª edição!

Nosso português do dia a dia

573. Existe alguma impropriedade na frase Já "terminei" de almoçar?

R. Existe: *terminar* não é verbo auxiliar; por isso deve ser substituído por *acabar*: *Já **acabei** de almoçar. Ainda não **acabei** de ler o livro.* Os jornalistas sabem disso? Que esperança! Continuam escrevendo: *O teatro já estava quase todo às escuras, com as últimas luzes se apagando lentamente, restando apenas uma difusa claridade no palco, onde os músicos "terminavam" de guardar seus instrumentos. Era o final de mais um concerto.* Tivemos sorte, ainda, de não termos lido "conserto"...

574. Posso escrever com inicial minúscula os nomes de vias públicas?

R. Pode, agora pode. O recente Acordo Ortográfico nos faculta grafar **r**ua da Paz ou **R**ua da Paz, **P**raça 7 de Setembro ou **p**raça 7 de Setembro, **l**argo do Arouche ou **L**argo do Arouche, **b**eco do Tigre ou **B**eco do Tigre, etc. E também os nomes de regiões: Faz frio no **S**udeste (ou **s**udeste). Moro no **N**orte (ou **n**orte) do Brasil. Conheci o **S**ul (ou **s**ul) do Brasil. Você conhece o **n**ordeste (ou **N**ordeste)? Em qualquer outra circunstância, usam-se apenas minúsculas: *Viajei de **n**orte a **s**ul do Brasil. O Brasil se limita a **n**orte com a Venezuela e a **s**ul com o Uruguai.* Repare que não se usa artigo antes dos nomes de pontos cardeais que designam direções ou limites geográficos. Já os nomes de acidentes geográficos só se usa com inicial minúscula: *serra do Mar, rio Amazonas, ilha de Marajó, estreito de Magalhães, lagoa Rodrigo de Freitas, oceano Pacífico, golfo Pérsico, pico da Neblina, cabo Canaveral,* etc. Mas há casos em que aparece sempre com inicial maiúscula, como em *Península Ibérica, Pantanal Mato-Grossense* e *Mata Atlântica.*

575. Posso usar artigo antes de nomes sagrados?

R. Não convém. *Deus, Cristo, Nossa Senhora, Santo Antônio,* etc., todos rejeitam artigo. Houve, porém, autores clássicos que usaram *o Cristo.* Se, porém, o nome sagrado vem modificado, o uso do artigo é de rigor: *a santíssima Nossa Senhora, o casamenteiro Santo Antônio.* Mas não convém usar *"o bom" Deus*, porque nessa palavra já existe a ideia de bondade. Usar *"o bom" Deus* poderá levar alguém a concluir que existe "um mau" Deus.

576. Existe na língua "no que pertine a", **expressão típica de juízes e advogados?**

R. Não, não existe, embora seja muito usada essa expressão por *no que se refere a, no que tange a, no referente a, no pertinente a.* Como se vê, a língua nos coloca à disposição uma série de expressões corretas. Nossa língua não possui o verbo "pertinir", do qual "pertine" seria a 3.ª pessoa do singular do presente do indicativo. Mas o português tem *pertinente*, sinônimo de *concernente*. Daí surge, então, a grande criatividade! Como existe *no que concerne*, e *pertinente* equivale a *concernente*, eis a mágica: *no que pertine*. Daí nos forçarem a ver trechos redigidos assim num parecer da assessoria jurídica da polícia civil do Estado do Rio de Janeiro: *No que "pertine" a matéria do expediente em apreço, esclareça-se que, a mesma já foi objeto de análise em manifestação pretérita desta ASSEJUR, no parecer LLDB nº 012/1204/99, de 23 de julho de 1999, conforme cópia em anexo.* De notar nesse pequeno trecho, uma série de outros erros: primeiro, a falta do acento grave no primeiro *a*; segundo, vírgula depois do *que*; terceiro, uso desnecessário de "a mesma"; quarto, a abreviatura de *número* sem o devido ponto; quinto, a expressão "em anexo". Conseguiram seis erros num pequeno trecho! No que concerne ao conhecimento da língua, os senhores estão bem à beça. Parabéns!

577. Qual é a diferença entre nutrir e alimentar?

R. **Nutrir** é prover de alimentos vigorosos (o organismo):

Depois de meses doente, procura agora *nutrir* o organismo, a fim de se restabelecer completamente. **Alimentar** é prover de alimentos: *alimentar* os passarinhos. Uma pessoa que come qualquer coisa (pão, doce, biscoito, etc.) se *alimenta*, mas não se *nutre*. Os sertanejos também se *alimentam* (senão, morreriam): comem farinha com caldo de feijão todos os dias. Quando não passam a palma. *Nutrem*-se? Não é sem razão que aos profissionais encarregados da boa alimentação chamamos *nutricionistas*.

578. Existe alguma impropriedade na frase "Eu pareço muito com você"?

R. Existe: o verbo *parecer*, nesse caso, é pronominal, por isso não dispensa a companhia do pronome oblíquo. Assim, sem impropriedade a frase fica assim: *Eu **me pareço** muito com você*. Certa vez, na época do regime militar, um senador quis ser presidente da República. Pronunciou, então, um discurso de impacto para a ocasião, opondo-se a uma série de medidas políticas tomadas pelo governo. Um jornalista, ao comentar o discurso, escreveu: *Sem dúvida, o senador mineiro "parece" muito com os camicases da II Guerra Mundial.* Esqueceu-se, porém, o jornalista de dizer com quem ele próprio se parecia...

Nosso português do dia a dia

579. Qual é a diferença entre precoce **e** prematuro**?**

R. **Precoce** é o que, por sua exuberância de força vital, amadurece física ou mentalmente antes do tempo próprio. Sempre se toma em bom sentido. Uma criança que, com cinco anos de idade, lê e escreve corretamente é *precoce*. Uma garota de dez anos que pinta como os grandes mestres é *precoce*. Mozart foi *precoce*. **Prematuro** é o que chega antecipadamente e pressupõe algum despreparo ou inconveniência para o fato ocorrido. Sempre se toma em mau sentido. Uma garota que, aos treze anos de idade, engravida, é uma gestante *prematura*. Um menino que, aos dez anos de idade, trafica drogas e maneja armas de grosso calibre nas favelas é um indivíduo *prematuro*. O povo usa o primeiro pelo segundo, ao dizer "velhice precoce".

580. Qual é a curiosidade envolvendo a palavra aula**?**

R. A palavra *aula* significava antigamente *palácio, corte*, assim como *áulico*, ainda hoje, significa *cortesão, palaciano*. Como veio a tomar o sentido que hoje possui, qual seja o de *lição de uma disciplina*? É que antigamente os filhos dos nobres eram educados nos palácios, nas cortes. Tanto bastou para que a palavra acabasse tomando tal sentido.

581. Qual é a curiosidade envolvendo a palavra aluno**?**

R. *Aluno*, na antiga Roma, era todo aquele que se educava fora de casa. Com o advento dos colégios, passou a ser chamado *aluno* todo aquele que os frequentasse, já que se tratava de educação recebida fora do lar.

582. Existe alguma impropriedade na frase O pai e o filho sofrem do coração**?**

R. Não, não há, embora sejam dois os corações, um do pai, o outro do filho. Isso, porém, não é motivo bastante para que se use o plural. Existe uma norma em nossa língua que justifica o emprego do singular: se algum nome genérico se aplicar em sentido distributivo a duas ou mais pessoas ou coisas, usar-se-á o número singular. Assim, construiremos também: *A mãe e a filha foram operadas* **do apêndice**. *Todos os filhos dela têm defeito* **na boca**. *Quando o pai perguntou às filhas se elas iriam ao cinema, responderam afirmativamente com* **a cabeça**.

583. Entre *Eu não sei* nada **e** *Eu não sei* de nada **existe alguma diferença de significado?**

R. Existe, e o nosso espírito logo percebe a diferença. Quem *não sabe nada* nunca foi instruído em nada; é, assim, um ignorante das coisas.

Quem *não sabe de nada*, por outro lado, ainda não tomou conhecimento dos fatos. Um ministro de Estado, por exemplo, jamais poderá dizer *Eu não sei nada*; mas já houve até presidente da República no Brasil que vivia dizendo cinicamente *Eu não sei de nada...*

584. A frase Evite "de" trafegar na contramão é perigosa?

R. Não tanto quanto ir na contramão. Do ponto de vista eminentemente gramatical, existe, porque o verbo *evitar* não se usa com a preposição "de". Portanto, construiremos gramaticalmente: *Evite trafegar na contramão! Evite criticar gratuitamente as pessoas! Evite dirigir embriagado!* É preciso ressalvar, contudo, que a preposição *de*, usada com certos verbos, mesmo sem a chancela gramatical, confere expressividade à comunicação. Repare nestas frases, muito comuns na língua cotidiana: *Entendi **de** sair de madrugada e acabei sendo assaltado. Os operários ameaçavam **de** quebrar tudo na empresa, se não lhes dessem aumento de salário. Deu na cabeça dela **de** colocar piercings no nariz, na orelha, na língua, em tudo! Ela agora deu **de** querer ser Hare Krishna. Aconteceu **de** chover justamente na hora do jogo. Dá gosto **de** ver esse time jogar!* Todas essas frases são rejeitadas pela gramática tradicional, mas sobressaem pelo vigor da comunicação. Esta frase, por exemplo, é de um político: *Na hora da raiva, às vezes acontece **de** alguém dizer coisas de que depois se arrepende.* É mesmo: na hora da raiva, realmente aconteceu *de* tudo... A língua popular muitas vezes transforma certas impropriedades gramaticais em fatos linguísticos. Veja o caso do verbo *inventar* que, seguido da preposição *de*, significando *resolver*, confere grande expressividade à comunicação. Como nesta frase, dita por um pai conservador inconformado: *Agora minha filha inventou de ser surfista.* Não há como deixar de perceber a grande expressividade da construção. Se o mesmo pai dissesse *Agora minha filha resolveu ser surfista*, não deixaria transparecer nenhum sinal de reprovação, decepção ou mesmo de perplexidade.

585. A expressão haja vista é variável?

R. Não. Essa expressão, no português contemporâneo, não varia; equivale a *veja*: O Brasil vai ser logo uma potência mundial. *Haja vista* os políticos que tem. Os bandidos vão ser varridos das ruas. *Haja vista* as promessas do governador. O Brasil vai erradicar a violência. *Haja vista* o moderno aparelhamento da polícia. O Brasil vai acabar com a impunidade. *Haja vista* a reforma do código penal. O Brasil vai melhorar a qualidade de ensino público no país. *Haja vista* o reconhecimento das autoridades ao trabalho dos professores. O Brasil hoje é outro. *Haja vista* que se acabou com o desemprego, com

Nosso português do dia a dia

a miséria, com a corrupção e com a alta carga tributária. E, então? Não somos um povo feliz? *Haja vista* o seu sorriso...

586. O nome rigorosamente correto da famosa praia cearense é Jericoacoara **ou** Jericoaquara?

R. É *Jericoaquara*. Não há palavra de origem tupi em nossa língua que se escreva -*coara*. Por isso é que todos escrevemos *Jabaquara, Araraquara, nhambiquara, Piraquara, taquara*, etc. O elemento -*quara*, indígena, significa *poça, buraco*. Não obstante, a grafia *Jericoacoara* é tão tradicional e secular quanto Mo**g**i, La**g**es, Ba**g**é, Jab**o**ticabal, Pira**ss**ununga, etc. e só se atualizará se a câmara de vereadores do município assim desejar.

587. A palavra banana **merece algum comentário, em relação à sua pronúncia?**

R. A meu ver, merece. Não é obrigatório, mas a pronúncia mais aconselhável dessa palavra é dar som fechado à primeira sílaba (bâ), em virtude da presença posterior de um fonema nasal. Sempre que há uma consoante nasal após uma vogal **tônica**, ela tem timbre fechado. Repare na pronúncia destas palavras: *Ana* (âna), *sono* (sôno), *ramo* (râ), *lenha* (lê), etc. Quando a vogal for **átona**, será *preferível* que também tenha esse timbre, daí porque, geralmente, sai fechado o **a** de *caninha, maminha, Aninha, manhã*, etc. Não faz muito, uma moça foi a um programa de televisão e cantou uma conhecida música da bossa nova, em cuja letra aparece várias vezes a palavra *banana*. Foi um tal de *bánâna* pra cá, de *bánâna* pra lá, que agrediu ouvidos mais apurados. Afeou a interpretação e, por consequência, a música.

588. Qual é a diferença entre acurado e apurado?

R. **Acurado** é o mesmo que cuidadoso, rigoroso: Farei um estudo *acurado* do assunto. A polícia procedeu a um *acurado* exame no local do crime. Após *acuradas* diligências, chegou-se ao autor do crime. **Apurado** é fino, aguçado (ter ouvido *apurado*) ou refinado, seleto (ter gosto *apurado*). Dia desses, um jogador precisou de cuidados médicos no próprio estádio. O narrador do jogo pela televisão, então, disse: *É melhor levar o rapaz para o hospital, para um exame mais "apurado".* É o mesmo narrador do *três minutos de "acréscimos".* Que beleza!

589. Qual é a diferença entre afear e enfear?

R. Existe, embora nossos dicionários dêem tais palavras como sinônimas. **Afear** é tornar feio: Muita maquiagem, ao invés de realçar, *afeia* o rosto da mulher. Essa cor, muito berrante, *afeou* o carro. Tempo sem sol *afeia* o dia. **Enfear** é tornar feio com algum propósito ou má intenção: Há mulheres que *enfeiam* o rosto para parecerem desinteressantes aos homens. (Há mesmo?!...) A atriz usou um quilo de maquiagem para *enfear* o rosto e representar essa personagem na peça. No cinema existem truques para *enfear* o rosto dos atores, geralmente nos filmes de terror. Certa feita, declarou um famoso e já finado estilista brasileiro: *Eu sou o tipo de homem que gosta de mulher verdadeiramente. Eu nunca **enfeei** uma mulher.* Acertou? Erasmo Carlos tem uma música, chamada *Dor de cabeça*, em cuja letra está corretamente empregado o verbo *enfear*: *Quando você me intimida/ **Enfeando** seu rosto/Torcendo o nariz/Me acusando de coisas que nunca fiz/Minha vontade é de ir embora.*

590. Quando devo usar trás e traz?

R. Se não for verbo (*traz*), use sempre *trás*, que é advérbio e sempre vem acompanhado de preposição: *de trás, para trás, por trás*, etc. Sobre este assunto tenho algo muito galhofeiro para lhe contar.

591. Gosto disso.

R. Certa vez, na Faculdade de Direito do Largo de São Francisco, em São Paulo, um estudante muito relapso fazia exame oral (época boa a dos exames orais!). O professor era um dos mais exigentes da escola e, ao fazer uma, duas, três questões, o rapaz dava claras mostras de não ter estudado. O professor, então, desesperançoso, chama o bedel e lhe ordena: *Por favor, **traz** um prato de capim!* Ao que o aluno, ato contínuo, diz: *E, pra mim, um cafezinho!* Nem me pergunte se o rapaz conseguiu passar o ano nessa matéria durante todo o curso...

592. Mas que sujeitinho impertinente, hem! Quer dizer, então, que passar o ano é melhor que passar "de"?

R. Pois é, se você quiser fugir ao italianismo, não use a preposição "de", nem esterce o volante do seu carro, porque *esterçar* também é italianismo (*sterzare*). Também nunca jogue *"de" goleiro* nem *entre "de" sócio* em lugar nenhum. O idioma italiano exerceu muita influência no português do Brasil, em virtude da imigração. Os portugueses substituem, em ambos os casos, a preposição "de" por *como*. Mas já não é a mesma coisa. Sei que você vai me perguntar, por isso já vou me adiantar: *fugir a* significa *evitar* (fugir **a**os italianismos, fugir **a** confusões); *fugir de* significa sair furtivamente, escapar (fugir **d**a prisão, fugir **de** casa).

Nosso português do dia a dia

593. Sim, ia mesmo perguntar. É por isso, então, que o diabo foge à cruz, e não "da" cruz. Saiamos do diabo e retornemos a algo prazeroso: se namoro com alguém também falo italiano?

R. Sim, também. O verbo *namorar*, em português, é transitivo direto; os portugueses apreciam namorar sem intrusos... Mas no português do Brasil se tornaram, todas quatro, construções consagradas: *passar de ano, jogar de goleiro, entrar de sócio* e *namorar com*. Por isso, nós, brasileiros, estamos autorizados a namorar todo o mundo ou *com* todo o mundo. O importante é não ser cafajeste.

594. Volta e meia ouço: Se "caso" chover, não viaje!

R. *Se acaso* ou se, *por acaso*, você ouvir novamente isso aí, tenho uma sugestão. Repita alto e bom som, para que a pessoa perceba a diferença: *Se **a**caso chover, não viaje!* Se a pessoa for bom entendedor ou boa entendedora, um tom mais enfático que você dê ao **a** de *acaso* vai fazê-la pensar duas vezes antes de usar "se caso" novamente.

595. Qual o plural de Papai Noel?

R. *Papais Noéis*. Nos dias que antecedem o Natal, veem-se muitos *Papais Noéis* pelos *shoppings centers* de todo o Brasil. Note que se escreve com iniciais maiúsculas. Sim, porque já vimos quem escrevesse "papais-noéis" e ainda com hífen! Você já sabe a quem me refiro...

596. Não tenho a mínima dúvida. Pode alguém confundir ouve, **do verbo** ouvir, **com** houve, **do verbo** haver?

R. Se pode? Por incrível que possa parecer, há quem confunda tais formas verbais, empregando uma pela outra. Como ocorreu, certa vez, ao lermos um livro sobre aves: *O papagaio é a única ave do mundo que imita a voz humana, repetindo tudo exatamente como "houve"*. Uma folha de São Paulo, todavia, resolveu inverter: *Nos últimos dias, o governo andou justificando o déficit comercial, que muitos atribuem ao câmbio, ao déficit público persistente. "Ouve" até comparações entre o caso brasileiro e os twins deficits (déficits gêmeos) dos Estados Unidos*. Se é inacreditável? Não. Eu teria outra palavra, mas não me ocorre agora...

597. Qual a curiosidade envolvendo a palavra canibal?

R. A palavra *canibal* surgiu por acaso, em razão de um erro de leitura. Cristóvão Colombo, quando descobriu a América, em 1492, ao fazer referência a silvícolas antropófagos em seu diário de viagem, anotou caribales (plural de caribal, em espanhol), ou seja, habitantes do Caribe. Ao ler a palavra, alguém trocou o l pelo "n". Nasciam, assim, os canibais.

598. Que curiosidade envolve os verbos patinar e patinhar?

R. Na língua popular o verbo patinar é usado por patinhar. O ideal seria não confundir, mas até dicionários confundem (o que não chega a surpreender). **Patinar** é, em rigor, mover-se com patins sobre uma superfície, é deslizar sobre patins, algo que muita criança e hoje até muito adulto faz com alguma habilidade pelas nossas calçadas e parques. **Patinhar** é que é, em verdade, mover-se numa superfície qualquer à semelhança dos patos, de modo tal, que o movimento não resulte em deslocamento, por falta de aderência: Os carros patinham muito na neve. As rodas do caminhão patinhavam no atoleiro, impedindo a continuação da viagem. Em sentido figurado, podemos dizer também que um jogador de futebol patinhou no momento de fazer o gol, isto é, escorregou. Figuradamente, ainda, podemos dizer que a economia brasileira patinhou no ano passado, ou seja, não progrediu, não evoluiu. Na língua popular, todavia, usa-se o verbo patinar nessa acepção. O uso de patinar por patinhar é tão descabido, que nenhuma palavra da mesma família de patinar tem ligação semântica com patinhar. Apesar de tudo, estampou certa feita, em letras garrafais, na primeira página, um jornal: PT "patina" na lama. Só o PT?...

599. Em São Paulo existe o largo do Paissandu, em Belém do Pará existe o Paysandu Sport Club. Que dizer dessas grafias?

R. Ambas são arcaicas. Hoje se grafa Paiçandu, com ç, por se tratar de nome indígena; significa ilha do pai (os pajés eram chamados de pai). O largo já teve seu nome atualizado para Paiçandu. No caso do clube, manter o nome tradicional, desde a época em que foi fundado, é quase que uma obrigação. Paysandu era o nome de uma fortaleza uruguaia onde se deu uma famosa batalha, durante a Guerra do Paraguai. Depois desse fato, Paysandu passou a denominar a cidade onde ficava essa fortaleza, em homenagem ao histórico episódio. Paiçandu também é nome de uma cidade paranaense; quem lá nasce se diz paiçanduense, adjetivo sem registro no VOLP. Sem novidade...

600. Juçara é também nome indígena, por isso é que se escreve com ç?

R. Sim, juçara, espécie de palmeira, empresta seu nome a pessoas. Da mesma forma, Pirajuçara, nome de um córrego paulista, se escreve melhor assim. Com ç também se grafa Piaçaguera (o u soa), nome de uma tradicional estação ferroviária, em Cubatão (SP).

Nosso português do dia a dia

601. Que se dizer, ainda, da grafia Turiassu?

R. Era nome de tradicional rua do bairro de Perdizes, em São Paulo, hoje chamada com muita justiça Rua Palestra Itália, porque é a rua em que fica o *Allianz Parque*, arena palmeirense. Mas deveria existir antes como *Turiaçu*, já que se trata de também nome indígena, e os nomes indígenas se escrevem com ç, nunca com "ss".

602. Cotia **é o nome de uma cidade paulista. Certo?**

R. Sim, *Cotia*, mas deveria ser, à luz do rigor ortográfico, *Cutia*. Afinal, o animal roedor se chama *cutia*, e não "cotia". Mantém-se a grafia da cidade por uma questão de tradição. Quem lá nasce se diz *cotiense*, mas também *cutiense*, segundo o VOLP.

603. Que se dizer de Suzano, **outro nome de cidade paulista?**

R. Dizer que, de acordo com as normas ortográficas em vigor, o nome da cidade deveria mudar para *Susano*; tanto assim é, que o VOLP não registra "suzanense" para quem nasce na cidade; apenas *susanense*. Ou não há alguma incoerência entre ser de *Suzano* e ser chamado de *susanense*? Ressalte-se que o nome da cidade foi dado em homenagem ao engenheiro Joaquim Augusto *Suzano* Brandão.

604. Há um distrito situado na cidade de São Paulo chamado Guaianases, **que às vezes se vê** "Guaianazes". **Qual a grafia correta?**

R. Sem dúvida, *Guaianases*. Na verdade, *guaianases* é um plural meio estranho, porque se após a um sufixo plural (os *guaianás*, nação indígena habitante da região) outro sufixo no plural: *guaianases*. Não perde para dois "cafeses"...

605. E o caso de Cabreúva, **cidade paulista?**

R. O nome está correto, a par de *Cabriúva*, porque *cabreúva*, nome de uma árvore leguminosa, tem como variante *cabriúva*. Daí por que o VOLP registra dois adjetivos pátrios: *cabreuvense* e *cabriuvense*.

606. Qual é a diferença entre matinal **e** matutino?

R. **Matinal** é das primeiras horas da manhã, sem ser rigorosamente próprio dela: caminhada *matinal*, refeição *matinal*, telejornal *matinal*, exercícios *matinais*, relações sexuais *matinais*, silêncio *matinal*, o canto *matinal* dos pássaros. Pessoas de hábitos *matinais* acordam às 6h e começam a trabalhar às 7h. **Matutino** é próprio do princípio da manhã, do que só pode acontecer de manhãzinha, ao alvorecer: o orvalho *matutino*, a luz *matutina*, a estrela *matutina*, a beleza *matutina* do céu, o frescor *matutino*. (Os dicionários, além de registrarem como sinônimos tais termos, abonam o *período "matutino"*, em oposição ao vespertino. Na verdade, o que existe é o período *matinal*; o "matutino" fica por conta da influência da terminação de *vespertino*.)

607. Afinal, personagem é palavra feminina ou masculina?

R. Sempre defendi apenas o feminino para essa palavra, aplicada tanto a homem quanto a mulher, por se tratar de um francesismo (*personnage*) com a terminação *-gem*. Todas as palavras portuguesas com tal terminação, com exceção de *selvagem*, são femininas. Movi-me, como sempre, pela coerência, virtude que nem sempre haverá de prevalecer na língua popular cotidiana, que só usa *"o" personagem,* tanto para homem quanto para mulher, o que não me parece razoável. Razoável para mim foi chegar a um meio-termo, reservando **o** *personagem* para a figura masculina e **a** *personagem* para a figura feminina. Mas mulher dizendo "**meu** personagem era engraçad**o**", ah, isso não, isso não é coisa de aceitar. Os portugueses, que só usavam **a** *personagem*, para ambos os sexos, já consideram a palavra como substantivo de dois gêneros. Se ficássemos aqui a dar murro em ponta de faca, ia doer muito...

608. Há alguma diferença entre pingue-pongue e tênis de mesa?

R. Quase nada. Costuma chamar-se *pingue-pongue*, no entanto, aos jogos informais ou domésticos, nos quais não se atenta com rigor às regras dessa modalidade de jogo. O *tênis de mesa* surgiu na década de 1890 na Inglaterra como uma forma de diversão familiar, uma alternativa caseira ao tênis. A brincadeira se espalhou rapidamente por todo o país, chegando aos Estados Unidos no início do século XX. Só em 1926, porém, foi criada a Federação Internacional de Tênis de Mesa ou ITTF (sigla inglesa de *International Table Tennis Federation*), que instituiu medidas oficiais para as mesas de tênis de mesa. Sua primeira disputa se deu nas Olimpíadas de Seul, em 1988. Ao jogador do *tênis de mesa* se chama *mesa-tenista*.

609. E entre perigo e risco, há alguma diferença?

R. Sim. **Perigo** é o mal iminente, com possível perda de vida. Quem anda num automóvel, nas estradas brasileiras, a 200km/h corre *perigo*, assim como *perigo* também corre o que pratica o chamado "surfe

Nosso português do dia a dia

ferroviário". **Risco** é o mal possível, porém, com alguma possibilidade de êxito ou sucesso. Numa paquera, o paquerador corre o *risco* de levar um bofetão, mas também pode ganhar a simpatia da garota. Trata-se, sem dúvida, de um *risco* sempre muito bom de correr. Por outro lado, os bombeiros, ao tentarem apagar um incêndio, correm *perigo*. Já quem aposta corre o *risco* de perder o dinheiro, mas também tem uma chance de ganhar. Se fosse possível esta comparação, diríamos que o risco está sempre em cima do muro: pode optar por pular ou recuar...

610. No meio militar, usa-se a capitão, a sargento, a coronel, a general, **levando-se em conta o nome do posto. Isso é certo?**

R. Pode ser certo lá para os militares; para a língua, isso nunca haverá de ser certo, a não ser que, quando os extraterrestres chegarem, acabem me convencendo do contrário... Essa prática pode atender lá aos cânones castrenses, mas nunca às normas do português. Por isso, deixemos a *capitã*, a *sargenta*, a *coronela* e a *generala* em paz!

611. Infante **é nome comum de dois?**

R. *Infante* é nome comum de dois no sentido militar: **o** *infante* é o soldado de infantaria; **a** *infante* é a soldada de infantaria. Na esfera da monarquia, contudo, esse nome tem *infanta* como feminino. Segundo a Constituição espanhola, a infanta Elena de Bourbon é a quarta na linha de sucessão ao trono.

612. Os substantivos anjo, diabo, fantasma, fera, monstro **(no sentido próprio) e** vampiro **são substantivos sobrecomuns?**

R. Não, não são. Tais nomes representam símbolos, e não propriamente seres aos quais se possa atribuir sexo.

613. Claro, né, professor! Afinal, pra quê?

R. Sim, nada de gênero, de sexo. Mesmo porque, quando alguém grita desesperado: **Olha o diabo!**, ninguém vai se preocupar em perguntar: **Vixe, é homem ou mulher?** Ou, o que seria bem mais raro: **É macho ou fêmea?**...

614. Quando pais coruja dizem que têm uma filha "crânia" em Matemática, eles exageram?

R. Devem exagerar tanto no conceito que têm da filha quanto no uso da palavra "crânia". Qualquer mulher pode ser crânio em tudo, mas que seja sempre assim. Que nunca isso mude, como tão facilmente mudam hoje conceitos de racismo, mesmo que o mundo mude de cabeça para baixo!... E parabéns por usar *pais* **coruja**; de fato, *coruja* não varia, porque é um substantivo fazendo as vezes de adjetivo. Aprendeu bem essa lição, hem!

615. A gente faz o que pode, né, professor?... Se apetite **é palavra masculina, como se explica que até em restaurantes se leia nos cardápios:** "Boa" **apetite?**

R. Explica-se: muita familiaridade com comida e pouca familiaridade com a língua...

616. O presidente ficou um tanto quanto **encabulado com a pergunta da repórter. Há algum senão nessa frase?**

R. Há. Faltou **ou** depois de *tanto*. A expressão por inteiro é *um tanto* **ou** *quanto*. Ficou um tanto **ou** quanto surpreso, não é? Normal. Quase ninguém sabe disso. É *um tanto* **ou** *quanto* a expressão que significa *pouco mais ou menos*: Estou um tanto *ou* quanto indeciso. O povo brasileiro anda um tanto *ou* quanto desesperançoso. A mãe está um tanto *ou* quanto angustiada com o sumiço da filha. Assim afirmou um dos relatores da CPMI dos Correios: *Segundo o meu juízo, a situação de José Dirceu é muito complicada e exige uma condução "um tanto quanto" severa.*

617. Quando uso este **e** esse?

R. Preste atenção: **1)** quando você se refere a seres que se encontram bem próximos, use *este* (e variações, naturalmente): *Este livro que tenho comigo é muito bom. Esta camisa que estou vestindo foi um presente.* Se os seres estão distantes de você, mas perto da pessoa que ouve, cabe, então, o uso de *esse* (e suas variações): *Esse livro que tens contigo é bom? Essa camisa que estás vestindo foi um presente?* **2)** Quando você está num lugar que o abrange fisicamente: *Este apartamento é muito quente. Este país é muito rico.* Frase de Lula: *A derrota de Haddad para Doria em 2016 foi uma das maiores tristezas "desse" país.* Ele parece não aprender mesmo; só usa "desse país". Em que país estará esse homem?... Se o lugar está mais perto do ouvinte do que de você, ou que o abrange fisicamente, então, *este* passa a ser *esse*, nessas frases. Também *este* (ou variações) é que devemos usar, quando nos referimos ao que está em nós: *Este coração bate há muitos anos. Esta alma não traz nenhum pecado.* Se nos referimos ao que está em outrem, este e esta dão lugar a esse e essa, respectivamente.

Nosso português do dia a dia

3) Também *este* (ou variações) é que devemos usar quando nos referimos a um termo imediatamente anterior: *Consultado o juiz, **este** preferiu o silêncio. O machado corta a árvore, e **esta** volta a nascer e a crescer*. Também *este* (ou variações) é que devemos usar quando nos referimos a um momento presente ou que ainda não passou: ***Este** ano não está sendo bom para mim. **Esta** semana, que ora se inicia, tem dois feriados*. Também este (ou variações) é que devemos usar quando nos referimos ao que vamos anunciar: *Acabam de chegar **estas** mercadorias: canetas, lápis e borrachas*. **4)** Use *este* (ou variações) ainda, quando se referir àquilo que está tratando: ***Este** assunto já foi discutido ontem*. **5)** Também *este* é que você deve usar em referência a tempo futuro, porém bem próximo do momento presente: ***Esta** noite deverei vê-la*. **6)** Finalmente, no início da oração, desacompanhado de substantivo, equivalendo a *isto*: ***Este** é o maior problema nosso. **Esta** é que é a verdade, meus amigos*.

618. Há mais casos de uso de esse **(ou variações)?**

R. Sim. **1)** Use *esse* sempre que se refere àquilo que já foi mencionado por outra pessoa: ***Essa** tua pergunta é capciosa*. Também é *esse* que você deve usar quando se refere a tempo passado, mas bem próximo do momento presente: ***Essa** noite sonhei com ela; quantas saudades! Um dia d**esses** esteve aqui, sabe quem? O Papai!* **2)** Use *esse* também em referência a tempo passado distante: *Ela, então, disse que me amava loucamente, e **essa** noite não me sai da lembrança*. **3)** Use *esse* em referência ao que já foi mencionado: *Canetas, lápis e borrachas, foram **essas** as mercadorias que chegaram*. **4)** E, finalmente, use *esse* para dar ênfase ou maior relevância a um ser já mencionado: *Todas as filhas de Jeni se sentiam muito felizes, mas Hortênsia, **essa** era a própria Infelicidade*.

619. E aquele **(e variações), quando devo usar?**

R. Mais simples ainda. **1)** Use *aquele* (ou suas variações) quando se referir a seres distantes tanto de você quanto do outro: ***Aquela** estrela deve ser Órion*. **2)** Também *aquele* é que você deve usar em referência a tempo passado ou futuro, remoto ou muito longínquo: ***Aquelas** férias foram maravilhosas! Ao chegarmos lá, bem n**aquele** momento, as luzes se apagaram*. **3)** Para estabelecer distinção entre duas pessoas ou coisas anteriormente citadas, use *este* (ou variações) em relação à que foi mencionada por último e *aquele* (ou variações) em relação à que você citou em primeiro lugar: *Luís e Isabel estudaram na Europa; **esta** em Paris, **aquele** em Londres. Ao conversar com Isabel e Luís, notei que **aquela** estava nervosa; **este**, tranquilo*.

620. Qual é a diferença entre cartum **e** charge?

R. **Cartum** é o desenho caricaturesco ou humorístico, com ou sem legenda, que apresenta uma figura pública ou representada simbolicamente, sem o componente da crítica.

Charge é o desenho caricaturesco, satírico ou humorístico em que se representa pessoa (geralmente político do momento), fato ou ideia corrente, sempre com o componente da crítica; é o mesmo que *caricatura*.

621. A palavra casal **pede verbo no plural?!**

R. De jeito nenhum! A essa palavra, segue-se normalmente complemento no plural: *casal de namorados, casal de médicos, casal de irmãos*, etc. Se a expressão exercer função de sujeito, o verbo deverá estar no **singular**, concordando com o núcleo do sujeito, ou seja, *casal*: O casal de namorados *vivia* se beijando na praça. Um casal de médicos *compareceu* ao local do acidente. O casal de irmãos *vai* junto à escola. Eis, porém, o que lemos num de nossos principais jornais (i-na-cre-di-tá-vel!): *O casal de escritores Jorge Amado e Zélia Gattai "são" também "convidados especiais" do presidente.*

Repare, ainda, nesta notícia de um diário de São Paulo (mais inacreditável ainda!): *Três pessoas ficaram feridas depois que um manobrista de valet usou o carro de uma cliente para participar de um racha na Avenida Luiz Dumont Villares, na Vila Guilherme, Zona Norte de São Paulo. Ele perdeu o controle e bateu em um Corsa onde "estavam" um casal de namorados.* Casal "estavam"?! Como é possível um sujeito que se diz jornalista escrever assim?

622. Afinal, professor, patinete **é palavra masculina ou feminina?**

R. Reina aqui uma verdadeira bagunça. O VOLP registra *patinete* como substantivo comum de dois: o/a patinete. Dicionários portugueses divergem na classificação do gênero dessa palavra; uns a querem como feminina (que foi neste gênero que ela surgiu), outros a querem como masculina, porque o uso está pedindo tal gênero. A palavra nos vem do francês, e palavras que nos vêm do francês causam pequenos terremotos de gênero quando passam para o português. Veja o caso de *omelete* e *quiche*, femininas em francês; já em português começaram como femininas e passaram lentamente a ser usadas como masculinas. Acontecerá o mesmo com *patinete*? Talvez.

Nosso português do dia a dia

623. O que vem a ser cavalheiro de indústria?

R. É pessoa inescrupulosa, que vive dando golpes, trapaceando, enganando os outros ou tentando sempre levar vantagem em tudo; é o mesmo que escroque, vigarista, picareta, de que o mundo está cheio. Apesar de a palavra que entra nesta expressão seja *cavalheiro*, há os que usam "cavaleiro". Por quê? Talvez porque em inglês e em francês seja, respectivamente, *knight of industry, chevalier d'industrie.*

624. Existe alguma impropriedade na frase Ainda "faltam" votar muitos eleitores?

R. Existe. O sujeito de *faltar* não é "muitos eleitores", mas *votar*. Afinal, o que é que falta? *Votar* é que falta. Ora, se o sujeito do verbo *faltar* é um infinitivo (*votar*), o verbo não pode ir ao plural; tem de ficar no singular. Veja mais estes exemplos semelhantes: *Essas são providências que **compete** ao governo tomar. Esses são problemas que **cabe** ao diretor resolver. O Flamengo venceu por qualidades que não **adianta** discutir. Na minha mesa estão os contratos que ainda **resta** enviar aos autores. Os torcedores insultaram tanto o árbitro, que só **faltou** chamarem-lhe de gay. A pobreza desses meninos é tamanha, que só **falta** comerem terra. São cinco os jogos que **resta** ao Flamengo fazer, para tornar-se campeão brasileiro de futebol.* Note que, nesta última frase, se retirarmos o infinitivo (sujeito de *restar*), o verbo *restar* deverá ir obrigatoriamente ao plural: *São cinco os jogos que **restam** ao Flamengo, para tornar-se campeão brasileiro de futebol.* Veja, agora, como escreveu um jornalista de *O Estado de S. Paulo: Entre os pontos que "faltam" ser acertados está a volta de Zelaya ao poder.* E a volta do conhecimento da língua? É pra quando?

625. Posso abrir "um parênteses"?

R. Não convém. Quem abre "um parênteses" está muito perto de tomar "um chopes" e de comer "um pastéis". Ou mesmo de ficar sem "um clipes", para juntar todas essas asneiras e jogá-las no lixo. *Parêntese*, no singular; *parênteses*, só no plural. Por isso, pode abrir um *parêntese* aqui, *outro parêntese* ali, mas não se esqueça de também fechar *um parêntese* ali e outro aqui... Temos que ressaltar, no entanto, que existe a variante *parêntesis*, que se usa tanto no singular quanto no plural. Portanto, abrir um *parêntesis* você até pode...

626. Um povo pode ser "simpatíssimo"?

R. Não. O superlativo sintético de *simpático* é *simpaticíssimo*, assim como o superlativo sintético de *antipático* é *antipaticíssimo*, e não "antipatíssimo". Certa vez, um locutor baiano, na ânsia de ser simpático, fez esta pergunta a um colega que se encontrava em outra cidade, através do rádio: *Como vai esse povo "simpatíssimo" aí de Itabuna?* Ansiedade nunca leva a boa coisa...

627. Posso dizer que uma doença se encontra em *estádio avançado?*

R. Deve! O diabo é que muitos confundem o significado de *estádio* com o de *estágio*, assim como confundem o sentido de *despercebido* com o de *desapercebido* e o de *estada* com o de *estadia*. Normal. Faz *estágio* quem se prepara para exercer alguma atividade profissional de forma definitiva. Assim, estudantes fazem *estágio* em empresas, com a esperança de a elas serem incorporados como funcionários regulares. Um estudante de inglês também pode estar frequentando o primeiro, o segundo ou o terceiro *estágio* de aprendizagem, num curso qualquer. *Estágio*, enfim, significa *preparação* (profissional ou escolar). O termo que significa *época, fase, período*, é **estádio**, que, em alguns casos, pode ser substituído por *estado*. Portanto, não só sua frase está correta, como também corretas estão estas: A política brasileira, de 1930 até hoje, passou por vários *estádios*. No *estádio* atual de língua pronuncia-se *Cleópatra* e *pântano*, e não "Cleopátra" e "pantâno", como antigamente. O atual *estádio* das pesquisas para a cura do câncer é animador. Note que os médicos falam em **estadiamento** do câncer. Em suma: fazem *estágio* pessoas; passam por *estádio* coisas.

628. Qual é a diferença entre lago e lagoa?

R. **Lago** é a grande massa de água, doce ou salgada, cercada de terra. O mar Cáspio é um *lago*, assim como o Titicaca, que é o mais alto do mundo (3.900m). O *lago* mais baixo do mundo é o mar Morto (403m). **Lagoa** é um pequeno lago, geralmente pouco profundo, próximo de um lago maior, de um rio ou do mar. Pode ser grande (como a dos Patos, no RS) ou pequena (como a de Rodrigo de Freitas, no RJ). As águas do *lago* provêm de fontes que para lá correm, ou de nascentes que nele há; as das *lagoas* provêm de vertentes que para lá deságuam e não têm saída.

629. Quando me dirijo a uma garota, posso tratá-la por cara?

R. Sem problema nenhum. *Cara*, equivalente de *indivíduo, sujeito*, é nome sobrecomum, ou seja, é termo que pode ser dirigido tanto a homem quanto a mulher. Por isso, ao brigar com sua garota, pode falar dela deste jeito, sem receio de ofendê-la nem de ser mal-interpretado: *Aquele cara quase me deixa maluco de paixão e, de repente, vai saindo*

Nosso português do dia a dia

assim da minha vida, sem ao menos pedir licença! Esteja certo de que nenhum ser humano são ou sensato neste mundo vai tecer qualquer crítica maldosa a seu respeito por isso!...

630. Posso dizer que tenho uma colega que é um **mala**?

R. Sem nenhum problema. A palavra *mala*, quando usada como gíria, é nome sobrecomum masculino e redução de *mala sem alça*; significa indivíduo forte ou altamente desagradável, chato, cacete, inconveniente: *Brigou com dois malas e não apanhou. Essa repórter é um mala!* Há dicionários que registram a palavra, nesse caso, como nome comum de dois. Não é. Afirmar, por exemplo, que uma repórter é "uma" *mala* é, no mínimo, mentir. Nenhuma repórter é "uma" *mala*. Assim como nenhuma repórter é *"uma" banana* nem *"uma" cabeça* de revolução, mas sim **um** *banana,* **um** *cabeça*. Quem no trânsito nunca xingou um motorista desta forma: *Você é um merda!* (Se for mulher, a motorista nunca será "uma" merda, que ninguém disso duvide...) Só quando se tratar de comparações com animais vertebrados, o gênero não muda: *Esse político é uma raposa, e essa deputada é uma anta. Esse senador é uma ratazana, e essa senadora não é* **nenhum** *carneirinho. Esse teu secretário é uma besta!*

631. Posso, ainda, usar em referência a um colega ou a uma colega, "aquele um", "aquela uma"?

R. Não, aí já é desrespeito e muita vulgaridade. Evite usar tais expressões por *aquela pessoa, aquele sujeito, aquele cara*. Frases como estas não devem ser usadas, ao menos na linguagem de gente elegante, distinta, civilizada: *Você é amigo daquele "um"?" Você já namorou aquela "uma"?!* Tão vulgar! A não ser que sejam usadas para esculhambar a moral da pessoa; aí até que são válidas. Mas apenas na língua falada.

632. Trabalhando em consulados e embaixadas existem "consulesas"?

R. Não. Em consulados e embaixadas, trabalham as *cônsules*; as *consulesas*, esposas dos cônsules, geralmente ficam em casa. Tal distinção é moderna, daí a estranheza de alguns.

633. À esposa de um presidente chamamos primeira-dama; e ao esposo de uma presidenta chamaremos como?

R. A língua portuguesa não tem um nome para o esposo ou marido de uma presidenta, de uma governadora ou de uma prefeita. Talvez seja porque no tempo de Camões, quando a língua portuguesa moderna surgiu, ninguém cogitasse que uma mulher pudesse chegar a cargos tão importantes. Ao longo do tempo, a mulher foi conquistando seu espaço, seus direitos, mas mesmo assim muito lentamente. Não se esqueça de que no Brasil as mulheres só tiveram direito a voto em 1930! E a língua portuguesa, última flor do Lácio, como língua moderna, surgiu no século XV, com Sá de Miranda e Luís de Camões.

634. Posso usar pra **por** para **ou por** para a **e** pro **por** para o **ou** pros **por** para os?

R. Pode. Você já foi *pra* Maracangalha? Olhe sempre *pra* frente! Essa vai *pras* bandidas. Vá *pro* inferno! Mandei-o *pros* quintos dos infernos!

635. Por que muitos se referem a Salvador, capital baiana, como São **Salvador?**

R. Porque o Papa Júlio III, ao nomear o primeiro bispo da cidade, D. Pero Fernandes Sardinha, escreveu na bula de nomeação: *São Salvador*. E acabou ficando. Não se esqueça de que Salvador é uma cidade muito religiosa. E de mulheres lindas!

636. Espero conhecê-la um dia. Como pronuncio corretamente a palavra longevo?

R. Sem dúvida nenhuma, com **e** aberto: *longévu*. Você liga a televisão e só ouve "longêvu". Normal...

637. Posso usar ladrona **como feminino de** ladrão?

R. Até pode, mas convém saber que tal forma é eminentemente popular. A mulher que tem o mau hábito de roubar é, em bom português, *ladra*.

638. Novidade incrível para mim foi saber que o feminino de lavrador **não é** "lavradora", **mas** lavradeira.

R. Pois então, agora avise todos os jornalistas! Sim, porque, numa reportagem sobre a longa estiagem que acometeu uma região mineira, famoso telejornal, hoje não tão prestigiado, de ex-poderosa emissora, mostrou uma senhora de semblante cansado, consequência do clima hostil. Na legenda, na parte inferior do vídeo, lia-se: "lavradora". Segundos depois, no mesmo telejornal, ao noticiar as enchentes em Minas Gerais, seu apresentador, do alto de sua arrogância profissional, nos informa que as "lavradoras" da região perderam toda a sua plantação

Nosso português do dia a dia

de milho. Esse é, hoje, o nível dos jornalistas brasileiros. Desconhecem até mesmo um mero feminino, fazendo que seus ouvintes acabem cometendo o mesmo erro! Isso é respeito?

639. A esposa do marajá é a "marajoa"?

R. Não, a esposa do *marajá*, usado tanto em sentido próprio quanto em sentido figurado, é a *marani*. O VOLP, no entanto, registra "marajoa". Mas também registra "elefoa" como feminino de *elefante*. Só falta, agora, registrar "jacaroa" como feminino de *jacaré* e também "canoa" como feminino de *cano*... Esse VOLP só me desaponta.

640. Por que papa tem feminino, se não existe papisa?

R. Não existe *papisa*? Existe, sim. Em sentido figurado, você diz: *Essa escritora, hoje, é a **papisa** das letras brasileiras*. E então? Não existe *papisa*? O que não existe é "bispa" como feminino de *bispo*. Mas está cheio de "bispas" por aí. E sem serem da Igreja Católica, seja Romana, seja Ortodoxa, já que esse cargo ao que me parece é exclusivo dessa instituição religiosa. O feminino gramatical de *bispo* é *episcopisa*, do grego *episkopos* (bispo) + sufixo *-isa*. Mas o que era uma episcopisa? Era a mulher que tinha certas funções sacerdotais nos cultos litúrgicos, mas isso lá nos primórdios do cristianismo.

641. Professor, pinto tem feminino?

R. E por que não haveria de ter? O problema é que, numa ninhada, ninguém se preocupa em distinguir o sexo das frágeis avezinhas. Daí por que pouca gente ou ninguém usa o feminino *pinta*. Fica claro, então, que jamais se usará *pinto* como nome epiceno: "o pinto macho" e "o pinto fêmea". Queira anotar mais este feminino: *temporã* (fruta temporã), de *temporão*, naturalmente.

642. Qual a curiosidade envolvendo a palavra esplêndido?

R. *Esplêndido* é um adjetivo que só deveria ser aplicado ao que tem luz, ao que brilha. Assim, diríamos com propriedade: *aurora esplêndida, ocaso esplêndido, estrela muito esplêndida, palco esplêndido*, etc. Como tudo o que é esplêndido é magnífico, impressionante, excelente, hoje podemos até dizer que a sopa da sogra estava *esplêndida*, que a feijoada da namorada estava *esplêndida* e até que o automóvel do futuro sogro é *esplêndido*, mesmo sabendo que nada disso tem luz nem muito menos brilha...

643. E a curiosidade que traz a palavra safado?

R. *Safado*, em rigor, significa *gasto com o uso*. Só depois de algum tempo passou a significar *homem desprezível, descarado, desprovido de senso moral*. E, hoje, cá entre nós, é o que mais há, principalmente em certa capital de um país sul-americano...

644. Que significa hemeroteca?

R. *Hemeroteca* é o nome que se dá às seções das bibliotecas em que se catalogam jornais e revistas. Convém estar atento à palavra, porque muitos acabam dizendo "hemoteca", como fez certa vez folclórico presidente de clube de futebol interiorano, ao declarar que mantinha em sua casa uma grande "hemoteca". Como *hemo*, em grego, significa *sangue*, todo direito tiveram alguns de concluir que se tratava de algum perdido herdeiro do conde Drácula...

645. Por falar em conde Drácula, vampiro e Belzebu têm algo a ver um com o outro?

R. Não, nada a ver, a não ser que são seres que vivem de mãos dadas nas trevas... *Belzebu* é o príncipe dos demônios, segundo o Novo Testamento. É o mesmo que *Lúcifer*. Como se vê, existe desde muito antes dos vampiros. De origem hebraica, *ba'al zebub* significa deus das moscas ou deus-mosca. Sobre isso, tenho um caso para lhe contar.

646. Gosto disso.

R. Depois de uma das lamentáveis desclassificações da seleção brasileira de futebol, um pai de santo foi entrevistado num programa noturno de televisão. A apresentadora, já famosa pelas gafes que comete, indignada com a desclassificação, pergunta ao pai de santo: *Mas o que foi que provocou a desclassificação do Brasil daquele jeito, sem luta, sem gana, sem vontade de vencer?* "Boi zebu"? (Até Belzebu deve ter rido...)

647. Nem tenha dúvida... A frase É preciso que o povo "se precavenha", porque os assaltos estão em toda parte está certa?

R. Os assaltos, de fato, estão em toda parte, mas a sua frase merece emenda: o verbo *precaver-se* não tem o presente do subjuntivo; suas falhas são supridas com as formas dos sinônimos *prevenir-se, acautelar-se* ou *precatar-se* (este nada popular). Assim, é preciso que o povo *se previna*, porque os assaltos estão em toda parte. Convém, ainda, que os vascaínos *se acautelem*, porque os flamenguistas vêm com tudo

Nosso português do dia a dia 173

no jogo de domingo. Que os corruptos *se precatem*, porque a polícia federal está de olho neles! Note que usei *em toda parte*; os portugueses usam um artigo nessa expressão (em toda **a** parte) e também nestas: a todo **o** momento, a todo **o** instante, em todo **o** lugar. No Brasil, é usual empregá-las todas sem o artigo.

648. Qual é a diferença entre desatino, despautério **e** disparate**?**

R. **Desatino** é o ato próprio de doido, é a falta de tino; é o mesmo que *loucura*. Casar em tempo de vacas-magras é *desatino*, tão grande ou maior, talvez, que vender areia no deserto ou picolé a esquimó. A paixão também provoca *desatinos*, principalmente por parte do homem. **Despautério** é disparate tão grande, que nem merece atenção ou consideração. Afirmar, por exemplo, que todo jacaré é peixe e que todo parlamentar é honesto e competente é *despautério* tão grande quanto sustentar que presidentes nunca são cínicos nem mentirosos. **Disparate** é o ato, a atitude ou a afirmação tão incoerente, tão sem nexo nem propósito, que até provoca riso; é o mesmo que *despropósito*. Ao responder ao professor que o coletivo de cabelos era *peruca*, o aluno cometeu um *disparate*. Idêntico *disparate* cometeu aquele autor de livro de Geografia, segundo o qual Minas Gerais tinha mar. *Disparate*, ainda, é dizer que a Terra é plana. Quer exemplo de *disparate* em uma pergunta? Um telespectador falava pelo telefone com uma loira, ex-dançarina de conjunto de pagode, transformada por algum "gênio" da televisão em apresentadora de programa: *De que estado você fala?* perguntou ela a um telespectador distante. *De Brasília*, respondeu ele. *Sim, mas de que estado?*, voltou a perguntar a loira, que hoje parece até outra pessoa, tantas foram as plásticas que fez. Outra pessoa, sim, mas só pelos externos; pelos internos é a mesma viola...

649. Existe uma música, por sinal muito bonita, chamada Lembra de mim?**, interpretada por Ivan Lins. Esse título, para a norma padrão, é bom?**

R. Não, para a norma padrão (sem hífen, assim como *língua padrão*), esse título não satisfaz. Por quê? Porque o verbo *lembrar*, quando usado com a preposição *de*, é obrigatoriamente pronominal (*lembrar-se*). Assim, para o rigor gramatical, a música deveria chamar-se *Lembra-se de mim?* (Mas não seria a mesma coisa – convenhamos.) Eis outros exemplos rigorosamente normativos: *Não **me** lembro do telefone **d**ela. Você **se** lembra **d**aquele dia? Nunca mais **nos** lembramos **d**aquelas nossas brigas*. Convém salientar que antes de infinitivo, o verbo *lembrar* pode dispensar o pronome oblíquo. Portanto, você construirá corretamente assim: *Lembra de ter me visto ontem na praia? Não lembro de ter anotado o telefone dela. Você lembra de ter feito alguma coisa naquele dia? Nunca mais lembramos de brigar.*

650. E o verbo esquecer, antônimo de lembrar?

R. O verbo *esquecer* se usa rigorosamente da mesma forma: *Esqueceram-se de mim.* (E não: "Esqueceram de mim", nome que, aliás, foi dado a um filme americano.) Antes de infinitivo, a exemplo de *lembrar*, dispensa o pronome oblíquo, mesmo com a preposição *de*: *Esqueci de trazer dinheiro e documentos. Você esqueceu de ter casado comigo, Marisa?*

651. Que curiosidade nos traz a expressão consumação obrigatória?

R. É uma expressão consagrada, mas merece comentário. Quem vai a um barzinho com a namorada, a noiva, ou até com a mulher, muitas vezes está obrigado a consumir um limite mínimo de bebida ou de comida, fixado pela casa. Diz-se, então, que o bar cobra *consumação obrigatória*. Mas o substantivo correspondente de *consumir* é *consumição*, e não *consumação*, que pertence à família de *consumar*. Entre nós, brasileiros, essa troca já se consumou. Não deixa de ser uma consumação obrigatória...

652. Por que não se usa a barata macha ou o jacaré fêmeo, variando as palavras macho e fêmea?

R. Porque se trata de um uso especial dessas palavras. Ou você, no fundo, no fundo, está querendo que exista a mulher "macha"?

653. Baleia é nome epiceno?

R. É. Existe a baleia macho e a baleia fêmea, embora alguns considerem *cachalote* o macho da baleia.

654. Não há erro de concordância verbal em: existe a baleia macho e a baleia fêmea?

R. Não. Sujeito composto posposto pede, de preferência, concordância com o elemento mais próximo. Você, naturalmente, não se esqueceu do que leu na Bíblia: *"Passará o céu e a terra, mas minhas palavras não passarão".*

Nosso português do dia a dia

655. E como deveria me esquecer? Voltemos a tratar de assuntos terrenos. E tigre?

R. *Tigre*, melhor usar essa palavra como substantivo epiceno: *o tigre macho e o tigre fêmea*. Deixemos, portanto, a forma *tigresa* para uso apenas figurado: *A televisão e suas tigresas*.

656. Cabina e cabine **são palavras corretas?**

R. Ambas são corretas, porque formas variantes, mas a segunda, um galicismo perfeito, é mais usada no Brasil. Só não vale usar "gabine", "gabina", nem muito menos "guspo", "guspe", "guspir", "guspida", "gusparada", "advogacia", "degote", "degotar", etc. Também são formas corretas: avalancha e avalanche, champanha e champanhe, madama e madame, nuance e nuança, azálea e azaleia (éi), estrupício e estropício, selvícola e silvícola, marimbondo e maribondo, afeminado e efeminado, pantomina e pantomima, medula espinal e medula espinhal, Oceânia e Oceania, Sófia ou Sofia (capital da Bulgária), crochê e croché, relê ou relé, levedo ou lêvedo, mesquinharia, mesquinhez e mesquinheza, malcriadez e malcriadeza, estupidez e estupideza (incorporada recentemente pelo VOLP), malvadez e malvadeza, chimpanzé e chipanzé. Sempre uma delas é mais popular, mais usada ou, então, preferível, como é o caso de *chimpanzé*. Anote mais estas: perambeira e pirambeira, radioatividade e radiatividade, hidroavião e hidravião, hidroelétrica e hidrelétrica, termoelétrica e termelétrica, toxidade e toxicidade, gastrointestinal e gastrintestinal, gastroenterologista e gastrenterologista, gastroenterologia e gastrenterologia. Minha preferência é pelas segundas formas.

657. Qual é a diferença entre conservar **e** preservar**?**

R. **Conservar** é proteger de prejuízo ou dano, é impedir que se acabe ou deteriore: *conservar* as estradas, *conservar* as florestas, *conservar* livros, *conservar* discos, *conservar* o carro, *conservar* o bronzeado, *conservar* os alimentos em geral. **Preservar** é manter intacto: *preservar* uma área ecológica, *preservar* o meio ambiente, *preservar* monumentos históricos, *preservar* a camada de ozônio, *preservar* a paz. Declarou certa vez um governador amazonense: *Devemos procurar* **conservar** *a Amazônia;* **preservar** *é burrice*. Acertou em cheio.

658. É correto usar anãozinho**?**

R. Sim. Embora em *anão* já exista a ideia de pequenez, não há nenhum inconveniente no uso de *anãozinho*, porque, além dos aspectos puramente gramaticais, temos de levar em conta os aspectos afetivos da comunicação. A terminação *-zinho*, nesse caso, imprime afetividade, não tendo valor gramatical. Convém lembrar o caso dos advérbios, que, gramaticalmente, não possuem grau diminutivo, mas nem por isso deixam de existir na língua as formas *longinho, pertinho, agorinha, depressinha, cedinho*, etc. O que não devemos é partir para o exagero, usando, por exemplo, "comiguinho", "euzinho", "unzinho", etc.

659. Na frase A mulher implorou "para" que não a matassem **existe algum problema gramatical?**

R. Existe. O verbo *implorar* é transitivo direto: quem implora, implora alguma coisa, e não "para" alguma coisa. Por isso, a frase que está de acordo com as normas gramaticais é: *A moça implorou que não a matassem*. Antes de infinitivo, também não se usa "para": *Pego com drogas, o cantor implorou "para" não ser preso*. Substitui-se por: *Pego com drogas, o cantor implorou que não fosse preso*. Frase de um jornalista: *Quando o homem, que era casado, foi flagrado acompanhado de uma* scort-girl *(que implorou "para" que não revelássemos seu nome) pediu que ela se afastasse*. Pergunta-se: pra que o "para"?

660. O verbo atingir **é transitivo direto ou transitivo indireto?**

R. O verbo *atingir* é apenas transitivo direto: *Dois terremotos atingiram a região da Califórnia esta madrugada. Ondas gigantes atingiram a costa do Sri Lanka, causando mortes. As despesas atingem uma soma elevada. Meninas atingem a puberdade mais cedo atualmente*. Manchete de um jornalista: **Mutações causadoras de câncer de pulmão atingem "a" mulheres fumantes mais do que a homens.** Frase de outro jornalista: *A relação dos desabrigados em Santa Catarina atingiu "a" mais de dez mil famílias*. Pergunta-se: pra que o "a"?

661. Qual é a diferença entre conjuração **e** conspiração**?**

R. Os dois termos pressupõem a união de pessoas para cometer atos subversivos, mas a **conspiração** é o passo inicial da **conjuração**, que sempre supõe um propósito, uma intenção nova ou antiga. A *conspiração*, ao contrário, pode ser meramente casual. *Conjuração* se toma geralmente em mau sentido, porque, de fato, sempre o é para a situação vigente, mas foi graças a uma *conjuração* que demos os primeiros passos para a independência política. Podem algumas pessoas *conspirar* sem chegar a *conjurar*. Na verdade, todos os dias estamos, ao menos mentalmente, *conspirando*, seja contra autoridades do governo, seja contra pessoas que vivem à nossa volta. A *conspiração* é a maquinação diabólica própria de espíritos revolucionários; a *conjuração*, não menos diabólica, coabita espíritos resolutos, práticos, decididos a ir à luta. A *conjuração* é, assim, a fase mais adiantada da *conspiração*. O movimento de independência liderado por Tomás Antônio Gonzaga, Cláudio Manuel da Costa e Joaquim José da Silva Xavier, o Tiradentes, entre outros, chamou-se *Conjuração Mineira*, a que muitos, impropriamente, chamam "Inconfidência Mineira".

662. E entre emoção **e** comoção, **existe diferença de significado?**

R. Sim, existe, embora dicionários registrem ambas como sinônimas, o que não é novidade nenhuma. Quando você assiste a um filme que mexe com o seu coração, bate a **emoção**, você se emociona. Quando, porém, você assiste a um grande acidente, em que há várias mortes, bate a **comoção**, você se comove. A **emoção** diz respeito geralmente a coisas gratificantes; a **comoção**, muito ao contrário. Em suma: **emoção** é abalo, mas geralmente agradável, experimentado pela alma, é excitação psíquica; já **comoção** é abalo emocional violento, altamente desagradável, experimentado pela alma ou pelo físico; é impressão emocional forte e violenta. A perda de um ente querido nos causa grande *comoção*, do mesmo modo que grande *comoção* nos causa uma queda ou pancada. Já o nascimento de um filho causa a quaisquer pais *emoção*. Uma grande surpresa nos causa *emoção*, assim como um grandioso espetáculo, uma audição musical, um filme dramático. Ficamos *comovidos* com o sofrimento das pessoas, com a miséria; ficamos *emocionados* com a alegria do povo, com a conquista de um campeonato mundial. Ninguém fica *comovido* com algo bom ou agradável. Imagine uma goleada do seu time contra o seu maior rival. Ficará você *comovido*? Ou será tomado por forte *emoção*? A conquista da Lua pelo homem provocou *emoção* em todo o mundo; poderia ter causado *comoção* se alguma catástrofe houvesse no caminho da conquista, ou mesmo depois dele, como o que ocorreu com a nave espacial Columbia, em 2003. Uma manchete como esta é pertinente no uso da palavra: **Morte de ucraniana junto à filha bebê em bombardeio russo gera comoção**. Tanto a *emoção* quanto a *comoção* podem arrancar lágrimas; umas, gostosas e gratificantes de sentir; outras, difíceis e duras de esquecer.

663. É verdade que a palavra cadáver **surgiu das iniciais da expressão** carne dada aos ver**mes?**

R. Não. Conversa mole! Em latim, *cadaver* significa *morto*. A crença de que a palavra significa *carne dada aos vermes* surgiu pelo fato de, nos túmulos, antigamente, haver quase sempre a inscrição: CA.DA.VER., ou seja, *caro data vermibus* (carne dada aos vermes). Houve, portanto, mera coincidência.

664. Existe algum erro na frase Eles ainda não são ricos, mas ainda "os" serão?

R. Há. O pronome demonstrativo **o** fica invariável quando funciona como vicário, ou seja, quando puder ser substituído por **isso**. Assim, essa frase ficará perfeita desta forma: *Eles ainda não são ricos, mas ainda **o** serão* (o serão = serão isso). Outra frase: *Se vocês sabem quem é o assassino e não **o** apontam, são coniventes* (não o demonstram = não demonstram isso).

665. E na frase Durante a festa foi notada a presença de Hortênsia, Jeni e Clarisse?

R. Não, nenhuma impropriedade há nessa frase. Não há nenhuma necessidade de se usar o plural (*foram notadas as presenças*), nesse caso, por tratar-se de nome abstrato (*presença*). Eis exemplos semelhantes: *A promessa de Inês e Luísa não foi levada a sério. A permanência de Virgílio e Filipe no aeroporto foi comentada. Promessa* e *permanência* são nomes abstratos. Se o substantivo for concreto, todavia, o plural será obrigatório: *As cabeças de Luís, Ivã e Hersílio vão rolar. Os livros de Lurdes e Cármen estão em cima da mesa.*

666. Quando, por educação, ofereço um sorvete a alguém, devo dizer: "Está" servido? **ou** "Está" servida?

R. Pergunte, demonstrando ainda mais educação: *É servido?* (a homem) ou *É servida?* (a mulher). A frase com o verbo *estar* pode dar a impressão de que a pessoa já se serviu daquilo que lhe oferecemos.

667. Qual é a origem da palavra gari?

R. A palavra *gari* surgiu com o primeiro proprietário de empresa de serviços de limpeza do Rio de Janeiro, no final do século XIX: *Aleixo Gary*. Seus funcionários eram inicialmente chamados pela população de *empregados do Gary*; posteriormente, apenas *garis*, aplicada mais uma vez a lei do menor esforço, lei de que o povo tanto gosta, desde os tempos do latim.

Nosso português do dia a dia

668. Qual é a diferença entre posterior, seguinte, subsequente **e** ulterior?

R. **Posterior** é que vem ou está depois de algo: O telejornal era sempre *posterior* a uma novela de grande audiência. **Seguinte** é que vem depois de coisa da mesma espécie ou natureza: dia *seguinte*, página *seguinte*, programa *seguinte*. **Subsequente** é o seguinte que aparece como consequência ou efeito do anterior: O soco que ele deu no rapaz foi a causa do *subsequente* direto de direita que o levou a nocaute. **Ulterior** é que há de vir, porvindouro: Continuaremos este assunto na aula *ulterior*. No capítulo *ulterior* da telenovela haverá ainda mais emoções.

669. Qual é o significado da expressão solução de continuidade?

R. *Solução de continuidade* significa *interrupção ou suspensão (de qualquer processo ou algo em andamento)*. Quando alguém diz ou escreve *Nossos planos não sofreram solução de continuidade*, está comunicando que os planos continuaram em execução, não foram interrompidos, não goraram. Muitos usam a expressão no sentido de *processo normal de continuidade*, invertendo, assim, a própria comunicação. Dessa forma, a frase *Nossos planos sofreram solução de continuidade* comunica que os planos já não continuam em execução, sofreram interrupção de continuidade. Escreveu alguém, certa vez, num jornal, com propriedade: *Para os que ficam ou são deixados, uma sequência de fases se desenrola desde a solução de continuidade da relação amorosa. Tem a fase do impacto, o choque da perda. Depois, a revolta. Mais adiante, a busca das razões, dos motivos que expliquem o desfecho. E vem a saudade, porque ninguém escapa do sentir falta.* Parabéns pela veia poética!

670. Posso usar o pronome qualquer **com sentido negativo?**

R. Não, o pronome *qualquer* não tem sentido negativo, portanto não pode substituir *nenhum*. Por isso, na frase *Ele não tem "qualquer" chance de vitória*, deve estar *nenhuma* no lugar de "qualquer". Esta frase, naturalmente, tinha que ser de um jornalista: *Sérgio Moro e Rosângela fizeram a mudança de domicílio sem ter "qualquer" vínculo com São Paulo*. Normal...

671. Os nomes próprios e sobrenomes variam normalmente?

R. Sim: os *Luíses*, as *Isabéis*, os *Rauis*, as *Carmens*, os *Gusmões*, os *Alencares*, os *Rangéis*, os *Cabrais*, os *Castros*, etc. Os nomes e sobrenomes oxítonos terminados em **-s** ou em **-z** sofrem variação, mas os paroxítonos não. Ex.: as *Beatrizes*, os *Dinizes*, mas: os *Ulisses*, os *Vargas*, etc. Se o sobrenome, oxítono ou não, termina em *ditongo* + **s**, não varia. Ex.: os *Morais*, os *Reis*, etc.

672. E os sobrenomes estrangeiros?

R. Sobrenomes estrangeiros, com terminação estranha à nossa língua, ganham apenas um **s**, porque não estão sujeitos às regras do idioma: os *Disneys*, os *Kennedys*, os *Malufs*, etc. Fazem exceção os nomes terminados em **-h**, que recebem **-es**: os *Bushes*. Os nomes e sobrenomes estrangeiros que têm terminação semelhante em nossa língua, variam normalmente: os *Óscares*, os *Nobéis*.

673. E quando os nomes e sobrenomes são compostos?

R. Quando compostos, os nomes e sobrenomes só têm o primeiro elemento pluralizado: as *Marias Paula*, os *Almeidas Prado*. Se os elementos vêm ligados por **e**, ambos variam: os *Costas* e *Silvas*.

674. Se os sobrenomes variam normalmente, por que a mídia não respeita a regra?

R. Ora, ora, porque ela não conhece a regra. Caso contrário, não veríamos diariamente nos jornais e revistas os "Bolsonaro", os "Marinho", etc. Algum "iluminado" deve ter começado a usar assim, os "lumiados" gostaram e passaram a segui-lo. Se ao menos os jornalistas tivessem lido *Os Maias*, de Eça de Queirós, eles aprenderiam e pluralizariam os sobrenomes. Se ao menos eles tivessem passado uma vez pela Rua dos *Gusmões*, em São Paulo, ali pertinho da Avenida São João, talvez atinassem e se emendassem. Se ao menos eles assistissem aos *Simpsons*, pela televisão, talvez aprendessem. Veja o que um jornalista de nome Gustavo M. da S. conseguiu escrever: *O pagodeiro Belo, ao ser convidado do programa Faustão na Band, não "exitou" em comparecer na emissora dos "Saad".* "Exitou", jornalista? Dos "Saad", jornalista? Você tem certeza de que escolheu a profissão certa? Como você deseja respeitar seu leitor, escrevendo "exitou"?

675. É, ele nem hesitou em escrever isso... As siglas fazem o plural como?

R. As siglas fazem o plural mediante o acréscimo simples da desinência -**s**, sem o emprego do apóstrofo: os IPVAs, os IPTUs, os SUVs, as FMs, as PMs, etc.

Nosso português do dia a dia

676. E o plural de letras e números?

R. Fazem o plural normalmente: os *ii* (ou os *is*), os *rr* (ou os *erres*), dois *uns*, os *noves*, etc. Se a terminação for em **-s** ou em **-z**, não haverá variação: os *três*, os *dez*, etc.

677. Eu tenho uma palavra de ideia coletiva (maço, por exemplo) e depois vem um substantivo. Esse substantivo deve estar no singular ou no plural?

R. Depois de palavra de ideia coletiva sempre vem um substantivo no **plural**: maço de *cigarros*, caixa de *fósforos*, par de *sapatos*, boa parte de *mulheres*, talão de *cheques*, bando de *pássaros*, etc. A propósito, quem aplaude com sinceridade bate *palmas*, também sempre no plural. Há apresentadores de televisão que pedem uma *salva de "palma"* para seus convidados. Ora, por que não pedem também uma *rajada de "tiro"*? Não há diferença nenhuma!...

678. A temperatura pode ser "fria" ou "quente"?

R. Não, a temperatura só pode ser *baixa* ou *alta*, assim como um preço só pode ser *baixo* ou *alto*, nunca "caro" ou "barato"; frio ou quente só pode estar o tempo. Uma emissora de televisão, no entanto, criou certa vez a "temperatura fria" e a "temperatura quente", o que não deixa de ser uma invenção incrível...

679. Que se pode dizer da expressão "em" nível de?

R. Pode-se dizer com alguma veemência que ela não deve ser usada no lugar de *a nível de*: **a** nível federal, **a** nível de gerente, etc. Esse problema deve ser discutido *em nível de* diretoria. *Ao nível de* é locução correta, porém, quando equivalente de *a mesma altura*. Veja, porém, estas frases: A pressão nas regiões mais baixas, **a**o nível do mar, é maior. Na região dos polos o clima sempre está frio, apesar de também estar **a**o nível do mar. Nesse caso há correção no uso da preposição **a**. Agora, veja estoutras frases, do mesmo autor: Se **a**o nível do mar a pressão é de 1 atmosfera, a temperatura nestes locais será constante? Não. Em alguns locais **a**o nível do mar, a temperatura ambiente é quente e em outros, é fria. O que estragou desta vez foi essa de temperatura "quente", temperatura "fria"...

680. Qual é a diferença entre patrulha e ronda?

R. **Patrulha** é um pequeno deslocamento militar, geralmente ambulante, que serve para impor sua força de repressão a qualquer desordem. Uma passeata ou manifestação ilegal pode pôr a *patrulha* em ação. É o mesmo que *tropa de choque*. **Ronda** é um pequeno grupo de soldados que, à noite, percorre locais bem-definidos, para zelar pela tranquilidade pública. Ladrões costumam ser apanhados por *rondas*. A *patrulha* é um destacamento ostensivo; a *ronda*, preventivo.

681. Esta frase é boa: Informamos que foi fixado, depois de sucessivas reuniões e debates, nova tabela de preços dos nossos serviços?

R. "Fixad**o**" nova tabela? Masculino com feminino? Não combina. Foi fixad**a**, ..., nov**a** tabela de preços,

682. Que significa "flúvio-marinho"?

R. Aliás, *fluviomarinho*, numa só palavra. Significa relativo simultaneamente a rio e mar: *fluxo fluviomarinho*. No *site* Ciência e Clima, todavia, acabamos de ler: *Em Santos fica o maior porto marítimo do país e também da América Latina, que responde por quase 30% do fluxo de comércio brasileiro. Além do porto, complexos industriais da região se localizam em planícies "flúvio-marinhas"*.

683. Qual é a diferença entre eminente **e** iminente?

R. Dizemos que é **eminente** aquele que está acima de todos, por suas qualidades intelectuais; é todo aquele que descobre, inventa, produz ou realiza algo de muita importância para a sociedade e para a humanidade, desde que tudo surja como resultado do talento, da inteligência. Clóvis Beviláqua foi um *eminente* jurista; o *eminente* Carlos Chagas, o *eminente* Steve Jobs. Claro está, portanto, que nenhum desses narcotraficantes que infestam alguns países sul-americanos pode ser taxado de figura eminente, como já quis uma revista, ao estampar dois deles em capa. **Iminente** é que está prestes a acontecer: É *iminente* um violento terremoto na Califórnia. É sempre *iminente* um desmoronamento de terra na estrada Rio-Santos. A diferença de significado entre tais termos, como se vê, é ululante. Há jornalistas, no entanto, que, por incrível que pareça, não conseguem distinguir uma da outra. Como este, que escreveu no jornal O Povo, de Fortaleza: *A "eminente" saída de Pedro Guimarães do comando da Caixa Econômica Federal*. Ora! Se o dito-cujo estava sendo demitido por assédio sexual às funcionárias da instituição, como sua saída pode ser tida por "eminente"? Só mesmo jornalista brasileiro...

684. E a diferença entre seção **e** sessão?

R. **Seção** (ou *secção*) é corte: a *seção* de um tecido, a *secção* de uma reta. Também significa segmento, divisão: as *seções* de uma loja de

Nosso português do dia a dia

departamentos. **Sessão** é o período de tempo durante o qual se realiza parte de um trabalho (fazer terapia em vinte *sessões*), é o tempo durante o qual está reunida uma corporação (*sessão* do Congresso), é a reunião para a prática do espiritsmo (*sessão* espírita) e, finalmente, é o espaço de tempo em que funciona qualquer espetáculo (*sessão* de cinema). Ainda existe **cessão**, que é ato de ceder (*cessão* de direitos, *cessão* de um território, *cessão* do assento no ônibus a uma gestante).

685. Qual é o gênero correto das palavras agravante e atenuante?

R. O VOLP classifica ambas as palavras como substantivo de dois gêneros. Sendo assim, de acordo com esse vocabulário, poderíamos usar *o/a agravante, o/a atenuante*. Em Portugal ambas as palavras se usam como femininas; no Brasil, ao contrário, empregam-se como masculinas. Eis um exemplo colhido em jornal: *Por ter o atenuante de ter confessado o crime espontaneamente, a pena foi fixada em 17 anos e seis meses de reclusão em regime fechado*. Publica isto uma fábrica de armas nacional: *A redução da maioridade civil de 21 para 18 anos, fixada pelo novo Código Civil, que entrou em vigor no dia 11 de janeiro de 2003, vai produzir reflexos na legislação penal. Artigos que beneficiam menores de 21 anos – "um" atenuante para quem comete um crime, por exemplo – já não fazem mais sentido, pois foram criados com base no Código Civil antigo*. Quer minha opinião? Prefiro as femininas...

686. Que se pode dizer de a gente?

R. Primeiro, há que dizer que jamais use "agente" por *a gente*, isso é coisa de moleque da comunicação, comum nas redes sociais. Procure usar *a gente* apenas na língua falada, mas sempre com o verbo na terceira pessoa do singular: *a gente vai, a gente quer, a gente sabe, a gente foi*, etc. O povo é dado a usar: a gente "vamos", a gente "queremos", a gente "sabemos", a gente "fomos", em razão da noção de coletividade desse nome. **A gente**, que (convém repetir) se deve usar apenas na língua falada, emprega-se por:

1. Turma, pessoal: *A gente de televisão ganha bem*. **2.** Eu: *A gente vive como pode aqui, sozinho*. **3.** Nós: *A gente se ama*. **4.** O ser humano em geral; o homem: *A gente vive a um ritmo cada vez mais acelerado, na vida moderna*. O adjetivo que modifica a expressão pode ficar indiferentemente no masculino ou no feminino, ainda que o falante seja do sexo masculino: *Quando a gente sai à noite, fica tensa, nervosa, por causa dos assaltos, disse o estudante*. Os adjetivos *tensa* e *nervosa* poderiam também estar no masculino. Na língua escrita, porém, essa mesma frase deve ser construída assim:

184 Luiz Antonio Sacconi

Quando se sai à noite, fica-se tenso, nervoso, por causa dos assaltos, disse o estudante. Ou assim: *Quando saímos à noite, ficamos tensos, nervosos, por causa dos assaltos, disse o estudante.* A palavra *gente*, quando dá ideia de plural, possibilita concordância ideológica (silepse de número):

A gente da roça pode não ser extrovertida, estudada, culta, mas não **são** *burros. A gente lá de casa não costuma sair à noite nem mesmo para ir à farmácia, pois* **temos** *medo de assaltos. Coisa interessante é gente da zona rural. Como* **são** *quietos!* Seu uso frequente, mesmo na língua falada, denota pobreza de vocabulário.

687. Qual é a diferença de emprego entre as locuções ao encontro de **e** de encontro a?

R. **Ao encontro de** indica situação favorável, conformidade de ideias; **de encontro a** sempre dá ideia de contrariedade, oposição, choque, confronto: Um aumento de salários sempre vem *ao encontro dos* funcionários. Um aumento de horas de trabalho, sem remuneração, sempre vem *de encontro aos* funcionários. Muita diferença de significado existe entre estas duas frases: *A criança foi* **ao encontro da** *mãe, assim que a viu* e *A violência do acidente levou a criança* **de encontro à** *mãe, machucando-a.* Repare ainda nestas duas frases:

O vício de fumar ia **ao encontro dos** *preceitos de minha mulher, que também fumava, mas* **de encontro aos** *preceitos de meus filhos.* Recentemente, num debate pela televisão sobre a onda de violência que assola o país, um dos participantes, advogado e pai de uma garota, vítima dessa violência, repetiu várias vezes que uma lei aprovada pelo Senado sobre a maioridade penal vem *"de" encontro à* aspiração da sociedade. Ou seja: disse o que não queria, o que não podia, o que ninguém desejava realmente ouvir.

688. Que dizer de pessoas que escrevem "encontrar-mos", "preparar-mos", "resolve-mos", "esta-mos"?

R. Esse é um dos erros mais irritantes aos professores de português, muito comuns em redes sociais. Quem escreve assim não pode ser feliz, não pode ter namorado ou namorada feliz... É absolutamente um ou uma sem-noção.

689. E que dizer daqueles que só dizem "falá", "jogá", "corrê", "falô", "jogô", "colocô", **sem nunca completar a palavra?**

R. Mesmo na fala, tal prática é condenável. Custa dizer *falar, jogar, correr, falou, colocou?* Creio que não. Ou é uma preguiça incontrolável?

Nosso português do dia a dia

690. É a mesma preguiça que impede as pessoas de pronunciarem o s do plural, daí dizerem "Palmeira", "Corinthia", "os polícia".

R. Exatamente. E veja que para pronunciar o **s** final das palavras basta apenas dar um soprinho, fazer um chiadinho...

691. Chiadinho que as cariocas fazem como ninguém. Quando devo usar embaixo **e** em baixo?

R. **Embaixo** (em uma só palavra) é o mesmo que *debaixo* e tem como antônimo *em cima* (em duas palavras, jamais use "encima"): Não jogue a sujeira *embaixo* do tapete! Vocês ainda estão aí *embaixo*? **Em baixo** (ou *em baixa*) se usa em todos os demais casos, geralmente por oposição a *em alto, em alta*: Ouço música sempre *em baixo* volume. Só invisto *em baixo* risco. A reação dela foi *em baixo* nível. Imagens *em baixa* resolução.

692. E a diferença de uso entre debaixo **e** de baixo?

R. **Debaixo** é *em plano inferior*: Na casa *debaixo* morava um mágico. Espero que ainda haja pessoas vivas aí *debaixo*. Aparece geralmente com *de*, equivalendo a *sob*: Dorme com um tresoitão *debaixo* do travesseiro. Em chuva com raios, não se abrige *debaixo de* árvore! **De baixo** se usa isoladamente (roupa *de baixo*), em oposição a *de cima* (olhei-a *de baixo* a cima; deixei o dicionário na parte *de baixo* da estante), para exprimir lugar de onde parte algo (a barata saiu *de baixo* da saia da mulher) e quando equivale a *inferior* (um porão fica sempre na parte *de baixo* da casa).

693. Posso usar grandessíssimo?

R. Sim, mas de preferência em caso pejorativo: Seu vizinho é um *grandessíssimo* idiota! Seu irmão é um *grandessíssimo* sem-vergonha! Ele é um *grandessíssimo* pilantra! Para todos os casos, use *grandíssimo*: Ele é um *grandíssimo* amigo meu! Foi um *grandíssimo* prazer conhecê-la! Esse advogado é um *grandíssimo* picareta!

694. Para "maiores" **informações, ligue para 0800-3402. Posso ligar?**

R. Nem se dê ao trabalho! Será que, ligando, as informações ficariam "maiores"? Quem se dispõe a dar "maiores" informações, também poderá dar "menores" informações, obviamente... Isso é possível? Não, porque *maior* e *menor* indicam tamanho, intensidade. Informação tem tamanho? Tem intensidade? Não. As palavras que indicam quantidade são *mais* ou *menos*. Portanto: *Para **mais** informações, ligue para 0800-3402.* Estamos à disposição para "maiores" esclarecimentos. Ora...

695. Ao ouvir essa palavra, lembrei-me: quando uso por ora?

R. **Por ora** é o mesmo que por enquanto: *Por ora, é só o que temos.* **Por hora** é o mesmo que *cada hora: Esses advogados recebem cem reais por hora de trabalho.*

696. Em que caso posso escrever por ventura, em duas palavras?

R. Neste: ***Por ventura** minha, ela não me telefonou mais. **Por ventura** nossa, a ponte caiu logo depois que por ela passamos.* Ou seja, quando equivale a *por sorte.* Como se vê, bem diferente de *porventura*, palavra sinônima de *por acaso*: ***Porventura** já não o conheço de algum lugar? **Porventura** o senhor tem filhos? Se **porventura** o avião vier a cair, digo-lhe adeus desde já!* Escreve alguém que não tem noção dessa diferença: *Coloco-me desde já à disposição para "maiores" escolarecimentos "por ventura" necessários.* Dois erros numa frase tão curta!

697. "Ao" meu ver, ele se lascou nessa frase.

R. **A** meu ver, você também se lascou na sua, porque nas locuções com pronome possessivo não se usa artigo. Por isso, procure usar sempre: *a meu ver* ou *em meu ver, a seu ver* ou *em seu ver, a teu ver* ou *em teu ver, a nosso ver* ou *em nosso ver*, etc. *Ver*, aí, está por *juízo*: a meu juízo, a nosso juízo, etc. E também sempre sem o artigo: a meu modo, a meus pés, a teu lado, em nosso benefício, em seu favor, em meu detrimento, etc.

698. Qual é a diferença entre vem, vêm, vê e veem?

R. **Vem** e **vêm** são formas verbais do verbo *vir*: *Ela vem hoje, mas eles não vêm.* **Vê** e **veem** são formas do verbo *ver*: *Ela vê o que vocês não veem.*

699. Amanhã **não faz no plural** amanhãs?

R. Sim, *amanhãs*, sem nenhuma novidade. Como substantivo, *amanhã* significa época próxima futura, futuro: *O amanhã a Deus pertence.* Já houve jornalista que, empregando a palavra nesse sentido, escreveu, para nos encher ainda mais de pavor: *Depois de uma guerra nuclear não haverá "amanhães".* Para ele, talvez não haja mesmo nenhuns amanhãs...

Nosso português do dia a dia

700. Existe o plural brasis?

R. Existe. As pessoas usam esse plural quando se referem a tipos de Brasil ou a regiões brasileiras: *Há dois **brasis**: um rico e um pobre. Precisamos viajar mais por estes **brasis** afora.* Note que se escreve com inicial minúscula.

701. Se o plural de micro é micros, por que a mídia só usa as "micro", médias e pequenas empresas?

R. A mim que você vem perguntar isso?! Segundo norma da língua, todo e qualquer elemento, quando exerce a função de substantivo, está sujeito às regras dessa classe de palavras: os *nãos*, os *sins*, *vices*, os *híperes* da cidade, etc. Portanto: *as micro**s**, médias e pequenas empresas.*

702. Qual é o plural de Prêmio Nobel?

R. É *Prêmios Nobéis*, mas só se usa em sentido figurado: *Eis lá dois **Prêmios Nobéis** de Literatura conversando animadamente.*

703. Qual deve ser o plural do inglês Oscar, nome do famoso prêmio do cinema?

R. O plural é *Oscars*. Se usarmos o aportuguesamento (Óscar), então, será *Óscares*. No entanto, não faz muito, apareceu esta manchete num jornal: **Cidade de Deus é indicado para 4 "oscar"**. E com inicial minúscula! Há certos jornalistas que merecem mais que isso: 5 *Oscars...* Se o nome, porém, aparece depois da palavra *prêmio*, não varia: *dois prêmios Oscar.*

704. E o plural de sem-terra e sem-teto?

R. Ah, aqui o bicho pega. A meu ver e à luz das normas gramaticais, o plural desses nomes não pode deixar de ser *sem-terra**s*** e *sem-teto**s***. Temos aí uma preposição (*sem*) fazendo as vezes de prefixo. Uma coisa é *trabalhadores sem terra* (sem hífen); outra coisa é *sem-terra*; *pessoas sem teto* (sem hífen) é uma coisa; *sem-teto* é bem outra. No primeiro caso temos uma preposição; no segundo, um prefixo.

705. Ora, se assim é, por que só usam por aí "os sem-terra", "os sem-teto"?

R. Porque existem professores por aí que, a meu ver, fazem uma defesa tão esdrúxula quanto inaceitável desses plurais: dizem que é assim, porque construímos os *camponeses sem-terra*. Ora, mas a língua também permite que construamos *os carros Corolla, os automóveis Civic*; ao retirarmos o plural já satisfeito (carros, automóveis), porém, temos *os Corollas*, os Civics. Não há nenhuma novidade nisso. Enfim, os defensores da não variação cada qual tem uma tese mais esdrúxula e inverossímil que a outra. A meu ver. Não me convencem, nunca me convencerão. E mais: a prática de não pluralizar o substantivo provoca manchetes ridículas, como **Sem-terra** "invadem" **outra propriedade. Sem-terra** "ocupam" **fazenda**. Isso é português?

706. Nomes de nações indígenas variam ou não?

R. Eis aqui outro problema, que, porém, é tão simples, mas tão simples (como o anterior), que não se compreende como as pessoas têm tanto poder de complicar as coisas sem nenhuma necessidade. Nomes de nações indígenas devem variar normalmente no plural: os *pataxós*, os *ianomâmis*, os *guaicurus*, etc., o que vem de encontro a certos "ensinamentos" constantes em alguns manuais de redação, que devem ser seguidos, sim, mas lá nas redações, e não fora delas, porque fora delas não valem coisa alguma. Para tais manuais, o poema de Gonçalves Dias teria de se chamar não Os *Timbiras*, mas Os "Timbira"; para tais manuais, foram os "tupinambá" que apoiaram os franceses na época colonial. Ah, para!

707. Isso aconteceu há muito tempo "atrás". É possível isso?

R. Não. Se você usa **há**, não há necessidade de usar "atrás"; se não usa *há*, pode usar **atrás**: Isso aconteceu *há* muito tempo. Isso aconteceu muito tempo *atrás*.

708. Que dizer das pessoas que usam "tu fizestes", "tu viestes"?

R. Também são pessoas que nunca foram bons na conjugação de verbo, quando frequentavam escola. Isso ocorre mais com as segundas pessoas do pretérito perfeito do indicativo: *fizeste* e *vieste* são formas da 2.ª pessoa do singular, enquanto *fizestes* e *viestes* são também da 2.ª pessoa, mas do plural. O personagem Aldemar Vigário, vivido pelo ator Lúcio Mauro, na Escolinha do Professor Raimundo, era useiro e vezeiro em dizer, dirigindo-se ao professor: *Tu "fizestes" tudo isso e não te lembras?* Um uso desses soa como que um soco no ouvido de qualquer professor de português. Mas lá era humor; na vida não há tanto humor assim...

709. Que dizer, ainda, dos que usam a palavra "tipo" em comparações, por como?

R. Esse uso também é dos que irritam bastante professores de português. Ela chegou "tipo" meio sem graça, mas logo se enturmou. Ele vive "tipo" mendigo pela cidade. Só perde para os que encerram todas as suas frases sempre com " 'tá ligado?"

710. Quando uso acerca de e há cerca de?

R. **Acerca de** se substitui por *sobre*: Falemos *acerca de* futebol. **Há cerca de** se substitui por *faz aproximadamente*: Ela saiu *há cerca de* três minutos. Existe ainda **a cerca de**, que se substitui por *aproximadamente*: Campinas fica *a cerca de* uma hora de São Paulo.

711. Existe a palavra "beige" em português?

R. Não, só em francês. Daí saiu o nosso *bege*, que não varia: *calças bege, meias bege*, etc. Também não existem, agora em língua nenhuma: "bandeija", "bandeijão", "carangueijo" e "carangueijada", mas isto aqui, no Nordeste, existe até demais...

712. Quando concordamos com alguma coisa, usamos " 'tá bom". É bom?

R. Não, não é bom. Nesse caso cabe usar '*tá bem*. Note que usamos sempre *tudo bem*, e não "tudo bom": Você, então, vai me acompanhar até casa? *Tá bem* (ou, como mais se ouve: *Tudo bem*). Há os que preferem usar "beleza"...

713. Que dizer dos que usam "tive" por estive e "teve" por esteve?

R. Está certo que a língua falada admite muita coisa que a língua escrita jamais irá aceitar. Nesse caso, embora na língua falada, "comer" uma sílaba inteira me parece exagero e sinal de puro desleixo. Portanto, *estive, esteve* e *estão* devem prevalecer sobre "tive", "teve" e "tão". Essa coisa de redução de sílabas tem limite na língua escrita, mas na língua falada é muito comum. Ou você já não ouviu alguém convidar assim: "bora lá", em vez de *vamos embora lá*? Agora, veja este diálogo entre dois eruditos: – *Oncetá? – Dendicasa. – Num tá nacaduzoto?* Chegará o dia que isso invadirá a língua escrita. Mas ainda é cedo...

714. Qual é a diferença entre despensa e dispensa?

R. **Despensa** é lugar da casa no qual se guardam mantimentos: casa de *despensa* cheia. Na fala, pronunciamos *dispensa*, sem problema nenhum, porque o *e*, em sílaba átona, geralmente se reduz, ou seja, soa *i*. É justamente por isso que surgem as dúvidas entre a escrita desta ou daquela palavra. **Dispensa** é licença ou permissão dada por uma razão bem-definida. Quem está doente pode pedir *dispensa* do trabalho.

715. Os bombeiros evacuaram todas as pessoas do prédio em chamas. Está certo isso?

R. Não, porque não se evacuam pessoas, se evacuam espaços, se esvaziam lugares. Portanto, *os bombeiros evacuaram o prédio em chamas, retirando todas as pessoas*. Evacuar pessoas é rigorosamente o mesmo que esvaziar pessoas. Nem bombeiros conseguem...

716. Essa é uma bobagem "sem tamanha".

R. Essa é que é, justamente, uma bobagem sem tamanho. Mas a frase com "sem tamanha" foi dita no ar por um já cansado jornalista esportivo, sempre muito pródigo em furadas... Hoje tão cansadinho, não encontrou tempo na vida toda para aprender que as locuções são invariáveis, assim como *de acréscimo*, que um também já cansado narrador esportivo costuma variar. Já ouvi pessoas dizer que as questões estão "em abertas" (dois erros numa só expressão)! Já ouvi pessoas dizer que as prestações do carro estão "em dias"! Já ouvir pessoas dizer: *Quero essa declaração "por escrita".* Já ouvi pessoas dizer: *A equipe se abriu "por inteira".* Já ouvi pessoas dizer: *Muitas espécies animais estão "em extinções".* Já ouvi pessoas dizer: *A verdade deve vir "por inteira".* Por isso, bobagens sem tamanho sempre haverão de existir.

717. Existem as palavras "mantegueira", "losângulo", "contrafacção" e "impassividade"?

R. Não. O recipiente da manteiga chama-se *manteigueira*. O fato de "comermos" o *i* do ditongo *ei* na fala é que propicia o erro gráfico. À imitação fraudulenta chamamos *contrafação*. O quadrilátero de lados iguais e dois ângulos agudos e dois obtusos tem um nome mais curto: *losango*. E *impassibilidade* é a qualidade de quem é impassível; é o mesmo que imperturbabilidade, serenidade, frieza: *Todos notaram e admiraram a **impassibilidade** do príncipe ante o atentado.* Mas não são poucos os que usam "impassividade".

Nosso português do dia a dia

718. Eu sei que existem substantivos que mudam de significado quando mudam de número. Mas preciso de um exemplo.

R. **Ar**, no singular, significa *vento*: Saí para tomar um *ar*; **ares**, no plural, significa *aparência*: Ele fala com *ares* de quem entende do riscado. Tudo nela tem *ares* de mistério. Ela dá *ares* de gente bem. Muitos usam equivocadamente, neste caso, o singular. Até mesmo dicionaristas, o que não chega a causar AQUELA surpresa! Significa, ainda, *ambiente* e *clima*: mudar de *ares*; gostar dos *ares* de Campos do Jordão. Quer mais um exemplo? *Costa* (dorso)/*costas* (litoral). Outro exemplo? *Féria* (renda diária)/*férias* (descanso). Só mais um: *liberdade* (livre-arbítrio)/*liberdades* (atrevimento). O último: *vencimento* (término do prazo para pagamento de dívida)/*vencimentos* (ordenado, salário). V. ainda o item **954**.

719. Posso dizer que existe gente bem **e também** gente de bem?

R. Pode, é quase indiferente. Sem a preposição a expressão guarda certa nuance pejorativa.

720. Qual é a diferença entre perspicácia **e** sagacidade?

R. **Perspicácia** é a agudeza de espírito que consiste em ver ou observar atentamente as coisas: Se eu não fosse dotado de alguma *perspicácia*, não teria percebido a manobra contra mim. **Sagacidade** é a agudeza de espírito que consiste em descobrir o que é mais difícil, o que está oculto nas coisas:

Há pessoas que acumulam riqueza graças à *sagacidade* nos negócios. Uma criança pode ser *perspicaz*; todo bom advogado é *sagaz*. Ao indivíduo *perspicaz* se contrapõe o bronco; ao *sagaz*, o ingênuo.

721. Já estou ficando "ao" par **de tudo.**

R. Pois então, fique mais **a** par disto: não se usa *"ao" par* por *ciente*. Agora, você já ficou mais **a** par das coisas.

722. Só agora, de fato, estou a par disso. É verdade que, na década de 1970, o governo taxava os produtos "supérfulos" drasticamente?

R. Não, é mentira, porque nenhum país no mundo, nem nos dias atuais, fabrica produtos "supérfulos". Nem mesmo a China... O que o governo fez nos idos de 1970 foi taxar com altas alíquotas quaisquer produtos *supérfluos*, como perfumes, tênis, doces, etc.

723. Pode alguém entregar qualquer encomenda "em mãos"?

R. Creio que não. Creio firmemente que não. Quando entregamos alguma coisa pessoalmente a alguém, entregamo-la **em mão**. Assim como ninguém lava roupa "a mãos"; assim como ninguém faz sapatos "a mãos", também não estamos autorizados a entregar nada "em mãos". Nunca ouvi dizer que alguém fosse a algum lugar "a pés", nem que pianista tocasse "de ouvidos", ainda que tenhamos todos – graças a Deus – dois pés e dois ouvidos. Prefiro, por tudo isso, levar qualquer documento importante *em mão* a confiar em qualquer outro portador. Há um dicionário famoso que registra "em mãos" a par de **em mão**. Mas também registra "salchicha"... A propósito, você teria aí um bom dicionário "à mãos"? É mera curiosidade...

724. Nem vou responder. Quero saber agora qual é a diferença entre segmento e seguimento.

R. Muita. **Segmento** é cada uma das partes que compõem um todo (*segmento* de mercado; o *segmento* dos carros de luxo está em expansão); **seguimento** é continuação (dar *seguimento* a um discurso, a uma aula).

725. É proibido entrada ou É "proibido" a entrada?

R. *É proibido entrada* ou *É proibida a entrada*. Se você usa artigo antes de *entrada*, tem de variar o adjetivo. Outro exemplo: *É proibido permanência de veículos neste local* ou *É proibida a permanência de veículos neste local*.

726. Qual é a diferença entre persuadir e convencer?

R. **Persuadir** é levar alguém a aceitar coisa diversa daquela que inicialmente desejava. Um pai pode *persuadir* a filha, já levemente apaixonada, de não namorar certo rapaz, por esta ou aquela razão, assim como o bom político *persuade* o eleitor do seu adversário a nele votar, pela palavra, pela competência e quase sempre pelas promessas. **Convencer** é levar alguém a reconhecer uma verdade mediante provas cabais e terminantes. Foi difícil, mas acabei *convencendo* o matuto de que o homem, realmente foi à Lua. Um raciocínio exato, rigoroso (p. ex.: 2 + 2 = 4) produz a *convicção*; uma boa conversa, um bom orador, uma afinada lábia, produzem *persuasão* nas almas sensíveis (ou ingênuas).

Nosso português do dia a dia

727. Farei um curso de 20 "à" 30 de março sobre esse assunto.

R. Você ainda está no tempo de usar "à" antes de números? Ainda está no tempo de viajar "à" 200km/h? É bom parar... Nem de segunda **a** sábado se usa "à", que se dirá de 20 **a** 30 de março! Não há acento grave no **a**, nesses casos, porque não há possibilidade de haver crase. Note que *segunda* (redução de *segunda-feira*) é palavra, nessa expressão, não precedida de artigo. Sendo assim, o **a** que antecede *sábado* é mera preposição. Portanto: *Este restaurante funciona de segunda **a** sábado. O* shopping center *é aberto de domingo **a** domingo.*

*Os parlamentares só trabalham de terça **a** sexta-feira.*

*O médico só atende de segunda **a** quarta-feira.* Suponhamos, no entanto, que, nestas últimas frases, quiséssemos usar o artigo antes de *terça*. As frases, então, ficariam assim:

*Os parlamentares só trabalham d**a** terça **à** sexta-feira. O médico só atende d**a** segunda **à** quarta-feira.* Por que, agora, **à**, e não um simples **a**? Porque antes apareceu a contração **da** (de + a). Veja esta manchete do Diário do Nordeste: **De sarampo "à" tuberculose: com menos bebês vacinados, quais as doenças preocupam no Ceará.** Frase típica de quem não tem noção do que é crase. Numa sequência de substantivos **de...** + **a**, se a palavra preposicionada (no caso *sarampo*) não estiver determinada (d**o** sarampo), não se poderá determinar a outra (**a** tuberculose). Não havendo determinação da segunda, como pode haver crase? Impossível! Então, por que o acento, cidadão?

728. Que tal **é expressão invariável?**

R. No português formal ou clássico, não, varia normalmente:

Que tal minha filha? Que tais minhas filhas? Que tais meus novos óculos, Hortênsia? Portanto, em casos *que tais* sempre se usa *tal* no plural... Houve um tempo em que uma empresa de produtos alimentícios colocava placas em volta dos campos de futebol, todo amarelas, com este convite maroto: *Que "tal" sopas Maggi?* Uma boa resposta seria: Que *tais* as nossas singelas sopinhas caseiras?

729. Qual é a diferença entre plano **e** projeto?

R. **Plano** é a linha de conduta precisa, traçada por etapas, a fim de se atingir um objetivo: um *plano* de fuga, um *plano* do governo para erradicar a fome. **Projeto** é a intenção vaga, relacionada com coisas afastadas no tempo. A pessoa que tem um *plano* de viagem, realmente viaja e goza as suas delícias; a que tem um *projeto* de viagem, sabe-se lá quando vai poder realizá-la. Mulheres casadoiras gostam de ouvir *planos*, e não projetos.

730. Como devo usar o verbo presumir?

R. Como transitivo direto significa *supor, conjecturar*: Até aquele momento o pai da moça nos *presumia* namorados. É transitivo indireto, com a preposição *de*, no sentido de *pressupor*: Ele é analfabeto: é o que se *presume de* seus discursos. Mas foi redigido assim um despacho de ministro do Supremo Tribunal Federal: *Noutras palavras, seu depoimento (o do caseiro) em nada ajudaria a esclarecer ou a provar a suposição de que seria dinheiro oriundo de casas de jogo! E é o que se presume "à" condição cultural e "ao" próprio trabalho que a testemunha desempenharia no local apontado.* Excelência, por favor!...

731. Qual é a curiosidade envolvendo a palavra quinta-coluna?

R. Esse composto é um espanholismo que surgiu durante a Guerra Civil Espanhola (1936-39) e foi empregado pela primeira vez pelo general Mola, quando anunciou que, fora as quatro colunas do seu exército, dispunha de uma quinta coluna de partidários do general Franco dentro de Madrid, para tomar a cidade. Hoje é usado em duas acepções: **1)** conjunto das pessoas, nacionais ou estrangeiras, que auxiliam dissimuladamente o inimigo em caso de guerra ou de iminência de guerra, quer fazendo espionagem, quer fazendo propaganda subversiva, quer praticando atos de sabotagem; **2)** cada uma dessas pessoas; quinta-colunista. Até aqui nenhuma novidade, que, justamente, vem agora: em português, os numerais variam, quando fazem parte de um nome composto. Daí por que flexionamos *terça-feira* em terça**s**-feira**s**; *primeiro-ministro* em primeiro**s**-ministro**s**, etc. Vai, então, que nos aparece um dicionário, considerado por alguns o melhor do país e fornece um plural que não consta em nenhum dicionário sério de português: "quinta-colunas". *Habemus papam*? Na edição compacta, corrigiram o erro. Agora, no entanto, é que vem o mais incompreensível: a 6.ª edição do VOLP, dando crédito ao *Habemus papam*, registra até hoje o plural "quinta-colunas" (se é que de mansinho já não mudaram, depois desta nossa publicação). Eu me esforço por ser fiel escudeiro desse vocabulário oficial, mas há momentos em que me sinto um verdadeiro otário.

732. Qual é a diferença entre raio-X e raios X?

R. **Raio-X** é a fotografia feita por meio de raios X; é o mesmo que radiografia: *tirar um raio-X dos pulmões*. **Raios X** são a radiação

Nosso português do dia a dia

eletromagnética não luminosa, capaz de atravessar quase todos os sólidos e radiografá-los internamente: O laboratório adquiriu novo aparelho de *raios X*. Poucos acontecimentos na história da ciência provocaram impacto tão forte quanto a descoberta dos *raios X* pelo físico alemão Wilhelm Konrad Roentgen, em 8 de agosto de 1895. Agora, veja como escreveu o título de seu artigo um jornalista carioca: **"O raios-x" da mentira que fabricou a guerra.**

Quem é, de fato, o maior mentiroso?...

733. Qual é o plural de arco-íris, cuscuz e sassafrás?

R. Anote: *arco-íris* e *cuscuz* são invariáveis; *sassafrases*. Ainda sobre plurais: os compostos formados por dois verbos iguais podem sofrer variação em ambos os elementos (os pisca**s**-pisca**s**), mas os plurais mais eufônicos são os que sofrem variação apenas no segundo elemento (o pisca-pisca**s**). Ou você acha que *empurras-empurras* soa melhor que *empurra-empurras*? Ou que *corres-corres* cai melhor que *corre-corres*?

734. Há diferença entre relâmpago e raio?

R. Sim. **Relâmpago** é o clarão resultante do **raio**, que é uma descarga elétrica que provoca essa luz intensa. A diferença não é pequena. Mas o repórter de ex-poderosa emissora de televisão nos informou recentemente que o ônibus espacial Atlantis não pôde ser lançado do cabo Canaveral, na Flórida, por causa de um "relâmpago". Teria feito muito estrago esse "relâmpago"?...

735. É verdade que arbusto não é diminutivo de árvore?

R. É verdade. Mas nas escolas de ensino fundamental se ensina que *arbusto* é diminutivo de *árvore*. O que é uma árvore? Uma **árvore** é um vegetal lenhoso, de grande porte, constituído de um tronco principal e de muitos ramos ou galhos, fortes e grossos, na parte superior, formando uma copa (p. ex.: uma mangueira é uma árvore). Atenção para o detalhe: *tronco principal de muitos ramos ou galhos*. Já **arbusto** é uma planta lenhosa que não se eleva a mais de 5m de altura, sem um tronco dominante, porque se ramifica desde a base (p. ex.: o cafeeiro é um *arbusto*). Atenção para o detalhe: *sem um tronco dominante*. Há diferenças, portanto, entre uma árvore e um arbusto, que até possui diminutivo: *arbúsculo* (erudito). O diminutivo de *árvore* é *arvoreta*.

736. Não pode ser "arvinha" o diminutivo de árvore? E o aumentativo não pode ser "arvão"?

R. Pode, desde que você tenha três anos de idade... Só se admitem tais formas na linguagem infantil, que também aceita *arvona, casona, vacona, homão, hominho* e por aí vai. Mas em certo programa esportivo da Band, o canal de todos os esportes, seu apresentador costuma dizer "arve": *Com chuva, eu não fico debaixo de "arve".* Chamam-no de craque. De fato, é...

737. Li a notícia em O Globo ou li a notícia no Globo?

R. Se o nome do jornal começa com o artigo O, não devemos, na escrita – veja bem, na escrita – contraí-lo com a preposição, porque o artigo forma com o nome próprio um conjunto indissolúvel. Por isso, leia notícias **em O** Globo ou **em O** Estado de S. Paulo. Isso na escrita. Na fala, ocorre naturalmente a contração e dizemos: Li a notícia **no** Globo, **no** Estado de S. Paulo, etc. Há quem, ao escrever, use esdruxulamente: "nO" Globo. Não acho interessante tal prática. Não havendo o artigo, não haverá dificuldade nenhuma: Li a notícia **na** Folha de S. Paulo e também **no** Jornal do Brasil.

738. Essa regra só serve para os nomes de jornais?

R. Não, para os nomes de obras literárias também: Você viu essa palavra **em Os** Lusíadas? Você gostou **de Os** Três Mosqueteiros?

739. Na linguagem forense, é comum omitirem o artigo, quando se usam adjetivos oriundos de particípio. É correta essa prática?

R. Não, não é correta. Nada obstante, é comum encontrarmos, em autos, construções mais ou menos assim: "Dito" documento é falso. "Referida" arma não é a do crime. "Mencionada" testemunha não é digna de fé. "Aludido" material foi encontrado distante do local do crime. Tudo farinha do mesmo saco...

740. Tenho encontrado, sobretudo na Internet, a palavra "descente".

R. Não é *decente* escrever "descente" e que você já me perdoe o trocadilho! Pessoas que assim escrevem devem imaginar que *decente* tem algo a ver com *descer*. Tem?

Nosso português do dia a dia

741. Claro que não! Eu não devo usar "mais mau", **mas posso usar** mais ruim?

R. Pode. O dia, hoje, está mais ruim que ontem.

742. Que dizer das formas superlativas "chatérrimo", "chiquérrimo", "elegantérrimo" **e** "finérrimo"?

R. São formas só aceitáveis na língua falada de pessoas de gosto duvidoso. Só não são imperdoáveis quando se quer fazer ironia ou sarcasmo. Não satisfeitos com elas, há os que criam superlativos que eles supõem serem ainda mais enfáticos: "chatésimo, "chiquésimo", "elegantésimo", "finésimo". Serão pessoas felizes?...

743. Sim, como aqueles que acham que hiper **é superior a** super.

R. Exatamente, há pessoas que têm essa ideia e, então, dizem assim: *Ela não estava super, estava hiperelegante na festa.* E também acham que um hipermercado tem que ser muito maior que um supermercado. Parece-me até que o setor comercial absorveu essa ideia errônea, porque os híperes são de fato maiores que os supermercados. Na língua, os prefixos *super-* e *hiper-* têm idêntico sentido, embora tenham origens distintas, um é latino; o outro, grego.

744. É correto o uso de ambos **sem o artigo?**

R. Esse numeral, chamado *dual* (porque sempre se refere a dois seres), exige o artigo posposto: *ambos **os** livros, ambas **as** escolas*, e não "ambos livros", "ambas escolas". Mas jornalistas parece existirem só para contrariar as normas da língua, porque escrevem: *O motivo da briga entre "ambas equipes" foi a invasão de campo da torcida catarinense.*

Manchete de uma folha paulistana: **Protesto de professores interdita avenida Paulista em "ambos sentidos".** De uma repórter de televisão: *"Ambos assessores" negaram o fato.* De uma folha de São Paulo: *O tratado foi assinado em 1973, durante as ditaduras militares em "ambos países", e permitiu a construção da represa de Itaipu, no rio Paraná.* Essa gente é ótima! Se *ambos* se fizer acompanhar de um pronome demonstrativo, naturalmente se omite o artigo: *ambos esses filhos, ambos aqueles carros, ambas estas funcionárias*, etc.

745. Por que o pronome você **exige o verbo na terceira pessoa do singular, se é a pessoa com quem se fala?**

R. Boa pergunta. **Você** e todos os pronomes de tratamento passaram a exigir a 3.ª pessoa no século XVI, quando foi introduzido o uso dos títulos honoríficos (majestade, excelência, senhoria, alteza, mercê, etc.) em nossa língua, que nessa época já se consolidava, depois de seu surgimento no século XI. O uso desses títulos, que substituíam *tu* e *vós*, ocasionou o emprego da 3.ª pessoa pela 2.ª, propiciando desacordo entre a teoria vista na definição das pessoas gramaticais e a prática. Por isso, **você** e todos os pronomes de tratamento, inclusive *senhor* e *senhorita*, embora sejam a pessoa com quem se fala, são considerados da 3.ª pessoa.

746. Para chegar a você, **o pronome** vossa mercê **passou por** vossemecê, vosmecê **e** vossancê, **isto é, transformou-se bastante, não?**

R. E continua se transformando. Por ser o pronome de tratamento usado para pessoas íntimas, era naturalmente o mais usado e quem muito usa muito transforma. Hoje, já há quem use *ocê* e até *cê*. A continuar assim, *vossa mercê* ainda vai acabar virando apenas *ê*. Depois disso, só a mímica...

747. É correto empregar você **como pronome indeterminado?**

R. Na língua escrita formal, não convém fazer isso. Já na língua falada despretensiosa, é comum encontrarmos frases assim, quando uma pessoa se dirige a outra: *A saúde é o mais importante. Se "você" não investe na saúde, o país fica doente.* Vem o outro e diz: *O social é o mais importante. "Você" precisa investir no social.* Esse "você" indeterminado, que não se refere propriamente à pessoa com quem se fala, é um pronome bem maroto. Cabe substituílo por **é preciso** ou por qualquer palavra ou expressão disponível na língua. Por exemplo: *A saúde é o mais importante. É preciso investir na saúde. O social é o mais importante. Deve se investir no social.* Recentemente vimos dois amigos que conversavam animadamente. De repente, um diz ao outro: *Hoje "você" vota num sujeito e não sabe se ele é ladrão; hoje "você" sai de casa nas grandes cidades e não sabe se volta vivo; hoje "você" vai a um estádio e não sabe se volta inteiro; hoje "você" para num sinal vermelho e não sabe se fica liso ou se fica vivo; hoje "você" está vivo e amanhã "você" pode estar morto.* Ao que o outro reage, entre perplexo e indignado: *EU?!* Ou seja, o amigo não entendeu nada...

Nosso português do dia a dia

748. Existe algo que comentar na frase Chegou a hora da onça beber água?

R. Existe, sim, o que comentar. Houve um tempo em que todos os gramáticos defendiam a não contração da preposição **de** com o pronome reto subjetivo. Assim, deveríamos construir *Chegou a hora de a onça beber água*, em vez de *Chegou a hora da onça beber água*. Hoje, porém, já se admite a contração, que na fala sempre foi uma realidade.

749. Qual é a curiosidade envolvendo os pronomes certo e qualquer?

R. Os pronomes *certo* e *qualquer* indicam ideias diferentes. **Certo** dá ideia particularizada e um tanto pejorativa do ser, entre outros da mesma espécie, mas sem identificá-lo; **qualquer**, por seu lado, não indica particularização nenhuma nem dá ideia pejorativa do ser. Veja estes exemplos: *Certas pessoas nem deveriam se candidatar*. (Quando digo isso, revelo que eu sei quem são as pessoas, mas, por alguma razão, não quero identificá-las.) *Qualquer pessoa se candidata hoje em dia*. (Sem ideia pejorativa nem de particularização).

750. Qual é a curiosidade envolvendo o pronome nenhum?

R. **Nenhum**, pronome que generaliza a negação, varia normalmente, desde que anteposto ao substantivo. Ex.: Não havia *nenhumas* frutas na cesta. Não temos *nenhuns* recursos para resolver isso. Posposto, não varia em hipótese nenhuma: Não havia fruta *nenhuma* na cesta. Não temos recurso *nenhum* para resolver isso. Sendo posposto, figurará obrigatoriamente no singular, não sendo próprias, portanto, frases como esta: *Não temos recursos "nenhuns" para resolver isso*.

751. Nenhum tem emprego diferente de nem um?

R. **Nem um** é forma enfática, que se refere à unidade: Não havia *nenhum* médico no hospital é frase de quem está quase conformado, já Não havia *nem um* médico no hospital é frase de pessoa revoltada.

752. Posso gritar: "Viva" os brasileiros! ?

R. Quem é sincero grita melhor: *Vivam* os brasileiros! Porque *viver* aí é verbo. Portanto: *Vivam* os campeões! *Vivamos* nós, brasileiros! Dia desses, porém, o ex-governador Geraldo Alckmin, discursando num sindicato, gritou: *Lula, Lula, viva Lula, "viva" os trabalhadores do Brasil.* Sinceridade é tudo na vida...

753. Existe algum problema na frase Traga cervejas o mais geladas "possíveis"?

R. Existe. *Possível* não varia quando acompanha *o mais, o menos, o melhor, o pior, o maior* e *o menor: Traga cervejas o mais geladas* **possível**! *O alfaiate fez nossas roupas o mais largas* **possível**. *Procure o melhor dos melões* **possível**! *Reúna o maior número de provas* **possível**! *Possível* varia, porém, quando o artigo dessas expressões aparece no plural: *Traga* **as** *cervejas mais geladas* **possíveis**! *O alfaiate fez nossas roupas* **as** *mais largas* **possíveis**. *Procure* **os** *melhores dos melões* **possíveis**!

Enquanto isso, no portal Terra: *A autoridade policial pede que possíveis vítimas registrem boletim de ocorrência com o máximo de informações "possíveis".*

754. E a expressão quanto possível?

R. *Quanto possível* é locução absolutamente invariável: Traga cervejas geladas *quanto possível*! Os animais silvestres estão desaparecendo; temos que lutar para salvar tantos *quanto possível*. Os pais faziam gestos e caretas *quanto possível* para fazer o nenê rir. Só não convém usar *"o" quanto possível*.

755. A frase Esse rapaz constitui "num" problema para a família traz algum problema?

R. Traz. O verbo *constituir* é transitivo direto; *constituir-se* é que é transitivo indireto: Esse rapaz constitui **um** problema para a família. Ou: Esse rapaz **se** constitui **n**um problema para a família.

756. E a frase Ele se tornou "num" problema para a família?

R. Em Portugal, essa frase é perfeita, porque se usa o verbo *tornar-se* com a preposição *em*; já no Brasil, não: *Ele se tornou* **um** *problema para a família* – é assim que construímos por aqui.

757. Qual a curiosidade envolvendo a palavra canalha?

R. A palavra *canalha* é formada de *cane* (cão) + o sufixo *-alha. Canalha* (quem não sabe?) é pessoa infame, torpe, cujos atos lembram os de um

Nosso português do dia a dia

cão de rua. Aliás, muitas vezes nem mesmo os atos de um cão de rua se lhe assemelham. A política está cheia deles.

758. Existe alguma afinidade entre as palavras defunto **e** função?

R. Existe: ambas possuem o mesmo radical latino. *Defunto* nos veio de *defunctus*, aquele que cumpriu uma *função*.

759. Interessante isso. Por que se chama conclave **a reunião de cardeais para eleger o papa?**

R. *Conclave* significa *com chave*. Enquanto dura a eleição, os cardeais ficam fechados à chave.

760. A palavra cesariana **tem algo a ver com Júlio César, imperador romano?**

R. Tem. César nasceu por esse procedimento obstétrico.

761. Disse certa vez uma filha única: Meu pai não deixa "eu" namorar porque só tem "eu". **E agora?**

R. Agora está algo complicado. Depois de verbo, claro ou subentendido, não se usam pronomes retos, que devem dar lugar aos pronomes oblíquos tônicos. Portanto a infeliz filha única deveria ter dito assim: *Meu pai não* **me** *deixa namorar, porque só tem* **a mim**. Outros exemplos semelhantes: *Deixe-**me** ver isso aí!* (E não: Deixe "eu" ver isso aí!). *Não **nos** deixaram sair.* (E não: Não deixaram "nós" sair.) *Não tenho outro amigo senão* **a ti**. (E não: *Não tenho outro amigo senão "tu".*) *Eles não viam no mundo outra pessoa senão* **a mim**. (E não: *Eles não viam no mundo outra pessoa senão "eu".*) *Nunca hei de amar outra mulher senão* **a ela**. (E não: *Nunca hei de amar outra mulher senão "ela".*)

762. Na frase Não me sobrou senão alguns trocados **existe algum erro de concordância?**

R. Não, não existe. Nesse caso, em que entra a palavra *senão* entre o verbo e o sujeito, o verbo pode ser usado tanto no singular quanto no plural, indiferentemente: *Não me sobrou* (ou *sobraram*) *senão alguns trocados*. Por quê? Porque antes de *senão* pode-se subentender a palavra *nada*, na frase com o verbo no singular.

763. E na frase Possuo alguns bens, "qual" seja cinco casas e um terreno, **existe algum erro de concordância?**

R. Agora, sim, existe um erro de concordância, porque *qual* deve concordar com o termo antecedente (*bens*), e o verbo concorda necessariamente com o sujeito (*cinco casas e um terreno*): *Possuo algumas propriedades, **quais** sejam cinco casas e um terreno*. Em vez de *qual* pode aparecer *como*: *Possuo alguns bens, **como** sejam cinco casas e um terreno*.

764. Por que se tacha de santo do pau oco **uma pessoa falsa?**

R. A expressão *santo do pau oco* surgiu no Brasil colonial e, mais exatamente, em Minas Gerais, no final do século XVII, época do auge da mineração no país. A Coroa portuguesa costumava cobrar impostos altíssimos sobre todos os metais preciosos. Os que não queriam pagar esculpiam santos em madeira oca e os recheavam de ouro em pó. Assim, conseguiam passar pelos postos de fiscalização. Usa-se também a expressão em referência a menino levado e, neste caso, *santo* aparece geralmente no diminutivo.

765. Nomes de escola ou de qualquer outra instituição devem vir entre aspas ou não?

R. Não, tais nomes não devem vir entre aspas. Portanto, escreva sempre: Escola Estadual Castro Alves, Casa Rui Barbosa, Sociedade Amigos de Machado de Assis, Colégio Dante Alighieri, etc.

766. Que se pode dizer do uso das aspas?

R. As aspas aparecem **depois** da pontuação quando abrangem todo o período. Assim, por exemplo: "O culto do vernáculo faz parte do brio cívico." Caso contrário, a pontuação ficará depois delas: Napoleão Mendes de Almeida afirmou: "O culto do vernáculo faz parte do brio cívico". Quando já existem aspas numa citação, ou numa transcrição, use aspas simples: "Um espartano, convidado a ouvir alguém que imitava o canto do rouxinol, respondeu firmemente: 'Já ouvi o rouxinol'."

767. Qual é a frase correta: Deve-se criar impostos **ou** Devem-se criar impostos?

R. Em verdade, a frase **rigorosamente** correta é *Não se deve criar impostos...* Voltando à gramática: ambas as frases estão corretas. Na primeira, *criar impostos* é uma oração reduzida subjetiva: *o que se deve?*

Nosso português do dia a dia

criar impostos (oração reduzida subjetiva), daí o verbo no singular. Na segunda, o verbo *dever*, auxiliar, deve concordar com o sujeito (impostos), já que se trata de uma passiva sintética, equivalente desta, analítica: *impostos devem ser criados*. A mesma faculdade se dá com o verbo *poder*: *Pode*-se criar impostos (= Criar impostos é podido), *Podem*-se criar impostos (= Impostos podem ser criados). Se me perguntarem que construção prefiro, opto pela segunda, com o verbo auxiliar.

768. Agora se escreve corpo a corpo, **sem hifens?**

R. Exatamente, em qualquer significado, escreve-se *corpo a corpo*. Antes, fazia-se distinção entre *corpo-a-corpo* (luta corporal, luta de corpo a corpo: *o soldado francês é ótimo no corpo-a-corpo*) e *corpo a corpo* (modo como se luta ou se age: *os soldados lutavam corpo a corpo; amarraram corpo a corpo e jogaram numa vala comum*). Agora, virou uma bagunça só, coisa, aliás, muito própria do recente Acordo Ortográfico.

769. Existe alguma diferença de significado entre invenção **e** invento?

R. Existe. As duas palavras exprimem o que se inventou, a obra do inventor, com a diferença que *invenção* tem muito mais extensão, é termo bem mais abrangente. O *invento* se restringe às artes. A pilha, o rádio, a televisão e o computador são *invenções*; o cinema, além de *invenção*, é um extraordinário *invento*. Há coisas, no entanto, que não podem (nem devem) ser inventadas. Um estudante participante do ENEM, no entanto, preocupado com o futuro dos inventores, escreveu isto: *Lavoisier foi guilhotinado por ter inventado o oxigênio*. Esse é o tipo de invento que, em verdade, é uma invenção...

770. A expressão tanto faz...como **ou** tanto faz... quanto **varia?**

R. Não: *tanto faz* é uma expressão invariável, assim como *haja vista*. Para mim *tanto faz* cem *como* duzentos reais, tudo é dinheiro. Para mim *tanto faz* morangos com chantili *quanto* morangos sem chantili. Para nós *tanto fazia* oito *como* oitenta. Para as crianças, *tanto faz* presentes *como* viagem, no Natal. Para mim *tanto faz* loiras *como* morenas, tudo é mulher.

771. Explique-me, por favor, o caso de tira-teima!

R. É um caso que já me incomodou mais. Nossa língua possui certas palavras que, embora no singular, terminam em **s**. São muitos os casos, entre os quais *pires* (o pires), *lápis* (o lápis), *tênis* (o tênis), *porta-aviões* (o porta-aviões), *porta-joias* (o porta-joias), *porta-malas* (o porta-malas), *porta-trecos* (o porta-trecos) e também, naturalmente, *tira-dúvidas* (o tira-dúvidas), além de *tira-teimas* (o tira-teimas). Uma rede de televisão, antes poderosa, inventou o "tira-teima", como se também pudéssemos usar "tira-dúvida", "pire", "lápi", "têni", "porta-avião", "porta-joia", "porta-mala" e "porta-treco". Vulgarizou de tal forma a invenção, que um dicionarista brasileiro resolveu encampá-la, registrando-a em seu dicionário. Mas esse mesmo dicionarista não teve a mesma coragem de registrar "tira-dúvida". Nem "pire", "lápi", "têni" e "porta-avião", evidentemente. Claro, porque essas formas, assim como, a meu ver, "tira-teima", não existem. Mas, mesmo não existindo, foi feito lá o registro. E os luminares que elaboram o VOLP, para não ficarem atrás, acabaram também por registrar a invenção, que os bons dicionaristas portugueses da atualidade não abonam. Nem poderiam, têm juízo...

772. Qual é a pergunta que não quer calar em relação aos dicionários brasileiros?

R. Se o que está cercado não encontra passagem por nenhum dos lados, como se explica que nos dicionários brasileiros apareça a definição de **península** desta forma: *porção de terra cercada de água "por todos os lados", exceto por um*?

773. Não se explica... Qual é a grande curiosidade envolvendo a palavra inguinal?

R. A palavra *inguinal* nunca teve trema; sendo assim, sempre se pronunciou *inghinal*, e não "ingüinal". *Inguinal* é um adjetivo que se refere à virilha: uma hérnia *da virilha* é uma hérnia *inguinal*. Como você sabe, o trema foi abolido, já não se usa em palavras portuguesas. Como a pronúncia dessa palavra é e sempre foi *inghinal*, e não "ingüinal", conclui-se que nunca recebeu trema. Sempre se escreveu *inguinal*, sem trema, e a pronúncia sempre foi *inghinal*. Faço questão de repetir, para ficar bem claro.

774. Mas por que esse assunto agora?

R. É que recentemente, durante a transmissão pela televisão de um jogo de futebol, o repórter de campo nos informou que *"Marquinhos sofreu uma cirurgia de hérnia 'ingüinal' e só voltará a jogar daqui a dez dias"*. Ao que o narrador, sempre sábio, perguntou: *"Ingüinal"* com trema ou sem trema? É ele mesmo quem responde: *Claro, sem*

Nosso português do dia a dia

trema, porque caiu o trema. Ou seja: não bastou que pronunciasse errado a palavra (ele naturalmente deve pensar que a palavra tem algo a ver com íngua...); segundo seus "amplos e profundos" conhecimentos de português, a palavra levava trema anteriormente. Ante o exposto, alguns até poderiam aconselhar a esse narrador: *Fica quietinho aí no teu canto, narra direitinho aí o teu jogo e te aquieta, não te arrisques a ir muito além do teu sapato, que te perdes sozinho!* Coisas inacreditáveis se ouvem durante uma narração de jogo de futebol. E alguns narradores e repórteres ainda zoam jogadores, quando eles dizem que *"clássico é clássico e vice-versa".* Falta-lhes espelho em casa...

775. Que se pode dizer do uso do verbo aumentar?

R. *Aumentar* é um verbo que significa, entre outras acepções, tornar ou ficar maior (*aumentar o conhecimento; minha sede aumentou*) ou adquirir mais (qualquer coisa): *aumentei de peso de repente.* Como se vê, no próprio verbo já existe a ideia de *maior,* de *mais.* Mas os jornalistas brasileiros, sobretudo os repórteres, insistem em usar "aumentar mais" ou "aumentar ainda mais". Pra quê? Não fica melhor *aumentar muito* ou *aumentar consideravelmente*?

776. Qual o verdadeiro significado do verbo acatar?

R. No **Grande Dicionário Sacconi da Língua Portuguesa**, há para *acatar* o registro de duas acepções: **1.** Seguir ou observar com submissão ou com respeito; aceitar: *acatar os conselhos dos pais, as opiniões dos mais velhos.* **2.** Respeitar; cumprir; obedecer a: *acatar as leis, o regulamento.* Sendo assim, acata quem tem juízo. No meio jurídico, tem sido usado erroneamente, por *acolher*, que significa receber para tomada de providências, dar acolhida a. Portanto, os advogados deveriam usar assim: *Ele é o encarregado na empresa de* **acolher** *as reclamações dos consumidores. O juiz* **acolheu** *a tese de prescrição de prazo.*

777. Uma partida de futebol pode ser transmitida na madrugada "de sábado para domingo"?

R. Para responder a essa sua pergunta, temos de tornar ao **Grande Dicionário Sacconi,** a fim de sabermos o que é, de fato, *madrugada*: período de tempo compreendido entre a zero hora e o alvorecer. Ora, se assim é, uma partida de futebol, ou qualquer outra coisa, só pode acontecer na *madrugada do domingo.* Não existe madrugada "de sábado para domingo". Ou melhor: existe. Mas é uma expressão de absoluta exclusividade da nossa mídia esportiva...

778. Qual é a diferença entre imperativo **e** imperioso**?**

R. **Imperativo** tem a ver com ordem de autoridade, que exige obediência absoluta, sem admitir réplica ou que assim se caracteriza: o tom *imperativo* do juiz; a voz *imperativa* do coronel; a atitude *imperativa* de um comandante. **Imperioso** tem a ver com mando ou ordem de pessoa arrogante, prepotente, soberba, autoritária, que age como imperador ou que assim se caracteriza: o tom *imperioso* do sargento, os ares *imperiosos* daquele presidente alagoano, que costumava dar ordens *imperiosas*.

779. Em rigor, um acidente pode ter vítimas "fatais"?

R. Receio que não. Vejamos todas as acepções de **fatal** do **Grande Dicionário Sacconi da LP**: **1.** Fixado pelo destino; determinado pelo fado; inevitável: *a morte é fatal, ninguém escapa a ela*. **2.** Que causa ou é capaz de causar a morte: *a tuberculose foi fatal a muitos poetas românticos; recebeu um tiro fatal; golpe fatal; qualquer erro numa viagem espacial pode ser fatal aos astronautas*. **3.** Que traz consigo a desgraça e a ruína; de efeitos desastrosos ou nefastos; ruinoso: *golpe fatal contra os traficantes de drogas; a invasão da União Soviética foi fatal para a Alemanha nazista*. **4.** De importância decisiva: *a opinião do ministro foi fatal para a decisão do presidente*. **5.** Que não se pode alterar, prorrogar ou revogar; improrrogável; irrevogável; inalterável; inadiável: *dia 25 era a data fatal para a invasão da Europa*. Como se vê, não houve vítimas "fatais"...

780. A frase Esse menino obedece a qualquer pessoa, exceto os pais **tem problema?**

R. Não, não tem, mas é preferível empregar a palavra *exceto* com a preposição pedida pelo verbo ou pelo nome relativo. Se usarmos *menos* no lugar de *exceto*, a preposição será obrigatória: Esse menino obedece a qualquer pessoa, *exceto* **a**os pais. Ou: Esse menino obedece a qualquer pessoa, *menos* **a**os pais. Outros exemplos: Beatriz gostava de todo o mundo, *exceto* Luís (ou exceto **de** Luís). Era uma pessoa que concordava com todos, *exceto* sua mulher (ou exceto **com** sua mulher). A garota tinha confiança em qualquer pessoa, *exceto* sua tia (ou: exceto **em** sua tia).

781. A frase correta é Eu me dei ao trabalho de ir lá **ou** Eu me dei o trabalho de ir lá**?**

R. Ambas são corretas. O verbo *dar* pede objeto direto de coisa e objeto indireto de pessoa. De fato, quem dá, dá alguma coisa a alguém. Nesse

Nosso português do dia a dia

caso, a coisa é *o trabalho*; portanto, a construção mais aconselhável será *Eu me dei o trabalho de ir lá*. Ainda não acabou: ocorre que o verbo *dar* também se emprega em nossa língua com objeto direto de pessoa e objeto indireto de coisa. Por exemplo: *Luísa deu à luz gêmeos* (isto é: deu ao mundo gêmeos). Está aberto o precedente, que, sem dúvida, autoriza a construção *Eu me dei ao trabalho de ir lá*. Em espanhol, porém, usa-se: *Me doy el trabajo de hacerlo*. E em francês: *Je me donne la peine de faire*.

782. Devo usar obrigatoriamente acento no a em vendas à vista?

R. Não, obrigatoriamente, não. No português do Brasil se tornou tradição usar acento no **a** antes de palavra feminina, nas locuções, mesmo nos casos em que não ocorre a crase. Esse é um deles. Portanto, se você usar o acento aí estará conforme à tradição da língua portuguesa usada no Brasil; se você não usar o acento, estará correto também, porque esse não é um caso de crase; daí por que os portugueses não usam esse acento em locuções como *a vista* (venda a vista), *a faca* (atentado a faca), *a mão* (lavar roupa a mão), etc.

783. Como assim, não é caso de crase?

R. Tanto não é caso de crase que, se substituirmos *à vista* por *a prazo*, o artigo *o* (de *prazo*) não aparece. Só quem sabe de fato O QUE É CRASE entende o que estou afirmando; quem **pensa** que sabe não vai entender nunca. Resumindo: se você estiver no Brasil, prefira usar o acento. Os portugueses também não usam acento em *mãos à obra*; experimente não usá-lo num exame por aqui!

784. Como devo pronunciar Antioquia?

R. Como está aí escrito, ou seja, com acento prosódico na penúltima sílaba: **qui**. *Antioquia* era o nome de uma cidade histórica da Turquia, hoje chamada Antáquia. Na Colômbia existe uma cidade com o mesmo nome.

785. O mundo quer que eu me confesse, mas não que "me comungue". O mundo está certo?

R. Sim, o verbo *confessar* é pronominal, portanto nunca dispensa o pronome; já o verbo *comungar* é intransitivo e rejeita a companhia de pronomes oblíquos. Portanto: *Confessei-me ontem e comunguei hoje. Você se confessa e não comunga?!*

786. No item 341 já tratamos da palavra alerta. **Mas gostaria de saber um bocadinho a mais sobre essa palavra tão mal usada.**

R. Como já vimos no item 341, a palavra *alerta* é advérbio, e não adjetivo. Por isso, não varia. Mas alguns apresentadores de telejornais e jornalistas, com receio de serem mal interpretados (afinal, eles sempre são...), em vez de dizer ou escrever *As pessoas estão mais alerta nas ruas*, eles usam: *As pessoas estão mais* "em alerta" *nas ruas*. Mas... pra que esse "em"? Não há nenhuma necessidade! Manchete do portal Terra: **Discurso golpista de Bolsonaro põe Congresso e STF "em alerta"**. Se o jornalista conhecesse o idioma, nos faria ler diferente: *Discurso golpista de Bolsonaro põe alerta Congresso e STF. Grosso modo,* do ponto de vista gramatical, vamos substituir *alerta* por *atento*: *As pessoas estão mais atentas nas ruas*. Substituir *alerta* por "em alerta" seria o mesmo que substituir *atentas*, nessa frase, por "em atenção". Quem o fará? Veja, agora, como escreve um médico: *Os chás, em sua maioria, são veículos de flavonoides, substâncias de efeitos antioxidantes. Seus princípios ativos, como os medicamentos, têm indicações, mas também podem trazer efeitos colaterais. A teína destes chás estimula o coração e nos deixa "alerto".* Costumo dizer: os médicos entendem muito. (De medicina...) Na verdade, muitos médicos estão colhendo hoje o que semearam quando da época de estudantes. Nos cursinhos preparatórios para vestibulares, era comum os alunos desprezarem as aulas de língua portuguesa, achando que importantes mesmo eram as de Biologia, Matemática, Física e Química. Atitude "sábia", própria de adolescentes! Hoje, eles sabem um pouco da sua profissão e nada da própria língua; tornaram-se indivíduos sofríveis no uso do próprio idioma. Atitude de estudante estúpido. Por isso, com alguns médicos, advogados e engenheiros de hoje, estejamos sempre *alerta*!

787. Ao escrever os símbolos químicos, uso o masculino ou o feminino, mesmo se tratando de um composto de nome feminino? Por exemplo: *água* é nome feminino, então ao me referir a seu símbolo (H_2O), devo usar "a" H_2O ou o H_2O?

R. Antes de qualquer símbolo químico, usa-se o gênero masculino, por estar subentendida justamente essa expressão (símbolo químico), que é de gênero masculino: **o** H_2O, **o** NH_3, etc. Quando se diz *o NH_3 é volátil*, o espírito percebe a mensagem desta forma: **O** símbolo químico **NH_3** é de um composto *volátil*.

Nosso português do dia a dia

788. Tenho visto os jornalistas usarem "capturar" imagens. **Isso está certo?**

R. Cópia servil do inglês *capture images*, que em português se traduz por *captar imagens*, e não por "capturar" imagens. A macaquice continua solta no jornalismo brasileiro. *Capturar* em português é prender (*capturar* criminosos), é conquistar (*capturar* territórios inimigos), é apreender (*capturar* muamba); **captar** é colher, obter (*captar* recursos, imagens), é recolher, apanhar (*captar* águas pluviais), é apreender, entender (*captou* o que estou dizendo?), receber (*captar* sinais de rádio, tv, etc.). Apesar de tudo, vê-se notícia assim redigida em nossos jornais: *A sonda Cassini, da Nasa, "capturou" uma série de imagens que revelam uma região escura e bem definida na superfície de Titã, a maior das luas de Saturno. Capturar* está mais para polícia que para sonda...

789. Como fica a concordância do verbo, quando numa frase a conjunção ou **tem valor corretivo?**

R. No caso em que **ou** tem valor corretivo, com o singular antes e o plural depois, o verbo concordará obrigatoriamente com o último elemento: *O ladrão ou os ladrões **saíram** em fuga, quando chegou a polícia.* Portanto, um famoso jornalista escorregou, quando escreveu em seu blogue: *O texto abaixo, ou as informações nele contidas, ainda "vai acabar" se transformando num documento.* Num esforço para não errar, ou para encobrir o deslize, ele usou as vírgulas, que não adiantaram nada... Aliás, logo em seguida a essa frase veio esta, com uma redundância: *Ou bem os tucanos se entendem e descobrem onde pôr as "suas respectivas" vaidades ou bem desistem da disputa.* Agora, quando deveria usar vírgula antes do *ou*, omitiu-a. Pois é...

790. A fêmea do cão labrador pode ser chamada "labradora"?

R. A meu ver, não. *Labrador* é nome epiceno: o labrador macho, o labrador fêmea. Há quem use "labradora" por influência do uso generalizado do feminino de *pastor-alemão*: "pastora-alemã", a meu ver também totalmente equivocado.

791. E à fêmea do porco-espinho **como posso referir-me?**

R. Positivamente, não será "porca-espinho" nem muito menos "porca-espinha". A fêmea do *porco-espinho* atende pelo nome de *porco-espinho fêmea*, assim como a fêmea do *sapo-boi* atende pelo nome de *sapo-boi fêmea* (e não por "sapa-vaca"). Seria igualmente cômico alguém dizer que o feminino de *cavalo-marinho* é "égua-marinha", que o feminino de *dragão-de-komodo* é "dragoa-de-komodo", ou que o masculino de *viúva-negra* é "viúvo-negro"... Os que raciocinam razoavelmente sabem que a fêmea do *cavalo-marinho* (único macho que engravida) é *cavalo-marinho fêmea* e que o macho da *viúva-negra* é *a viúva-negra macho*. É preciso perceber que o estabelecimento da distinção de sexo entre os animais não se realiza de modo comum, como se costuma fazer normalmente.

792. Se assim é, então, a fêmea do pastor-alemão...

R. ...atenderá sempre pelo nome de *pastor-alemão fêmea*, ou por *cadela pastor-alemão,* ou por *cachorra pastor-alemão*. Afirmar que a fêmea do pastor-alemão é a "pastora-alemã" me soa como a "égua-marinha"...

793. Recentemente, um advogado, interessado em pegar uma causa, perguntou a um possível cliente: Por que você não "penetra" com uma ação contra esse banco? O verbo penetrar foi usado corretamente aí?

R. Se você consultar o verbete **penetrar**, no **Grande Dicionário Sacconi**, não vai encontrar nenhuma acepção em que esse verbo tenha o significado que o referido advogado lhe quis dar. Quem está interessado em demandar alguém, em português equilibrado, *ingressa* com uma ação contra a outra parte, sem necessidade nenhuma de penetrar...

794. Depois da expressão cheirar a usa-se artigo?

R. Não. Sua camisa está cheirando a cigarro. Se o nome for feminino, naturalmente, não haverá crase: Isso me está cheirando **a** fraude. Seu hálito está cheirando **a** catinga de bode. O mesmo para *saber a* (ter sabor de): O beijo dessa garota sabe **a** mel.

795. Qual é a diferença entre empecilho, estorvo e obstáculo?

R. **Empecilho** é tudo aquilo que dificulta propositadamente, somente para causar dano. Há certos países cuja classe política é um verdadeiro *empecilho* para o seu progresso. **Estorvo** é tudo o que vem perturbar ou atrapalhar o bom andamento de alguma coisa. Uma pedra no sapato é um *estorvo*; um calçado muito apertado é um *estorvo*; um animal que cruza a pista, assustando o motorista, é um *estorvo*. **Obstáculo** é tudo aquilo que, à frente, torna impraticável o prosseguimento de uma ação. Há pessoas que lutam contra inúmeros *obstáculos* para conseguirem

Nosso português do dia a dia

formar-se. Há outras que enfrentam enormes *obstáculos* para fazerem valer o seu talento. Ou os seus direitos.

796. Qual o verdadeiro significado de malferido?

R. Ao contrário do que a princípio se possa pensar, significa muito ferido, ferido gravemente ou mortalmente: A vítima foi levada *malferida* para o hospital e, não resistindo aos ferimentos, morreu. O verbo *malferir* significa ferir gravemente ou mortalmente: O pavoroso acidente *malferiu* todos os passageiros do ônibus, que se encontram em estado grave no hospital. Não lhe perdoo, Beatriz, porque você me *malferiu* o coração!

797. Qual é a diferença entre lavoura e safra?

R. A *lavoura* é uma plantação que dá duas ou mais vezes ao ano, enquanto a **safra** só se colhe uma vez no ano. Portanto, existe *lavoura* de milho, mas *safra* de soja; existe *lavoura* de feijão, mas *safra* de arroz.

798. Como vimos em 446, segundo o VOLP não existe espirrada, piscada, espreguiçada, rodopiada nem vasculhada. Que mais?

R. Vejamos o que fizeram com *dois-pontos* (:). Registraram corretamente *dois-pontos* (com hífen), mas classificaram o composto como substantivo masculino plural. Ora, então, teremos de escrever, doravante, "os dois-pontos", em referência a apenas **um** *dois-pontos*? Os corretores de imóveis terão, agora, de falar em "os dois-quartos" (que o VOLP não registra), em referência a apenas **um** *dois-quartos*? Os treinadores de futebol terão, doravante, de fazer "uns dois-toques" em vez daquilo que sempre fizeram: **um** *dois-toques*? Os mecânicos terão, agora, de falar, em referência ao motor de dois-tempos: "os dois-tempos", em vez de **o** *dois-tempos*? Tiraram os hifens de *pé-de-água*, de *pé-de-anjo*, de *pé-de-atleta*, de *pé-de-bode*, de *pé-de-boi*, de *pé-de-cana*, de *pé-de-moleque*, etc. Ora, se retiro o hífen de um composto, ele deixa de ser um mero substantivo, para virar uma **locução** substantiva. Mas o VOLP e o Dicionário Escolar da Língua Portuguesa, editado pela Academia Brasileira de Letras, continuam considerando as locuções substantivas *pé de água*, *pé de anjo*, *pé de atleta*, *pé de bode*, *pé de boi*, *pé de cana*, *pé de moleque*, etc. como meros e singelos substantivos masculinos. Ora, senhores!

799. Só isso?

R. Não, isso é apenas a ponta do *iceberg* (que os luminares da Academia ainda não se deram o trabalho de aportuguesar). Para o VOLP, no mundo não existem *misses*; não existe a fruta *atemólia* ou *atimólia*, nunca devem ter provado a fruta, uma anonácea, muito saborosa. E a inépcia do registro de *ciriguela*, a par de "seriguela", continua, embora a forma correta seja apenas uma: *ciriguela*. Não existe "seriguela", como também não existem *cingapurenses*, porque o nome do país é *Singapore*, entre nós *Singapura*.

800. Só isso?

R. Se você tiver paciência, posso continuar. Confesso que esperei com alguma ansiedade a publicação da 6.ª edição do VOLP, porque achava que nela os luminares da Academia Brasileira de Letras iriam, finalmente, resolver o caso de *futsal* (que é uma excrescência brutal, mas reconhecida até hoje) e o de *megassena*. Incompreensivelmente, vê-se na obra *futsal* a par de *futevôlei* (se houvesse coerência, teriam de grafar *futvôlei*) e nada de *megassena*. Ora, se houve o registro de *futevôlei*, o mínimo que se poderia esperar era um ato de coerência e se registrasse *futessal*. Ou o oposto: *futvôlei, futsal* (que seriam, ambas, formas cômicas, porém revelariam ao menos alguma coerência). Mas não, preferiram enveredar pelos meandros escuros e formidáveis da insensatez. A aluvião de incoerências assusta.

801. Mas é SÓ ISSO?!

R. E você acha pouco? Para encerrar, por ora, tenho mais algumas novidades. O hífen (tolo, asinino) de *alto-mar* continua lá, incólume. Senhores, *alto mar* se escreve, racionalmente, sem hífen. Se *mar alto* se escreve sem hífen, por que *alto mar* haveria de ser grafado com hífen? Ou estaria eu raciocinando erroneamente? Ou estaria eu viajando ainda em maria-fumaça, enquanto os senhores estão a todo o vapor num trem-bala? Os que escrevem *alto-mar* deveriam ser, no mínimo, coerentes. Assim, deveriam escrever também "alto-Egito", "alto-Volta", "alto-Amazonas", "alto-Madeira", "alto-Tietê", etc. Como todo o mundo sabe que brincadeira tem hora, ninguém ainda ousou cometer asnices desse tipo. No entanto, *alto-mar* está lá no VOLP, para todo o mundo ver e apreciar... Já passou da hora de esse vocabulário corrigir essa e outras tolices que registra. Por que não olhar para os espanhóis, que escrevem *alta mar*? Por que não copiar os franceses, que escrevem *haute mer*? Copiar, às vezes, é salutar, não depõe não! E é tão fácil!... Tiraram (até que enfim) os hifens de *pôr-do-sol*. Ora, retirados os hifens, a escrita não pode ser *pôr do sol* (como está registrado no VOLP), mas sim *pôr do Sol* (é o Sol que se põe, faz-se referência ao astro, e quando se faz referência ao astro, usa-se inicial maiúscula. Ou estaria eu ainda viajando no passado?...).

Nosso português do dia a dia | 213

De há muito que venho defendendo a forma *défice* (em vez da tola "déficit", registrada até hoje, na 6.ª edição), que agora já consta no referido vocabulário. Os portugueses escrevem *défice* há muito tempo, mas nós insistíamos em grafar um latinismo com acento. Muito bem. Mudaram. A partir de agora, grafaremos *défice*. Mas não seria coerente e justo que fizessem o mesmo com *superávit*? Não. Deixaram *superávit* (um latinismo com acento), em vez de aportuguesarem para *superávite*. Quanto a *habitat*, só passou a ter registro na 6.ª edição, a par de *hábitat* (outro latinismo com acento). Quem sabe na 7.ª edição, seus organizadores resolvam nos presentear com um *hábita* (que é a forma aportuguesada desse latinismo). Vejamos, ainda, o que fizeram com *aterrissar*. Registram *aterrissar* e *aterrissagem*. Muito bem, sem novidade. Mas também acharam de registrar *aterrizar*. Acho razoável, por se tratar de uma forma consagrada pelo povo. Mas... cadê *aterrizagem*? Não traz. O VOLP não traz *aterrizagem*, o que nos faz supor que os aviões só podem *aterrizar*, mas a sua *aterrizagem* está inteiramente proibida. Tudo isso — perdoe-me a comparação, tão chã —tudo isso me faz lembrar o saudoso Chacrinha, cujo mote vocês todos conhecem ou haverão de lembrar: *Eu vim para confundir, e não para explicar.*

802. Hoje se escreve dia a dia, sem hífen, para qualquer sentido?

R. Infelizmente, sim. O recente Acordo Ortográfico é o responsável por deixar tudo igual, mesmo entre coisas diferentes. Explico melhor: **dia a dia**, sem hífen, era usado antes do referido acordo por *todos os dias, diariamente. O ruim do casamento está justamente em um ver a cara do outro dia a dia. O Sol nasce dia a dia.* Já **dia-a-dia**, com hifens, usava-se como sinônimo de *cotidiano* ou *dia após dia*: *A rotina do dia-a-dia. Não é fácil meu dia-a-dia. Os jornalistas gostam de informar o dia-a-dia dos candidatos.* Era uma distinção necessária, que resolveram eliminar. Difícil aceitar. Também distinguiam de significado *fim de semana* (final de semana) e *fim-de-semana* (lazer, descanso). Hoje somos obrigados a escrever: *Há muito tempo não tenho fim de semana* (lazer) a par de *Um fim de semana sem futebol é duro de aguentar.* O uso dos hifens, a meu ver, é absolutamente necessário nos dois casos, dia-a-dia e fim-de-semana, para maior clareza da comunicação. Mas o VOLP não veio para esclarecer... Outro caso é o de *meia dúzia*. Antes do Acordo Ortográfico, **meia-dúzia**, com hífen, equivalia a *alguns*: *Por causa de meia-dúzia de bêbedos, o bar teve de ficar aberto até as 4h. Na passeata havia meia-dúzia de gatos pingados.* Antigamente havia só *meia-dúzia* de ladrões nas ruas (e de galinhas), mas hoje... Hoje temos de usar *meia dúzia*, sem hífen, não só nessas como nesta frase: Comprei *meia dúzia* de laranjas. Note que *meia-dúzia* pode equivaler a três, quatro, cinco ou mais. Por isso, comprar *meia dúzia* de laranjas não é o mesmo que comprar *meia-dúzia* de laranjas. O hífen não servia como meio esclarecedor? Sem dúvida. Mas o VOLP não veio para esclarecer... Quer mais um caso? O de *meia-hora*. **Meia hora** é o período de trinta minutos: ficar *meia hora* na fila. **Meia-hora** era o ponto médio de uma hora: O carrilhão bateu *meia-hora*, sim, mas de que horas?

São ônibus que partem sempre nas *meias-horas* (ou seja, uma e meia, duas e meia, três e meia, etc.). Não era esclarecedor? Mas o VOLP...

803. É verdade que as expressões cerca de e aproximadamente só se usam com números redondos?

R. Não só é verdade, como o lógico! Quando você diz que cerca de 10 pessoas estavam no ônibus, está querendo dizer que eram 8, 9, 11 ou 12, porque não pôde precisar o número exato de pessoas que estavam no veículo. Sem o número redondo, não há por que usar qualquer dessas expressões. Se forem 8 as pessoas, basta construir: *Estavam 8 pessoas no ônibus.* Se forem 12 as pessoas, basta dizer: *Estavam 12 pessoas no ônibus.*

804. Os médicos dizem que um câncer invasivo é aquele que se propaga com facilidade. Mas dizem, por outro lado, que houve "invasibilidade" do câncer. Pode acontecer isso?

R. Embora não seja médico, nem queira sê-lo, posso garantir que não há "invasibilidade" de câncer nenhum. A palavra "invasibilidade" não consta em nenhum dicionário de língua portuguesa, mas consta em dicionários médicos, o que não deixa de ser uma invasão indevida (como se toda invasão não fosse indevida)... Nenhum dicionário traz também *invasividade*, mas é este o substantivo correspondente correto de *invasivo*. Desculpe-me, eu disse "nenhum dicionário". Errei. O **Grande Dicionário Sacconi** traz *invasividade*: hoje vivemos tempos da *invasividade* digital. Que me perdoe o VOLP: tive de invadir sua área...

805. Estou sabendo que o sufixo -ulo e a variante -culo caracterizam diminutivos eruditos: corpúsculo, nódulo, etc. Pergunto: crepúsculo e nódulo trazem tais sufixos?

R. Trazem. *Crepúsculo* nos vem diretamente do latim com o sufixo *-culum*: *crepusculum*, que por sua vez, forma-se de *crepus* (afim de

Nosso português do dia a dia

creper = escuro, obscuro) + -*culum* (-*culus*, -*cula*, -*culum*). O crepúsculo, de fato, é uma claridade no céu situada entre a noite e o nascer do Sol ou entre o ocaso e a noite, ou seja, não é um escuro total. Já *nódulo* nos vem do latim *nodulus, i*, diminutivo de *nodus, i* (nó).

806. Qual é o plural de guarda-marinha?

R. *Guarda-marinha* (que tem oculta a preposição *de*, já que a expressão toda é *guarda-de-marinha*) sempre teve apenas dois plurais: *guardas-marinha* (ou seja, *guardas-de-marinha*) e *guardas-marinhas*. Mas o VOLP agora nos apresenta um terceiro plural: *guarda-marinhas*, o que é inaceitável, porque o primeiro elemento não é verbo, mas substantivo. Quando for substantivo o primeiro elemento, em casos semelhantes, haverá variação; se for verbo é que não varia. Daí termos: *guardas-noturnos*, mas *guarda-roupas*; *guardas-civis*, mas *guarda-pós*. Será possível que os luminares da Academia Brasileira de Letras, de Machado de Assis, ignoram isso?! Se ignorarem, é como um matemático não saber quantos são dois mais dois.

807. É correta a expressão tomar "de" conta, em vez de apenas tomar conta, no sentido de ocupar completamente, invadir?

R. Não, não é. Dia desses, uma pessoa, indignada com o descaso de uma prefeita com o estado da praça situada nas proximidades de sua casa, declarou: *A praça está abandonada, e o lixo tomou "de" conta*.

808. Posso dizer que "de sábado" não tenho aula?

R. Acho melhor você dizer que **aos sábados** não tem aula. Quando um fato se repete no mesmo dia da semana, usa-se o artigo, sempre no plural e precedido da preposição **a**: Às segundas-feiras tenho aulas. Também assim: *Aos finais de semana, passeio*. Recentemente, durante a transmissão de um jogo de futebol, o repórter de campo saiu-se com esta: *Abel não quer que Dudu jogue "de quarta" e "de domingo". Quer poupá-lo*. Que esse repórter me poupe!... No *site* de uma revista semanal de informação: *O presidente venezuelano decidiu fazer programa de rádio diário, e não só "de domingo"*. E, então? Eles não são ótimos? "De domingo" é mais que ótimo: é supimpa!...

809. Os substantivos semana, mês e ano podem dispensar o artigo, quando figuram em expressões temporais?

R. Podem. Teremos festa *semana* próxima. Retornaremos *mês* vindouro. *Ano* passado aconteceram geadas nesta região. Acrescento ainda: com qualquer desses três nomes, use com artigo (**a** semana passada choveu muito), sem artigo (semana passada choveu muito) ou com **na** ou **no** (**na** semana passada choveu muito).

810. Como fica o verbo quando figura no sujeito mais da metade ou menos de 1%?

R. Tais expressões, quando fazem parte do sujeito, exigem o verbo no singular: Mais da metade dos eleitores *votou* nele. Mais da metade do Brasil *torce* pelo Flamengo. Menos de 1% do lucro *vai* para as mãos dos acionistas. Menos de 1% da população global *detém* a mesma riqueza dos 99% restantes. Se depois de 1% vier complemento no plural, o verbo fica no singular ou vai ao plural: Menos de 1% dos eleitores *votou* (ou *votaram*) nulo. No Brasil, menos de 1% de domicílios *pertence* (ou *pertencem*) à classe E (você, naturalmente, leu **é**). Tal faculdade não é possível com *mais da metade + plural*. Esta frase é de um articulista de jornal, ao informar suposto ato de corrupção de um senador: *Mais da metade da comissão (7% dos 12%) "teriam sido entregues" a um grupo de pessoas ligadas ao senador paraibano.*

811. Que significa de meu na frase Nunca tive nada de meu?

R. Significa *meu próprio,* assim como **de seu** significa *seu próprio*: Ele morreu sem nunca ter nada de seu.

812. Uso artigo antes das palavras dom e dona?

R. Não. Ambas essas formas de tratamento rejeitam o artigo: Conheci D. Pedro I. Não vi D. Leopoldina. Note que a abreviatura é a mesma para um e outra. Usa-se com minúsculas (d., dom, dona) ou com maiúsculas (D., Dom, Dona), indiferentemente.

813. E a famosa casa da Mãe Joana?

R. Essa casa só existe se a dona da casa chamar-se Joana e ainda for mãe de quem fala ou escreve. Do contrário, ela não existe. Agora, casa de pouco respeito ou de moral suspeita, ou local onde reina a bagunça ou a baderna é algo um tanto diferente: *casa da mãe joana.* Um articulista de certa folha paulistana escreveu certa feita: *O governo Lula tem dado prova de que as coisas podem sempre piorar. Nas últimas semanas, a administração petista virou a "casa da Mãe Joana".* Dia desses, portanto mais recentemente, um articulista esportivo escreveu que os bastidores do Flamengo parecem uma *"casa da mãe Joana".* Como é que ele sabe disso, se nem isso ele sabe?

814. Por falar em maiúscula e minúscula, que dizer da palavra papa?

R. A palavra *papa*, assim como a locução *sumo pontífice*, pode ser escrita com inicial maiúscula ou com inicial minúscula, dependendo da circunstância. Quando nos referimos ao atual ocupante da cadeira de São Paulo, convém usarmos inicial maiúscula: *O Papa abençoa agora os fiéis, na Praça de São Pedro. O presidente brasileiro se encontrará com o Sumo Pontífice no Vaticano.* Também com inicial maiúscula, quando a palavra acompanha o nome: *O Papa Pio XII foi um dos mais importantes da Igreja, mas sem dúvida o Papa João Paulo II foi dos mais carismáticos.* Do contrário, emprega-se inicial minúscula: *O papa daquela época tinha muito mais poderes. Ele estuda a vida dos sumos pontífices.*

815. As siglas podem ser usadas com minúsculas?

R. Podem ser usadas ou só com maiúsculas ou só com com minúsculas: SUV ou suv, HP ou hp, CV ou cv, IPTU ou iptu, mas nunca apenas com inicial maiúscula: "Suv", "Hp", "Cv", "Iptu", etc.

816. E as palavras fulano, beltrano e sicrano?

R. Agora, todas três com inicial minúscula. Parabéns por ter usado *sicrano*; muitos sucumbem no "ciclano".

817. Depois de interjeições, uso maiúscula ou minúscula?

R. Desde que o nome seja comum, use minúscula: Oh! quanta miséria! Minha nossa! que frio! Deus do céu! que mulher feia! Podemos substituir o primeiro ponto de exclamação pela vírgula: Oh, quanta miséria! Minha nossa, que frio! Deus do céu, que mulher feia!

818. Escrevo "Decreto-lei" ou Decreto-Lei?

R. Decreto-Lei. Escreva sempre com inicial maiúscula o elemento interior de um composto (Grã-Bretanha, Decreto-Lei) ou de um derivado hifenizado (Super-Homem), quando se tratar de nome próprio.

819. Nasci a 18 de dezembro ou em 18 de dezembro?

R. Antes de datas se usa **a** ou **em**, indiferentemente. **Em** 21 de abril se descobriu o Brasil e **a** 7 de Setembro se proclamou a Independência.

Se a data vem substantivada, então, o artigo é obrigatório: **O** 7 de Setembro cairá numa segunda-feira este ano. **O** 18 de dezembro é, para mim, o grande dia do ano.

820. As palavras casa, terra, solo e palácio, quando usadas isoladamente, aceitam artigo?

R. Tais palavras, usadas isoladamente, não aceitam artigo: Estou *em* casa. Fui *a* casa depois do trabalho. O avião já está *em* terra (ou *em* solo). *Terra à vista*. O presidente está *em* palácio e só vai sair *de* palácio de madrugada. Usado modificador, então, o artigo é obrigatório: O presidente está n**o** Palácio da Alvorada, mas logo irá a**o** Palácio do Planalto.

821. Se o nome correto é Palácio da Alvorada, como se explica que alguns jornalistas usem Palácio "do" Alvorada?

R. Explica-se: falta de intimidade com a casa do presidente...

822. Se as palavras registradas no VOLP são escande**sc**ência, escande**sc**ente, escande**sc**er, escande**sc**ido, como se explica que o dicionário Houaiss traga "escandecência", "escandecente", "escandecer" e "escandecido"?

R. Confesso que não sei responder. Como o autor, infelizmente, já não está entre nós, fica difícil saber a razão pela qual houve registro de todas essas formas cacográficas. Confesso que também não sei responder por que esse dicionário traz "multipontoado" em vez de *multipontuado*. Confesso que também não sei responder por que esse dicionário traz "salchicha". Confesso que também não sei responder por mil coisas que traz esse dicionário. Boa parte delas faço constar no **Dicionário de erros, dúvidas, dificuldades e curiosidades da língua portuguesa**).

823. É facultativo o uso do artigo antes de pronome possessivo?

R. Sim. Vou **em** meu carro ou Vou **no** meu carro. Se o nome for de parentesco, convém não usar o artigo: Fui com **minha** mãe e voltei com **meu** pai. Também não se usa o artigo, quando se expressa um ato que ocorre frequentemente: Ela acordou, tomou **seu** café e saiu.

824. Não posso dizer, então, gosto do meu pai?!

R. Para a gramática tradicional, não. Mas na língua contemporânea, falada ou escrita, tal uso é generalizado, mesmo porque o artigo, nesse

Nosso português do dia a dia

caso, imprime certo caráter afetivo à comunicação. Compare e sinta a diferença entre *Gosto **de** meu pai* e *Gosto **do** meu pai*! No entanto, os nomes *pai* e *mãe*, que exprimem individualidade única (cada pessoa não tem senão um só pai e uma só mãe), rejeitam o uso do artigo de forma terminante. Do ponto de vista lógico, não há razão por que empregar "o meu pai", "a minha mãe", visto que em *meu pai* e em *minha mãe* o pronome já determina, por si só, o nome de forma exclusiva. Somente o caráter afetivo explicará e justificará, portanto, o uso do artigo antes de tais nomes.

825. Mais alguma curiosidade em relação ao uso do artigo?

R. Sim, mais esta: no português clássico e em Portugal, não se usa artigo antes dos nomes *Europa, Ásia, África, Espanha, França, Inglaterra, Escócia, Holanda* e *Flandres*, quando regidos de preposição. Daí por que Eça de Queirós escreveu *Cartas **de** Inglaterra*, e muitos portugueses vivem *em* França.

826. O artigo um se usa quando?

R. Entre muitos casos, usa-se o artigo indefinido **um** para apresentar um ser ainda não conhecido: O pneu furou, **um** guarda me multou porque o carro estava parado em lugar proibido, procurei **um** borracheiro, mas não encontrei. Veja, agora, a mensagem que aparece no vídeo, depois do anúncio de um medicamento: *Ao persistirem os sintomas, "o" médico deverá ser consultado*. Ora, qual médico? Não seria o caso de consultar **um** médico? Não saber usar com propriedade uma palavra tão curta, tão pequena, tão doce é, de fato, para se ter um treco e consultar um médico...

827. Há pessoas que passam mal "um" dia sim, "um" dia não, só por causa disso...

R. Se a expressão correta é sem o artigo, seja com *dia*, seja com *semana*, seja com *ano*, como se explica que você use "um dia sim, um dia não"?

828. Não se explica, professor... Se os nomes de revistas exigem o artigo (a Época, a ISTOÉ), como se explica que a Veja nunca use o artigo quando a ela própria se refere?

R. Explica-se: vontade de ser diferente. Pena que a diferença seja para menos, nesse caso...

829. Só antes de nomes de pessoas íntimas é que devo usar artigo (a Cida, o Tôni); do contrário, não?

R. Em tese, sim. Mas a língua falada muitas vezes contraria essa norma, que manda: se houver intimidade, **o** Ivã; se não houver intimidade, apenas Ivã. No Sudeste e no Sul do Brasil, principalmente, usa-se artigo antes de qualquer nome de pessoa, conhecida ou não, simpática ou não, amiga ou não, burra ou não. Assim é que se ouve comumente: "o" Moro (em referência a Sérgio Moro); "o" Trump (em referência ao ex-presidente americano Donald Trump); "a" Dilma (em referência a conhecida figura do nosso "folclore" político), etc. Antes de nomes completos, inteiros, então, a língua rejeita veementemente o emprego do artigo. Pois mesmo assim, só se ouve: "o" Fernando Collor, "o" Caetano Veloso, "a" Luiza Erundina, "a" Marta Suplicy, etc., como se o falante tivesse a maior intimidade com tais figuras. Certa vez, uma governadora do Rio de Janeiro, petista, declarou: *Espero que algum governador aceite receber "o" Fernandinho Beira-Mar*. Está claro que a governadora não tinha nenhuma intimidade com o meliante. Então, por que revelá-la? Por fim, convém dizer que no Nordeste não se usa artigo antes de nomes de pessoas em nenhum caso. Lá só se ouve Zé, Beto, Chico, etc.; nada de o Zé, o Beto, o Chico, mesmo que se trate de um irmão. Melhor assim.

830. Professor, o que é adjetivo de valor subjetivo **e adjetivo de valor** objetivo?

R. O chamado adjetivo de valor *subjetivo* é o que exprime a opinião do autor ou escritor (p. ex.: filme *maravilhoso*); o adjetivo de valor *objetivo* é o que não revela a opinião do autor ou escritor (p. ex.: filme *longo*).

831. Quem nasce em Estocolmo, capital da Suécia, se diz, se diz...

R. ...*holmiense*, do topônimo *Holmia*, forma latinizada de *Estocolmo* + *-ense*. Acrescente-se, ainda, que Estocolmo tem vogal tônica fechada, assim como *poça*, de *poça d'água*; houve, no entanto, um famoso apresentador de certo telejornal carioca, hoje bem velhinho, quase centenário, que só dizia "Estocólmo". Mas **boa noite** ele dizia certinho...

832. Uma reunião pode se "extender" **até altas horas?**

R. Não, preferível será que qualquer reunião se *estenda* até de madrugada. O verbo *estender* se escreve com **s**, mas seu substantivo

Nosso português do dia a dia

correspondente, com **x** (*extensão*), daí por que muitos erram na grafia do verbo. Se a palavra nos vem do latim *extendere*, onde é que o VOLP foi arrumar esse "s"? Em espanhol é *extender*; em romeno é *extinde*. Só se quiseram imitar o italiano *estendere*. É a única explicação plausível.

833. É verdade que o nome Estados Unidos exige artigo obrigatoriamente?

R. Sim: **os** Estados Unidos. E com artigo no plural, o verbo e determinantes obrigatoriamente devem estar nesse número: *Os Estados são uma potência mundial. Todos os Estados Unidos estão preparados para a chegada do furacão.* Nas manchetes, os jornalistas têm o costume de não usar o artigo, por economia de espaço. Mesmo assim, o verbo e determinantes devem estar no plural: *EUA auxiliam Ucrânia.* Trecho de notícia no portal Terra: *A Rússia tem muitas armas nucleares táticas, menos potentes do que a bomba que os Estados Unidos "lançou" em Hiroshima na 2.ª Guerra.* Pois é.

834. Nesta estrada, cada quilômetro se vê um telefone de emergência. Frase perfeita?

R. Frase perfeita: usa-se facultativamente a preposição **a** antes de *cada*, tanto nas expressões de distância no tempo quanto nas de distância no espaço. Portanto, a par da sua frase poderá estar esta: *Nesta estrada, a cada quilômetro se vê um telefone de emergência.* E ainda: O aluguel sobe (*a*) *cada* seis meses. (*A*) *cada* cem metros se viam dois guardas na cidade. Recebo um telefonema (*a*) *cada* dez minutos.

835. Qualquer é a única palavra em português que faz o plural no seu interior?

R. Isso mesmo, mas pelo menos para um jornalista *qualquer* não faz plural nenhum. Afinal, para quê? Eis a prova que ele nos dá neste seu trecho de notícia: *Nem saudade, choro, tragédia, ódio, lamentação, ressentimento, amargura, tristeza, "qualquer" que sejam as pessoas ou os sentimentos, para registrar o fim de Boris Yeltsin.* Tristeza...

836. Qual é a diferença entre mortandade, matança, carnificina e morticínio?

R. **Mortandade** é grande número de mortes por peste, pandemia, envenenamento, guerra, acidente, terremoto, etc.: a *mortandade* de peixes, a *mortandade* de civis na Ucrânia. **Matança** é o ato de matar grande número de irracionais: a *matança* de frangos, bois e porcos nos frigoríficos. **Carnificina** é o assassinato em massa de forma violenta, cruel, de pessoas e irracionais ao mesmo tempo, que costuma provocar comoção e revolta; é o mesmo que *chacina* e *massacre*. **Morticínio** é o ato de matar muitas criaturas humanas, incapazes de se defender: o *morticínio* de inocentes é intolerável. Alguns povos acham normal a *matança* de focas aos montões e às bordoadas; outros parecem comprazer-se na *matança* de baleias, atirando nelas arpões assassinos. Um ataque com armas químicas, como o que Saddam Hussein promoveu covardemente contra os curdos do Iraque, produz *carnificina*. O bombardeio ou o incêndio propositado de um campo de concentração superlotado causa *morticínio*. (Os dicionários registram todas quatro como sinônimas. São?)

837. Europa **é nome feminino: a Europa. Mas... o nome do satélite de Júpiter de mesmo nome também é feminino?**

R. Não, é masculino: *o Europa*. Isto porque está subentendida aí a ideia de *satélite* (que prevalece sobre a de *lua*). Trata-se, portanto, de uma concordância siléptica. Assim, todos os nomes de satélites de planetas são masculinos. Os jornalistas brasileiros sabem disso? Responda-me, depois de ler este trecho retirado de uma revista: *Com tamanho similar ao da Lua terrestre, Europa é totalmente "recoberta" por uma crosta de gelo de 19 quilômetros de espessura*. Pronto: por favor, sua resposta!

838. Estive na Bahia dia desses e ouvi muito a palavra retado. Que significa?

R. *Retado*, forma exclusiva da Bahia (em Pernambuco usam *arretado*) pode exprimir inúmeras ideias, meliorativas ou pejorativas, de acordo com a situação. É uma autêntica palavra-ônibus. Não há algo que deixe o baiano mais *retado* que alguém dizer que ele ficou "arretado", porque isso é coisa de pernambucano. No caso, significa *aborrecido, chateado*. A edição 1.817 da Veja conseguiu a proeza, ao trazer, na pág. 95, a foto de uma bela baiana, encimada por um título que, certamente, deixou os baianos profundamente *retados*: **Uma baianinha "arretada"**. Jornalista brasileiro não viaja para assimilar usos e costumes de cada um dos povos?

839. Palavra-ônibus, professor?!

R. Sim, palavra-ônibus. É a palavra de uso quase exclusivamente coloquial que tem inúmeros significados, de acordo com o contexto em que se insere. Um bom exemplo é *coisa*. Os mineiros têm uma bem tradicional: *trem*. Serve para tudo!

Nosso português do dia a dia

840. Qual o gênero correto destas palavras: musse, mascote, cólera, pivô, libido, tesão, própolis, diapasão **e** diabetes?

R. São femininas: *musse, mascote, cólera* (em qualquer sentido) e *libido*; *tesão, diapasão* e *pivô*, atleta que no futebol ou no basquete arma as jogadas, para a conclusão dos companheiros ou das companheiras) são palavras masculinas; usa-se **o** *pivô* tanto para o homem quanto para a mulher: **O** *pivô feminino da nossa equipe era Paula.* Quanto a *própolis* e *diabetes*, podem ser femininas ou masculinas, mas *própolis* é mais usada como feminina (**a** própolis), enquanto *diabetes* ou *diabete* se usa de preferência como masculina (**o** diabetes). *Você experimentou aquela musse que sua mãe fez? Você sabe qual é **a** mascote do seu time? Como anda **sua** libido atualmente?* (Não, você não precisa dar nenhuma resposta...)

841. A frase São assuntos que não "vêm" ao caso comentar aqui **está correta?**

R. Estaria se você não usasse acento em "vêm". Nessa frase, o sujeito do verbo *vir* não é "assuntos", mas a oração *comentar aqui*. O que não vem ao caso? Comentar aqui. Portanto, basta retirar o acento da forma verbal para tudo ficar como manda o português castiço.

842. Que se pode dizer do verbo extorquir?

R. *Extorquir* é verbo defectivo, conjuga-se por *abolir*, que não tem a 1.ª pessoa do singular do presente do indicativo e todo o presente do subjuntivo. Portanto, no presente do indicativo só existem as formas *extorques, extorque, extorquimos, extorquis, extorquem*. Está correta, pois, esta frase de um jornalista: *Os membros das Farc **extorquem** desde empresários até camponeses.*

843. É verdade que ídolo **tem feminino?**

R. Pois é, tem. Até ontem, todas as gramáticas classificavam tal substantivo como sobrecomum. Eis que aparece um documento que comprova que se usava esse feminino desde os mais remotos tempos. Portanto, agora você já pode dizer, sem medo de ser mal interpretado: *qual é a sua ídola?*

844. Estou em "vias" de concluir meu curso. Frase correta?

R. Quase. Para ficar perfeita, basta retirar o s de "vias", já que a locução mais consentânea com os princípios da língua é *em **via** de*, e não *em "vias" de*, em que *via* está por *caminho*.

845. Quando "munto" a cavalo, eu "soo" feito uma bica!

R. Engraçado, e eu, quando monto, não suo!... Explicando: a primeira pessoa do singular do presente do indicativo de montar é *monto*, e não "munto". E *soar* é coisa de campainhas, sirenes e alarmes... Pessoas *suam*, do verbo *suar*.

846. Essa notícia ainda não foi "vinculada" pela imprensa.

R. Vem lá você me cometer um erro primário desses! A notícia verdadeira sempre é *veiculada*, do verbo *veicular*. Eis que temos numa entrevista um famoso treinador de futebol , que desabafa: *A imprensa não pode "vincular" tantas mentiras*. Soou-me como uma autêntica novidade: quer dizer, então, que, além de escreverem errado, eles também "vinculam" mentiras? Será que em Luxemburgo também é assim?...

847. Por falar em futebol, que horas começa o jogo?

R. Quem sabe das coisas pergunta diferente: **A** que horas começa o jogo? E assim também: **A** que horas chegaremos a Manaus? **A** que horas você costuma se levantar? Recentemente, lançaram no Brasil um ótimo filme, porém, de título mambembe: *Que horas ela volta?*

848. Uma mãe pode dar de mamar "nas" mamas?

R. Será mais aconselhável que ela dê de mamar **às** mamas: a relação de proximidade é representada, em português razoável, pela preposição **a**. É justamente por isso que falamos **ao** telefone, que vivemos **ao** volante e que trabalhamos o dia inteiro **ao** computador. Não obstante, o brasileiro gosta demais da preposição *em*. Adora! O português nem tanto...

849. Qual é a diferença entre lama e lodo?

R. **Lama** é a terra mais ou menos empapada em água. Vê-se *lama* nas ruas, quando chove ou jogam água em terra. Uma criança pode sujar-se, brincando na *lama*. **Lodo** é o depósito terroso, misturado de restos de matéria orgânica, no fundo de águas (lago, lagoas, rios, etc.). Nenhum automóvel, portanto, atola em "lodo", mas em *lama*. Nenhum homem-rã traz objetos do fundo de um rio misturado com "lama", mas com *lodo*.

850. Essa minha vizinha é "uma sujeitinha" à toa.

R. Não é apenas sua vizinha: *sujeitinho* à toa existe em todos os lugares; já "sujeitinha" é bem mais difícil... Assim como *indivíduo*, **sujeito** é

Nosso português do dia a dia

nome sobrecomum, usa-se tanto para homem quanto para mulher. É justamente por isso que todas as suas amigas são uns sujeitinhos falsos, uns trastes mesmo.

851. Qual é a diferença entre padecer e sofrer?

R. **Padecer** é ser vítima de males físicos (dores, maus tratos, doença, etc.): *padecer* dores violentíssimas, *padecer* fome, *padecer* agressões, *padecer* mal incurável, *padecer* necessidade. Diz-se que aquele que morre em pecado *padecerá* eternamente no fogo do inferno. Dizem que ser mãe é *padecer* no paraíso. (E ser pai?...) **Sofrer** é ser vítima de mal que nos acontece, que nos fazem, ou que imaginamos que nos fazem. Aquele que tem desgostos domésticos, é pobre, insultado ou desrespeitado por colegas, *sofre*. Aquele que pensa não ser amado de ninguém, também *sofre*. O que fica doente por causa disso, *padece*. Muitas vezes, o homem *padece* males que nem sequer sabe *sofrer*.

852. Como pronuncio a palavra requebro?

R. Com **e** tônico fechado: *rekêbru*. Certa vez, todavia, um repórter de uma ex-poderosa rede de televisão saiu-se com esta: *Os "rekébrus" de Michael Jackson chamam a atenção de todo o mundo*. É compreensível: numa rede de televisão cujos repórteres e apresentadores só dizem "Roráima" e "Keóps", ao tratarem do famoso faraó, a frase é perfeita...

853. Um ministro pode, durante um julgamento, pedir "vistas" de um processo?

R. Ministro que se preze pede **vista** de um processo, a fim de estudá-lo melhor e posteriormente dar o seu voto.

854. Um programa de televisão pode começar a partir "da" meio-dia?

R. Está claro que não. Mas profissionais da televisão dizem isso. Inacreditável! Não só eles. Um famoso político declarou, recentemente, logo após ser eleito: *Amanhã, a partir "da" meio-dia eu darei uma entrevista coletiva*. Preferível que não desse...

855. Enquanto **católico, não aceito o aborto: frase perfeita?**

R. Frase perfeita: **enquanto** aí equivale a *no papel de, na qualidade de, como*. Por isso, pode ser verdadeiro e dizer sem receio de sentir peso na consciência: *Enquanto brasileiro, sinto vergonha de viver* *num país onde campeia a corrupção, onde campeia a violência, onde campeia a impunidade, onde campeiam políticos mentirosos e cínicos.* Também perfeita é a expressão *por oportuno*, que tem o verbo *ser* oculto: *por ser oportuno.* Por oportuno, comunico meu novo endereço: Rua da Paz, 300.

856. "Enquanto" a mim, estou tranquilo, posso dizer isso e muito mais.

R. Não, aí não. Nessa frase só cabe *quanto*: **Quanto** *a mim, estou tranquilo.* Nesse caso, *quanto* equivale a *no que diz respeito.*

857. É verdade que existem advogados que "industrializam" testemunhas?

R. Só os "adevogados" fazem isso. Quanto aos advogados, alguns de fato **industriam** testemunhas, ou seja, orientam-nas, instruem-nas, para que não entrem em contradição no momento do depoimento em juízo.

858. As palavras corretas são "idoniedade" ou idoneidade, "espontaniedade" ou espontaneidade, "instantaniedade" ou instantaneidade?

R. Se és idôneo, tens *idoneidade*; se és espontâneo, tens *espontaneidade.* Quem tem *idoneidade* presta depoimento sempre com *espontaneidade.* Tudo o que é instantâneo se caracteriza pela *instantaneidade*: A Internet nos veio presentear com a *instantaneidade* da informação.

859. Tenho notado ultimamente que os jornalistas já não usam risco de vida; enveredaram todos pelo risco de morte e nele ficaram. Têm razão?

R. Nenhuma razão. Ambas as expressões se explicam, além do quê *risco de vida* é tradicional na língua, tão antiga que esses repórteres de hoje nem nunca tomaram conhecimento de sua existência. As pessoas que correm *risco de vida* arriscam a vida, e não "a morte". As pessoas também podem correr *risco de morte*, porque, enfim, quem arrisca a vida está sujeito à morte. O mesmo problema ocorre com *perigo de vida* e *perigo de morte.* A língua só agasalha a primeira. E note que a palavra *perigo*, logicamente, não poderia nunca pedir outra de significado meliorativo, mas sim de significado ruim, desagradável, funesto. As pessoas que ganham a vida remexendo lixões correm perigo de *doença*, de ficarem doentes; uma equipe de futebol não corre perigo de "vitória", mas perigo de *derrota*, numa partida difícil.

Nosso português do dia a dia

Portanto, o raciocínio nos leva a eliminar de pronto a expressão *perigo de vida*. Mas a língua só conhece essa expressão.

860. Afinal, como se escreve: lava a jato, "lava-a-jato" **ou** "lava-jato"?

R. *Lava a jato*, expressão que pode ser usada como feminina (a investigação federal: *os condenados da lava a jato*) ou como masculina (**o** lava a jato), equivalente de *lava-rápido*. A investigação e todo o alvoroço que a acompanhou e que acabou dando quase em nada, foi conhecida, porém, popularmente, por "Lava-Jato".

861. Fui um dos que não vieram. Fui um dos convidados que não veio. **Qual das frases está certa?**

R. Só a primeira. Quando há **um dos que**, nem pestaneje: verbo no plural. Já quando há **um dos ... que**, ou seja, há um substantivo no meio da expressão, o verbo só não irá ao plural se a referência for a apenas um ser. Explicando melhor: se você foi o único convidado a não comparecer. Se mais alguém não veio, o verbo tem de ir obrigatoriamente ao plural.

862. Tem outro exemplo, para que eu possa aqui firmar conhecimento?

R. Blumenau viveu não faz muito uma tragédia. Mas não foi apenas Blumenau que sofreu com as chuvas, enchentes e deslizamentos de terras em Santa Catarina. Também sofreram Itajaí, Ilhota, Camboriú, etc. Pois um dos apresentadores de telejornal da Globo usou esta frase para nos comunicar o fato: *Blumenau é uma das cidades que mais "sofre" com as enchentes*. Ora, se não foi apenas Blumenau a sofrer com as enchentes, ou seja, um só ser, o verbo tem de ir ao plural. Não existe isso de concordar com "uma", fazendo este raciocínio inteiramente falho: *das cidades, Blumenau é uma que mais sofre com as enchentes*. O raciocínio certo, se quisermos agir assim é: *das cidades que mais sofrem com as enchentes, Blumenau é uma*.

Quem raciocina dessa forma esdrúxula e até certo ponto ridícula acaba construindo frases grotescas, como esta, de autoria de um jornalista do portal Terra: *Casagrande era um dos principais "comentarista esportivo da emissora carioca"*. É preciso ser muito tacanho de conhecimento da língua para ter a coragem de escrever isso aí.

228   Luiz Antonio Sacconi

863. Então, seria pretensão ridícula da minha parte se dissesse que sou um dos brasileiros que mais "trabalha"?

R. Sim, você é o único brasileiro que trabalha? Não. Então, o verbo tem de ir obrigatoriamente ao plural.

864. Se eu disser que o Sol é um dos astros que ilumina **a Terra, então, estarei correto?**

R. Sem dúvida, porque o Sol é **o único** astro que ilumina a Terra. Ou seja: *dos astros, o Sol é um (astro) que ilumina a Terra.*

865. Agora ficou claro. Um jogador de futebol pode "machucar" **durante uma partida?**

R. É comum um jogador de futebol machucar-**se** durante uma partida. Esse é mais um "fenômeno" que anda acontecendo na mídia: "esquecem-se" de usar o pronome oblíquo junto de verbos pronominais essenciais. Então, saem coisas mais ou menos assim: seu time não vai "classificar"; o jogador "machucou" nesse lance; a gente já "adaptou" a esse gramado; o treinador saiu "queixando" do árbitro; o goleiro caiu, mas logo "levantou", você "divertiu" bastante?, nossa, o real "desvalorizou" muito, etc. Essa prática leva as pessoas a dizer isto, de que sou testemunha: *Não chore, que mamãe "zanga"!* Recentemente, um já cansado jornalista esportivo, comentando uma vitória do Flamengo, escolheu esta manchete para o seu artigo: **Flamengo 100% ataca bem e "defende" mal.** Certa feita, um apresentador de programa esportivo pela televisão perguntou a um ex-treinador da seleção brasileira de futebol: *Você "arrependeu" de não ter convocado Romário em 2002?* O jornalismo brasileiro já não usa a língua devidamente; o jornalismo esportivo, então, leva isso até as últimas consequências.

866. Por que não devemos cortar na escrita o número 7, embora todo o mundo corte?

R. Porque esse número não tem corte, simples assim. Consulte seu teclado! O corte nesse algarismo começou a aparecer para espantar a confusão com o 1, ou mesmo com o 2. Isso na escrita. Surgiu uma explicação burlesca para o corte no 7. Diz-se que, quando Moisés desceu do monte Sinai com a Tábua dos Dez Mandamentos, passou a ler as leis de Deus para o povo. Chegando ao mandamento de número 7, ergue um pouco mais a voz: **Não cobiçar a mulher do próximo!** Ao que, ato contínuo, o povo grita: **CORTA, CORTA!**...

Nosso português do dia a dia

867. Por que se usa a palavra veado em referência ao efeminado?

R. A origem está num médico judeu de Frankfurt, Alemanha, de nome *Hirsch*, que, em alemão, significa *veado*. Tinha o Dr. Hirsch verdadeiro fascínio pela dupla sexualidade. Considerava os andróginos seres superiores, verdadeiros gênios, representantes da evolução espiritualista da humanidade. Diante de tanto fanatismo, não custou aparecerem imediatamente os *hirschs*, adeptos fervorosos, que pregavam a pederastia aberta e publicamente, sem nenhum pejo, sem nenhum constrangimento. Eram nada mais nada menos que os veadinhos, que hoje correm mundo, saltitantes, não só pelas matas...

868. Há quem defenda o uso da palavra "viado" para os efeminados ou *gays*. Isso tem fundamento?

R. Não, não tem, ao menos do ponto de vista linguístico. Ocorre que a palavra *veado* se pronuncia *viado*, porque o *e*, em sílaba átona, geralmente soa *i*. Por isso é que os veados são viados...

869. Quando devo usar a forma vimos, do verbo vir?

R. A 1.ª pessoa do plural do presente do indicativo do verbo **vir** é, justamente, **vimos**. Daí por que em cartas as secretárias costumam ainda usar: *Vimos informar a vossas senhorias que...* O dono do supermercado reclama com o seu gerente: *Vimos notando ultimamente uma queda nas vendas dos nossos produtos.*

870. Então, a famosa frase de uma antiga propaganda pela televisão: Nós "viemos" aqui para beber ou para conversar? não é exatamente uma boa frase?

R. Essa frase é defensável, desde que não se perca de vista o aspecto verbal. A ideia de constância, de frequência, traduz-se pelo presente: *Vimos aqui para beber ou para conversar?* (Ou seja: Vimos aqui *todos os dias* para beber ou para conversar?) Se o fato se dá apenas vez ou outra, cabe o emprego da forma do pretérito perfeito: *Afinal, viemos aqui para beber ou para conversar?* Quando, porém, o fabricante de cerveja fez anúncio usando a frase citada, estava clara a intenção de frequência, de constância naquele hábito. Daí por que a frase não é boa.

871. Quais são as abreviaturas corretas de quilo e de quilômetro?

R. Anote: *kg, km*, que se usam juntinho do algarismo (2kg, 50km). Note: não há *s* nem ponto. E *quilômetro por hora* se representa assim:

80km/h. Mas quando viajamos pelas estradas brasileiras, deparamos com placas assim: "80 KM". Os motoristas escolarizados reagem, excedendo os 80km/h. Falta de respeito se paga com falta de respeito...

872. E as abreviaturas de litro e de mililitro?

R. Sempre com **L** para *litro* e **mL** para *mililitro*. A mudança de *l* para **L** e de *ml* para **mL** se deveu para evitar confusão com o algarismo 1. Essa é uma orientação da Associação Brasileira de Normas Técnicas (ABNT).

873. Por falar em consultar, preciso "me" consultar "com" um gastrenterologista.

R. Não, ninguém "se" consulta "com" ninguém. Você precisa consultar um gastrenterologista. Eu preciso consultar um ortopedista. Consultei minha família antes de fazer esse negócio. Ela consultou um padre antes de tomar a decisão do divórcio. Nada de "se" nem de "com".

874. Qual é a diferença entre legal, legítimo, lícito e permitido?

R. **Legal** é tudo o que está em conformidade com a lei. O voto a maiores de dezesseis anos hoje é *legal*. **Legítimo** é tudo aquilo que emana da vontade popular, com base no direito, na razão e na justiça. É um direito *legítimo* do trabalhador reivindicar melhoria de salário. **Lícito** é tudo aquilo que não é proibido por lei, que não é objeto de lei, apesar de bizarro, insólito, incomum. Em alguns países africanos e asiáticos, é *lícito* ter mais de uma mulher, embora por aqui haja pelo menos um brasileiro que tem oito e já está promovendo concurso para angariar a nona... **Permitido** é tudo aquilo que está autorizado por uma lei ou por velhos hábitos ou costumes. Qualquer passeata ou manifestação é *permitida*, desde que ordeira.

875. "De" hipótese nenhuma é expressão boa?

R. **Em** hipótese nenhuma. No Nordeste, contudo, ouve-se muito *"de" hipótese nenhuma*. Certa vez, em Recife, um irado pai se dirigiu assim a um pretenso genro: *Você, seu cabra safado, não vai casar com minha filha "de" hipótese nenhuma!* E o casamento, de fato, não saiu. Sorte do noivo?

876. De fato, no Nordeste acontecem coisas que até o diabo duvida.

R. Outro caso: no Nordeste se usa *"de" pé* por *a pé*: Ali as pessoas costumam *ir "de" pé* e *vir "de" pé*. Assim, quando um motorista

Nosso português do dia a dia

paquerador oferece uma carona a qualquer garota que vai passando pela rua, esta reage quase sempre indignada e desta forma: *Não, não preciso de carona: eu vou "de" pé mesmo.* Ao chegar a casa, ela dá a notícia à mãe: *Mããããe, mãinha! Um cara queria me dar carona, mas eu não aceitei: vim "de" pé mesmo.* Parabéns, minha filha!...

877. Grande Nordeste, de praias e garotas lindíssimas!

R. Mais um hábito do nordestino, agora exatamente de Fortaleza. Os trabalhadores fortalezenses não entram **às** 8h no trabalho e saem **às** 18h, como todo o mundo por aqui; eles entram "de 8" e saem "de 18". Nem mesmo *horas* eles dizem. Certa feita, numa farmácia da cidade ouvi uma atendente dizer: *"Hoje saio mais cedo, saio "de" quatro.* Arregalei os olhos! Grande Nordeste, de praias e garotas lindíssimas!!!

878. Posso usar "dois pontos de exclamação" apenas, e não três, quando quero demonstrar uma admiração excepcionalmente grande?

R. Não, use apenas um ponto de exclamação, quando quer demonstrar admiração. Agora, quando quiser demonstrar grande admiração, excepcional júbilo, use três de uma vez, que é para convencer quem lê. Se usar dois, não vai convencer... Repare nas reticências: são sempre três pontinhos. Você usará dois?

879. Alguém pode arguir "da" constitucionalidade de uma medida?

R. Creio que não, porque o verbo *arguir* é transitivo direto. Mas quando um ministro dos Esportes apresentou proposta de mudanças na lei do passe, um famoso jornalista esportivo, já idoso e cansado, insistiu em afirmar na televisão: *Os cartolas estão querendo arguir "da" constitucionalidade da proposta.* O referido jornalista é tido e havido por seus colegas como grande conhecedor da língua portuguesa. Não sei por quê, mas me veio agora à lembrança aquele mote de um humorista: *Tem pai que é cego!*

880. Que se pode dizer do verbo arraigar?

R. Que todas as formas rizotônicas desse verbo têm tonicidade no **i**: arraígo, arraígas, arraíga, arraígam (presente do indicativo); arraígue, arraígues, arraígue, arraíguem (presente do subjuntivo). Em frases: A falta de crença na imortalidade da alma se **arraíga** cada vez mais. É preciso que o sentimento ecológico se **arraígue** em todos os corações humanos.

881. Há redundância em pico "culminante"?

R. Há visível redundância: todo pico é culminante. Mas costuma estar presente nos livros de Geografia e, por consequência, nas nossas salas de aula. O que é afinal, um pico? Nada mais que um topo agudo ou ponto mais elevado de uma montanha ou cordilheira. O **ponto** *culminante* no Brasil é o pico da Neblina. Recentemente, um mágico, ao se apresentar num programa pela televisão, gabava-se de engolir fogo "pela boca". A verdadeira atração, no entanto, estaria se ele conseguisse engolir fogo por outro lugar... Outras redundâncias muito comuns: almirante da Marinha, general do Exército, brigadeiro da Aeronáutica, vereador municipal, anexar junto, árvore oca por dentro, elo de ligação, ganhar grátis, determinadas áreas específicas, seus respectivos, exultar de alegria, breve alocução, sorriso nos lábios, mínimos detalhes, detalhe minucioso, safra agrícola, fato verídico, fato real, filhote novo, filhote pequeno, teto salarial máximo, piso salarial mínimo, preconceito intolerante, *superavit* positivo, défice negativo, orbitar ao redor, sair para fora, entrar para dentro, adega de bebidas, plebiscito popular, planos para o futuro, frequentar constantemente, voar pelos ares, rodopiar em círculos, pomar de frutas, útero materno, milênios de anos, desejar votos, surpresa inesperada, hepatite do fígado, principal protagonista, monopólio exclusivo, negociata suja, lançamento novo, novidade inédita, crise caótica, livre escolha, louco da cabeça, individual de cada um, dar de graça, colírio para os olhos, lágrimas dos olhos, xampu para os cabelos, batom para os lábios, labaredas de fogo, sintoma indicativo, comparecer em pessoa, pelanca flácida, programar primeiro, planejar antecipadamente, preparar antecipadamente, perpetuar-se para o futuro, recuar para trás, avançar para a frente, projeto para o futuro, introduzir dentro, entrar dentro, completamente vazio, destaque excepcional, cosmonauta soviético, cosmonauta russo e tantos outros, todos próprios de demente mental... Que, porém, fique bem claro: *dente da boca* não constitui redundância, porque há dente de pente, dente de alho, dente de engrenagem, etc. Mas, se alguém um dia lhe disser que extraiu todos os dentes "da boca", só procure evitar uma coisa: beijar essa boca...

882. Que se pode dizer do latinismo *campus*?

R. *Campus* significa espaço, área ou conjunto de terras ou terrenos que pertence a uma universidade ou a um hospital. Pronuncia-se *kâmpus*. Pl.: *campi* (pronuncia-se *kâmpi*). A exemplo de *álbum, bônus, vírus, ânus, grátis, cútis, dura-máter, factótum, fórum, pia-máter, lótus,* mapa-*múndi, álibi, quórum,* etc., esse latinismo já deveria ter sido aportuguesado. Mas se determinado latinismo ainda não foi

Nosso português do dia a dia

aportuguesado, não deve receber acento. É o caso de *campus, campi*. Se houvesse o aportuguesamento, grafar-se-ia *câmpus*, no singular, e também *câmpus*, no plural, já que se trataria de forma comum aos dois números. Enquanto no VOLP não constar o aportugesamento desse latinismo, teremos de usar *campus* para o singular e *campi* para o plural. Nós, particularmente, usamos acentuar todas as palavras latinas que se enquadrem na índole da língua portuguesa (é o caso de *álibi* e *máxime*, corroboradas pelo VOLP). O que não me parece razoável é acentuar latinismos que não têm a roupagem portuguesa, casos de *"déficit"*, *"superávit"*, *"hábitat"*, etc. Não é da índole da língua portuguesa agasalhar palavras terminadas em *t*. O que não pode é jornalista ignorar o que escreve e lançar uma frase destas por exemplo, com o uso de tal latinismo: *Em 1985, o reitor da Unimep dividia o espaço de um dos "campus" da instituição com jovens palestinos.* Ou ele usa *campi* (um dos *campi*), ou usa *câmpus* (um dos *câmpus*) e, neste caso, ele deve se responsabilizar pelo aportuguesamento, que, conforme afirmamos, ainda não é oficial.

Em tempo – Com a quantidade de erros, inconsequências e tolices de toda sorte cometidos pelos jornalistas diariamente, ainda há aqueles que se norteiam por manuais de redação, alguns dos quais recomendam o uso de "câmpus". Como se o jornalismo brasileiro estivesse em condições de servir de parâmetro confiável para assuntos de língua portuguesa! Manuais de redação, conforme já afirmei, servem apenas para coisas intestinas...

883. Ocasião "favorável" também é combinação redundante?

R. Sem dúvida. Na palavra *ocasião* já está implícita a ideia de favorável. Toda ocasião é algo propício, favorável, oportuno. Tanto é assim, que diz o aforismo popular: *A ocasião faz o ladrão.* Ou seja: a circunstância favorável, oportuna, propicia o surgimento do ladrão. Certa feita, uma empresa fez anúncio em que mostrava um certo cidadão, com ares professorais, definindo a palavra *oportunidade*. A definição era capenga: *oportunidade é ocasião "favorável"*. Ah, se não fosse!... Agora, só por mera curiosidade: recentemente, folheando um dicionário à pág. 2.159, encontrei essa mesma redundância. Pois é.

884. Posso dar minha opinião "pessoal"?

R. Não, acho que não. Você só pode dar sua opinião, se quiser evitar a redundância. Ora, se a opinião é **sua**, só pode ser pessoal. Ou haverá uma opinião que seja **sua**, mas não seja pessoal? Não faz muito, um megaempresário (que até virou dramaturgo) declarou: *Na minha* opinião "pessoal", ele não tem condições de ser presidente da República. (Teve e foi um mar de corrupções...)

885. Por falar em roubar,...

R. ...esse verbo não tem nenhuma forma com **o** aberto. Durante a conjugação, o ditongo *ou* soa fechado: *roubo, roubas, rouba, roubam: roube, roubes, roube, roubem.* O diabo é que todo dia há neste país gente que "róba", que é uma barbaridade! O ex-ministro José Dirceu, assim que deixou a Casa Civil e já deputado, ao discursar na Câmara, avisou: *Este goverrrno não róba e não dexa roubarrr".* **Rou**ba, deputado, **rou**ba; de**i**xou, deputado, de**i**xou...

886. Detrimento se usa com "a" ou com de?

R. *Detrimento*, que significa *prejuízo*, se usa com **de**: Governo que adota uma política em detrimento **d**o povo. Mas numa revista especializada em automóveis se leu: O único senão desse carro é o tempo da troca de marcha que poderia ser menor, mesmo em detrimento "ao" conforto. E faltou ainda uma vírgula depois de *marcha*. Essa gente é ótima!

887. Quantias exigem o verbo no singular?

R. Depende: se a quantia for de um real ou um dólar, exigirá o singular. Mais que isso, o plural: *Ele disse que R$500,00 bastavam, mas não bastaram. Não deram os mil reais que levei para fazer a feira.* Já com o verbo *ser* é diferente; só se usa o verbo no singular: *Mil reais* **é** *suficiente para fazer a feira. R$200,00 não* **foi** *o bastante para encher o tanque.* Quinhentos mil reais por mês **é** *muito* para um jogador de futebol. Quatro mil reais por mês **é** muito *pouco* para um professor. Também não varia quando indica quantidade: Um é pouco, dois é bom, três é demais.

888. E se for um milhão?

R. Em qualquer circunstância, o verbo fica no singular, porque *um milhão* é e sempre foi de número singular, assim como qualquer outro nome coletivo, como *bando, turma, exército, manada*, etc. *Ele disse que um milhão* **bastava**, *mas não* **bastou**. *Um milhão de reais* **é** *suficiente para comprar o carro.* **Foi** *pouco um milhão de reais doado ao orfanato.*

889. Pode alguém sofrer "ameaça" de infarto?

R. Creio que não. **Ameaça** é palavra ligada a intimidação e à vontade humana. Assim sendo, existe *ameaça* de guerra, existe *ameaça* de

Nosso português do dia a dia

agressão, existe *ameaça* de greve. Repare que há dedo humano em tudo isso. Quando não há o dedo humano, usa-se *ameaço* ou até *ameaças* e *ameaços*. Daí por que temos *ameaço* de infarto, *ameaço* de tempestade, *ameaço* de deslizamento de terra, *ameaças* de desabamento de um muro, *ameaços* de queda de árvores, etc., tudo que não depende da vontade humana.

890. Que forma toma o adjetivo pátrio brasileiro, quando antecede outro, num composto?

R. Ocorre uma contração, tornando-se **brasilo-**: acordo *brasilo*-paraguaio; aliança *brasilo*-uruguaia, etc. Nossos jornalistas só usam o adjetivo integral: *Getúlio Vargas nasceu em 19 de abril de 1883, em São Borja, situada quase na fronteira brasileiro-argentina.* Houve (ou ainda há?) até um banco de nome *Brasileiro-Iraquiano.* O desconhecimento é amplo, total e irrestrito.

891. E o adjetivo pátrio americano contraído, como fica?

R. Fica **américo-**: comércio *américo*-europeu. Veja mais estes casos interessantes: colombiano (**colombo-**: acordo *colombo*-equatoriano); boliviano (**bolivo-**: amizade *bolivo*-peruana); chinês (**sino-**: aliança *sino*-russa); japonês (**nipo-**: acordo *nipo*-coreano); francês (**franco-**: acordo *franco*-canadense); inglês (**anglo-**: amizade *anglo*-americana); espanhol (**hispano-**: guerra *hispano*-americana); alemão (**teuto-** ou **germano-**: guerra *teuto*-russa); suíço (**helveto-**: acordo *helveto*-alemão).

892. Que se pode dizer da expressão a menos que?

R. Que ela já tem sentido negativo, pois equivale a *a não ser que.* Portanto, não se usa "não" depois dela: *A menos que cessem as hostilidades, Rússia e Ucrânia não chegarão à paz.* (E não: A menos que "não" cessem as hostilidades.) O dicionário Houaiss, aquele calhamaço, traz este exemplo, quando define a expressão: *A menos que faça sol, sairemos.* Ou seja, eles só sairão se chover! Maravilha!

893. Faço sociedade a "meia" ou a meias?

R. Quando fizer algo em sociedade com outra pessoa, no sistema meio a meio, faça sempre a *meias*: sociedade *a meias*, lavoura *a meias*, casamento *a meias*...

894. Qual é a diferença entre amputar e decepar?

R. **Amputar** é cortar cirurgicamente membro do corpo ou parte dele, geralmente por absoluta necessidade: *amputar* um braço, uma perna, um dedo. **Decepar** é extrair (parte de um todo) cortando violentamente com instrumento cortante (a machadadas, p. ex.): Ao rachar lenha, *decepou* um dedo. São João Batista teve, a pedido de Salomé, a cabeça *decepada*, e não "amputada". (Nem me pergunte se os dicionários dão a diferença!)

895. Duas equipes, depois de encerrado o jogo, "confraternizam-se"?

R. Não. Atletas educados, depois de uma partida, apenas *confraternizam* (o verbo não é pronominal): a ideia de reciprocidade já está contida no prefixo **con-**. Os atletas confraternizaram e deixaram o gramado. Árbitro e jogadores confraternizaram efusivamente, depois do apito final. Podemos ainda usar: *O árbitro confraternizou efusivamente os jogadores* (ou **com** *os jogadores*), *depois do apito final*.

896. As palavras benzinho e amorzinho variam, quando usadas para mulher?

R. Não. Ambas são palavras que se usam na intimidade de pessoas que se querem bem; ambas são absolutamente invariáveis quando se aplicam a mulher: *Marisa, meu benzinho, perdoe-me! Amorzinho, ainda estás zangada comigo?* O homem que trata a mulher amada de "benzinha" ou de "amorzinha" tem culpa no cartório...

897. Existe alguma diferença de significado, ainda que pequena, entre belo, bonito e lindo?

R. Existe. **Belo** é tudo o que tem qualidades que impressionam agradavelmente os sentidos, principalmente a visão e a audição. Ninguém pode negar que as praias e garotas cariocas são *belas*, algumas belíssimas! As misses costumam ser *belas*. Não há espírito superior que não ache *bela* a Nona Sinfonia, de Beethoven. **Bonito** é tudo o que agrada à visão ou ao ouvido, sem chegar a entusiasmar, como o que é *belo* ou o que é *lindo*. Uma mulher *bonita* agrada aos olhos, mas não encanta, assim como uma música *bonita* é agradável, mas não emociona. **Lindo** é tudo aquilo que, sendo mais que *bonito*, encanta logo à primeira vista. Uma garota *linda* nos enche os olhos de prazer. Uma mulher de mãos e pés *lindos* sempre impressiona. No *bonito* não há a presença da perfeição, existente no *belo*, nem a intensidade de qualidade existente no *lindo*.

Nosso português do dia a dia 237

898. E a diferença entre cascata, cachoeira **e** catarata?

R. **Cascata** é pequena queda-d'água, ou uma série delas, natural ou artificial, que se precipita por entre pedras ou rochedos de pequena ou grande altura. A *cascata* da casa da Dinda ficou famosa. **Cachoeira** é a queda-d'água numa corrente normal de um rio, que, por declive íngreme do terreno, precipita muitas vezes de grande altura, formando cachões (borbulhas): a famosa *cachoeira* de Paulo Afonso, no Rio São Francisco, na Bahia; a exuberante *cachoeira* do Tabuleiro, em Minas Gerais. **Catarata** é a queda-d'água de grande volume, grande altura, que provoca grande estrondo: a *catarata* do Niágara, as *cataratas* do Iguaçu. A *catarata* é, portanto, muito maior que a *cachoeira*. Além disso, a grande diferença entre uma *cachoeira* e uma *catarata* provém da impressão que causa a este ou àquele sentido: ao da visão (cachoeira) e ao da audição (catarata). Se quisermos dar ênfase ao alvoroço das águas (cachões), qualificaremos aquilo que estamos vendo de *cachoeira*; se tivermos em vista fazer sentir o estrondo causado pelo gigantesco volume de água que cai, chamaremos *catarata*. (Nem me pergunte se os dicionários dão a diferença!)

899. Queda-d'água **se escreve com hífen?**

R. A 6.ª edição do VOLP não registra a palavra nem com hífen nem a locução sem hífen. Também não registra nenhuma palavra que tenha *d'água*: bomba-d'água, caixa-d'água, etc. Como todos os dicionários portugueses usam nelas o hífen, encontrei o caminho seguro a seguir. Aliás, será sempre o caminho mais seguro a seguir, em se tratando de ortografia. A Academia das Ciências de Lisboa está a anos-luz do nosso VOLP em termos de confiabilidade.

900. E copo d'água?

R. Se você se refere a um copo cheio de água, escreva sem hífen; se você se refere a uma planta, *copo-d'água* (nem esta a 6.ª edição do VOLP traz). Também sem hífen *gota d'água*, *lata d'água* e *poça d'água*. Note que todas as expressões não usadas com hífen admitem *de*: copo *de* água, gota *de* água, lata *de* água, poça *de* água, assim como temos copo *de* suco, gota *de* lágrima, lata *de* cerveja, poça *de* lama.

901. Posso dizer: Caso eu "for" à praia, levarei as crianças?

R. Não, porque a conjunção *caso* exige ou o presente, ou o pretérito imperfeito do subjuntivo, nunca o futuro. Portanto, diga: Caso eu **vá** à praia, levarei as crianças. Caso vocês **vão** ao supermercado, tragam açúcar! (E não: Caso vocês "forem" ao supermercado.) Caso eu **fosse** lá, te avisaria. Repare, agora, nesta notícia da Veja: *O candidato quer estimular a economia com 70 bilhões de dólares. Caso isso se "mostrar" insuficiente, ela recorrerá a uma redução de 40 bilhões nos impostos pagos pela classe média.* Caso todos esses exemplos se lhe mostrem insuficientes, pode pedir mais!...

902. Não, não, estou plenamente satisfeito. Qual é a diferença entre indiciado e réu?

R. **Indiciado** é o indivíduo sobre o qual há apenas indícios de ter praticado algum crime. Como indícios não são provas, pode não ser o verdadeiro praticante do delito. Ao ser instaurada contra ele ação civil ou penal, passa a ser denominado **réu** (ou acusado).

903. Qual é a diferença entre cocheira, estábulo e estrebaria?

R. A **cocheira** é o lugar fechado e coberto onde se alojam cavalos e se guardam coches (carruagens); o **estábulo** (ou *curral*) é o local coberto onde se juntam e recolhem bois e vacas para abrigo ou alimentação; **estrebaria** é o lugar onde se recolhem cavalos e seus arreios. (Nem me pergunte se os dicionários dão a diferença!)

904. Qual é a diferença entre gorjeta e propina?

R. **Gorjeta** é gratificação em dinheiro que se dá a alguém, numa demonstração de gratidão da pessoa pelo bom atendimento oferecido ou pela qualidade do alimento que foi consumido. No Brasil se usa também *caixinha*. **Propina** é qualquer quantia, pequena ou vultosa, que se dá a empregados ou subalternos, em troca de favor ou benefício, geralmente ilícito ou, ainda, dada a corruptos. Os garçons recebem *gorjeta*; os burocratas, políticos e empresários desonestos são movidos a *propina*. (Nem me pergunte se os dicionários dão a diferença!)

905. E a diferença entre lupanar, alcoice, bordel e prostíbulo?

R. Sua mente está bem povoada agora, hem! **Lupanar** é a casa de prostituição que também serve de moradia às prostitutas. **Alcoice** é a casa de prostituição que abriga cômodos para casais manterem relações sexuais. **Bordel** é qualquer casa de prostituição, geralmente da ralé, se bem que em algumas grandes cidades haja até *bordéis* para pessoas de fino trato, dirigidos geralmente por uma matrona, nos quais trabalham mulheres de algum nível, como estudantes, comerciárias, etc. **Prostíbulo** é a casa de prostituição em que as mulheres se expõem

Nosso português do dia a dia

ou se apresentam, seminuas e às vezes até mesmo nuas, geralmente ao som de música, para atrair fregueses. (Nem me pergunte se os dicionários fazem tais distinções!)

906. O que vem a ser "gen"?

R. Não existe "gen"; o que existe é **gene**, palavra que designa a unidade física básica da hereditariedade. Dia desses, uma bióloga, ao ser entrevistada na televisão, só dizia "gen". Era "gen" daqui, "gen" dali, "gen" até enjoar. É bem verdade que a palavra vem do alemão *Gen*, criada pelo geneticista dinamarquês Wilhelm Ludwig Johannsen (1857-1927), que também criou *genótipo* e *fenótipo*. Mas nós, por aqui e por enquanto, ainda não falamos o *dansk* ou dinamarquês...

907. Farmácias fazem entregas de medicamentos a domicílio?

R. Não, algumas farmácias fazem entregas de medicamentos *em* domicílio. *Domicílio* aí está por *casa*. Só se usa **a** nessa expressão quando houver ideia de movimento: Os funcionários dessa farmácia levam medicamentos **a** domicílio. *Levar* é verbo que dá ideia de movimento, assim como *ir*. Alguém dá aulas particulares *em* domicílio (ou seja, *em* casa), ou vai *a* domicílio (ou seja, **à** casa do interessado).

908. Rui Barbosa, afinal, pode ser chamado "o" Águia de Haia?

R. Será uma grande ofensa se alguém o fizer, porque *o águia* é o mesmo que *o espertalhão, o velhaco, o safado*, coisa que Rui Barbosa nunca foi. *A águia* é que representa a sagacidade, a inteligência, daí por que nomearam o baiano **a** Águia de Haia.

909. Qual é a diferença entre junta e parelha?

R. **Junta** é par de animais de tração (sempre bois). **Parelha** também é par de animais de tração, mas sempre de cavalos ou muares. Só não há redundância na combinação *junta de bois*, porque o coletivo não é específico: há também junta de médicos, junta de examinadores, etc. (Para os dicionários, são sinônimas. Mas existiria mesmo "uma parelha de bois"? Se existe, perdoem-me a ignorância.)

910. Existe a palavra "gemelaridade", tão comum na boca dos médicos obstetras?

R. Não. Uma gravidez de gêmeos é uma gravidez *gemelar*. Mas este adjetivo não dá origem a "gemelaridade", mas sim a *gemelidade*. No *site* Vital Medicina se lê: *O principal fator associado a maior risco de "gemelaridade" é o uso de técnicas de reprodução assistida.* Na Revista Brasileira de Ginecologia e Obstetrícia só se vê a forma "gemelaridade". Daí por que nunca vou deixar de dizer: Os médicos brasileiros são altamente competentes. Entendem muito. (De medicina...)

911. Sem dúvida, também acho... Mas agora quero saber a diferença entre invasão **e** incursão.

R. **Invasão** é a entrada à força ou de modo hostil em um lugar, é a ocupação à força. A *invasão* do Kuwait pelo Iraque, em 1990. A *invasão* russa da Ucrânia em 2022. **Incursão** é a invasão rápida em território estrangeiro de uma força militarizada, que não dá chance ao inimigo de reagir. O que os Estados Unidos fizeram no Panamá em 1989 foi uma *incursão*. Também *incursão* é a operação policial rápida: A Polícia Militar e a Polícia Civil amanheceram em *incursão* na comunidade do Jacarezinho.

912. "Ao vivo e a cores" é uma expressão correta?

R. Não. *Ao vivo e **em** cores* a substitui com vantagem, assim como TV **em** cores de há muito substituiu com vantagem a TV "a" cores. Alguém, certa vez, que retornava de uma viagem muito longa, chegou dizendo: *Eis-me aqui de volta, ao vivo e "a" cores*. Viagens muito longas são sempre um problema...

913. Esta frase está certa: Os mercenários lutam não tanto por prazer, "mas" por dinheiro?

R. Não, não está. O elemento correspondente de *não tanto* é **quanto**, e não "mas". Se no lugar de *tanto* estivesse *só*, a frase estaria perfeita, porque *mas,* assim como *mas também*, é correspondente de *não só*.

914. Sinto até vergonha em fazer-lhe esta pergunta, mas sinto que devo fazê-la: qual é a diferença entre calção **e** caução?

R. Trata-se de palavras homônimas homófonas, ou seja, têm o mesmo som, mas grafias distintas. **Calção** todo o mundo sabe o que é. Todo homem já usou, ou um dia vai usar um *calção*, seja para ir à praia, seja para mergulhar numa piscina. Já **caução** é qualquer garantia que assegura o cumprimento de ajuste, tratativa ou obrigação. Se você fizer uma reserva em certa pousada ecológica de Natal, o proprietário lhe exigirá "um calção", cometendo dois erros em duas palavrinhas, já que *caução* (e não "calção") é palavra feminina.

Nosso português do dia a dia   241

915. Qual é a diferença entre féretro **e** funeral?

R. **Féretro** é o caixão mortuário, o ataúde, o esquife, a tumba: O *féretro* desceu à sepultura sob aplausos. **Funeral** (mais usada no plural) é a cerimônia de sepultamento, o ritual do enterramento, a inumação, são as exéquias: O *funeral* é a forma como nos despedimos de alguém que morreu ou faleceu. Não se confunde com *enterro*, que é o cortejo fúnebre. Há, no entanto, quem continue dizendo que compareceu ao "féretro" de fulano ou que acompanhou os seus "funerais" até o cemitério. À luz da razão, tudo isso é possível?

916. Morreu ou faleceu?! Quem morre não falece? Quem falece não morre?

R. **Morrer** e **falecer** têm significados um bocadinho distintos. Qualquer pessoa que perde a vida, normal ou violentamente, *morre*. Se, porém, a pessoa morre naturalmente, ela *falece*. Assim, quem diz que Ayrton Senna "faleceu" comete uma impropriedade. Os animais, por sua vez, só *morrem*, jamais "falecem", da mesma forma que um animal morto é uma *carcaça*, e uma pessoa morta é um *defunto*. Confundir as coisas às vezes pode ser muito desagradável. Ou perigoso... Dizer, por exemplo, que uma pulga "faleceu" esmagada por duas unhas ferozes me parece conferir a ela *status* de gente...

917. Já que estamos nesse assunto, qual é a diferença entre falecido, finado **e** defunto?

R. **Falecido** é o que chegou ao fim da vida naturalmente, sendo sua falta muito sentida na convivência diária. É o mesmo que **finado**. Quem não se lembra do *falecido* Chico Anysio, do *finado* Tom Jobim? Daí por que o dia 2 de novembro é o dia de Finados. **Defunto** é o que ainda não foi enterrado. Depois da inumação ou do enterramento, já não há *defunto*, mas apenas *finado, falecido*. Não se diz, portanto: A família, até hoje, tem muita saudade do "defunto". Todos sentimos muitas saudades, sim, do *finado*, do *falecido*. *Defunto* é, em suma, o corpo morto de pessoa que está para ser enterrada.

918. Qual é a diferença entre indivíduo **e** pessoa?

R. **Indivíduo** é qualquer ser único e organizado de determinada espécie. **Pessoa** é qualquer indivíduo da espécie humana. Portanto, *indivíduo* é tanto um ser humano quanto um cão, um gato, um boi, um leão, um peixe, etc.; já *pessoa* é sempre e tão somente um ser humano.

919. Existe diferença entre implume e impene?

R. Sim, existe. Diz-se **implume** da ave que ainda não tem plumas ou penas formadas. Filhotes são quase sempre *implumes*. Diz-se **impene** da ave sem penas ou plumas. Existem aves *impenes*? Há um livro, cujo título, em referência ao homem, é: **Animal racional ou bípede implume?** Não desejando me imiscuir, mas o homem não seria, com mais propriedade, um bípede *impene*? O fato de os dicionários registrarem ambos os termos como sinônimos deu nisso.

920. Qual é a abreviação correta de Sociedade Anônima?

R. Você pode usar ponto ou barra: S.A. ou S/A. Há um manual de redação, no entanto, que condena o uso da barra. O IPEA (Instituto de Pesquisa Econômica Aplicada), em seu Manual do Editorial, recomenda o uso da barra. Os tais manuais de redação só servem para uso interno; são desprezíveis quando pretendem legislar em território alheio.

921. Nas datas com números, devemos usar hífen (10-11-2022) ou barra (10/11/2022)?

R. Tanto o hífen quanto a barra se usam corretamente nesse caso, mas o que mais se vê são as barras. Não se usa ponto (10.11.2022), que é, justamente, como aparece no dicionário Aurélio (verbete **sem-teto**, pág. 1.835).

922. Num número, é o ponto ou a vírgula que separa a parte inteira da parte decimal?

R. No português, é a vírgula; no inglês, o ponto. Daí por que a indústria automotiva lança veículos 1.0, 2.5, etc. Nossos economistas também imitam os ingleses, ao afirmarem que a inflação tem sido de "3.5" ao ano. Na verdade, em nossa língua, 3,5% (três e meio por cento) ao ano.

923. Em 14.150, 5.403.753, uso o ponto obrigatoriamente?

R. Sim, use o ponto ou deixe o espaço correspondente a esse ponto: 14 150, 5 403 753. Os números que identificam os anos, porém, não devem ter ponto nem espaço: 1987, 2023, etc. Só o CEP (Código de Endereçamento Postal) é que não deve ter ponto nem espaço entre os algarismos: 01330-000, 88290-217, etc.

Nosso português do dia a dia

924. Que novidade me espera no uso do verbo caber?

R. Esse verbo facilmente leva a erro de concordância, quando seu sujeito é um infinitivo. Assim, é comum encontrarmos frases como esta: *Estes são problemas que "cabem" ao diretor resolver*, em que seu autor está certo de que o sujeito de *caber* é *problemas* (representado pelo pronome relativo *que*). Não é. O sujeito de *caber* é, na verdade, o infinitivo (*resolver*): afinal, o que é que não cabe? É *resolver*; portanto, o verbo deve ficar no singular. Em relação a esse verbo, há uma passagem interessante: Juquinha era um aluno relapso, que não conseguia acompanhar os demais colegas da sala de aula. Vivia dizendo "não cabeu", "peguemo", "nóis fumo, dispois vortemo", etc. Sua professora não se cansava de corrigi-lo. Num dia de pouca paciência, quando ele repetiu "não cabeu", a professora o fez ficar de castigo depois da aula, para escrever cem vezes numa folha de caderno *não coube*. Ao escrever noventa e cinco vezes, percebeu que a folha não ia ter espaço suficiente. Então, aproveitou aquele pequeno vão da folha para advertir a mestra: *Fessora, num terminei por causa que num cabeu.* Dali por diante passou a ser chamado pelos colegas Juquinha Kfuro...

925. Há redundância em mel de abelhas, multidão de pessoas **e** eis aqui?

R. Não, não há; o mel é realmente um produto só de abelhas. Ocorre que, em sentido figurado, podemos usar a palavra *mel* como equivalente de qualquer suco de frutas em forma de melado, de aspecto semelhante ao do mel. Daí, então, termos também o mel de caju, o mel de carambola, etc. Quanto a *multidão de pessoas* e *eis aqui*, diz-se o mesmo. *Multidão* é uma palavra que se aplica não só a pessoas, mas a animais e a coisas. Tanto é que podemos usar *multidão de mosquitos, multidão de cartas, multidão de discos*, etc. No entanto, se se tiver tratando de pessoas, não há necessidade de usar o complemento. Como neste exemplo: *Durante a manifestação dos estudantes, a multidão que assistia aplaudiu.* Ou ainda neste: *A multidão tentou invadir o Congresso, mas foi impedida pela polícia.* Em ambos os casos, ninguém tem dúvida de que se trata de pessoas. Ou tem? Como haver redundância em *eis aqui*, se cantamos tão maravilhosamente, há décadas: "*Eis aqui* este sambinha, feito de uma nota só, outras notas vão entrar, mas a base é uma só"? (Saravá, Newton Mendonça!)

926. Qual é a diferença entre oração **e** prece?

R. **Oração** é a súplica, é o rogo. Todas as manhãs devemos fazer nossas *orações*, agradecendo a Deus por mais um novo dia, pela oportunidade de poder gozar a luz do Sol novamente. **Prece** é a oração humilde, confiante e perseverante, que se faz nos momentos de grande necessidade. Quando alguém se encontra soterrado, aguardando socorro humano, esteja certo de que faz *preces*. E *preces* de todos os tipos! Quando pais têm filho na guerra, fazem também *preces*, para que o tenham logo de volta, são e salvo.

927. Devo conhecer Salto "de Itu"?

R. Não, nem repita isso lá em Salto. Se você chegar a Salto dizendo isso, não será bem-vindo, porque os saltenses detestam ser "de Itu"...

928. Existe diferença entre cobra e serpente?

R. Existe: **cobra** é qualquer ofídio, venenoso ou não; **serpente** é a cobra venenosa, peçonhenta. Foi uma *serpente* que tentou Eva no Paraíso; também foi uma *serpente* que teria matado Cleópatra.

929. Se a locução correta é em greve (entrar em greve), como se explica que haja pessoas que entrem "de" greve?

R. Explica-se: trabalhadores, de fato, só entram **em** greve. A preposição "de", que muitos usam aí, surgiu por causa da frase *Estamos em processo de greve*, aliás, só aceita quando o movimento ainda não foi deflagrado ou quando está na iminência de acontecer. Convém acrescentar: estudantes não fazem "greve"; estudantes fazem *parede*.

930. Qual é a diferença entre emenda e ementa?

R. **Emenda** é, entre outros significados, mudança material ou alteração que se procede em alguma coisa, visando a modificar ou substituir o que não está inteiramente correto ou completamente claro. **Ementa** é parte do preâmbulo de lei, decreto, portaria ou parecer que sintetiza o contexto do ato, permitindo conhecimento imediato da matéria nele contida. Significa, ainda, resumo, sumário. A *ementa* de um juiz só pode sofrer *emenda* de um desembargador; a *ementa* de um desembargador só pode sofrer *emenda* de um ministro do Superior Tribunal de Justiça; a *ementa* de um ministro do STJ só pode sofrer *emenda* de um juiz do Supremo Tribunal Federal; a *ementa* de um ministro do STF não pode sofrer *emenda* de mais nenhuma autoridade, nem de outro tribunal, porque é sempre sua a decisão final e irrecorrível.

Nosso português do dia a dia

931. Entre as locuções em face de, face a **e** frente a, **qual a que devo preferir?**

R. Embora todas três sejam aceitas, prefira usar sempre a primeira, que é genuína, legitimamente portuguesa: *Em face do* exposto, peço a condenação do réu. Os "adevogados", no entanto, adoram as outras duas, que sabem a francês.

932. Que há de interessante para dizer sobre a locução em função de?

R. Essa locução só é boa quando equivale a *de acordo com, na dependência de, em conformidade com*: O preço de todos os produtos e mercadorias é fixado *em função da* procura. Cada homem vive *em função do* outro. A taxa do serviço é definida *em função do* peso e da zona a que corresponde o país de destino. Não é aconselhável, todavia, seu emprego por *em virtude de, em razão de, por causa de*. Assim, por exemplo: A sessão do Senado foi suspensa "em função do" falecimento de um de seus membros. "Em função da" grande valorização cambial, devem crescer muito as exportações. A indústria automotiva entrou em crise "em função da" queda do poder aquisitivo da população. Não se pode esquecer que o servidor público existe "em função do" cidadão, e não o cidadão "em função do" servidor público.

933. A locução "em" demasiado **é boa?**

R. Tão boa quanto *"em" alerta...* Não existe isso em nossa língua. Temos *em demasia* e apenas *demasiado*: Você acha que os deputados ganham *em demasia*? Você se preocupa *demasiado* com o salário dos outros.

934. Se a conjunção embora **não combina com gerúndio, como se explica que os jornalistas usem diariamente** "embora comendo", "embora sabendo", etc.?

R. Explica-se: falta de escola. Se frequentassem a escola com vivo interesse, saberiam que no lugar da conjunção "embora" se pode usar *mesmo*, sem ferir princípios linguísticos: *Mesmo comendo* bastante, não engorda. *Mesmo sabendo* de tudo, o cínico negou. *Mesmo gostando* do filme, não fiquei satisfeito. *Mesmo sendo* pobre, é orgulhoso. Mas a maioria dos jornalistas continua usando "embora". Eles não são ótimos?

935. Qual é a diferença entre galhofa **e** gracejo**?**

R. **Galhofa** é a caçoada ostensiva e ruidosa, o mesmo que gozação ou zoação. Os corintianos são obrigados a aguentar a *galhofa* dos palmeirenses e vice-versa, sempre que há uma derrota de seu time de coração. **Gracejo** é a gozação inconveniente, insolente ou ofensiva. Nenhuma mulher séria gosta de ouvir *gracejos*. (Que tais os dicionários, também neste quesito?)

936. Se são as formas do futuro do presente que terminam em -ão, na 3.ª pessoa do plural, como se explica que haja pessoas que usem "-am" em seu lugar?

R. Explica-se: falta absoluta de escola. Além de usarem formas do futuro do presente por formas do pretérito perfeito (Os pais "acompanharão" as crianças ontem até a escola, em vez de *acompanharam*), há os que usam até formas que nem existem, como esta: Eles "fizerão" o que tinham que fazer. (Note que "fizerão" nem mesmo forma do futuro é; simplesmente não existe, a não ser entre desertores de escola.)

937. Há até os que fazem o contrário: usam formas do pretérito perfeito pelas do futuro.

R. Sim, como nesta frase: *Meus pais viajaram amanhã*. Pode parecer incrível, mas é o que temos. Infelizmente. Então, vamos explicar bem devagarzinho, para ver se esse pessoal entende: formas verbais oxítonas se escrevem com *-ão* (*sairão, baterão*, etc.); formas paroxítonas se grafam com *-am* (*saíram, bateram*, etc.). Ficou mais fácil ou agora é que complicou tudo?

938. Qual é a diferença entre imposto, taxa, tarifa **e** tributo**?**

R. **Imposto** é a contribuição compulsória que a União, os estados e os municípios cobram dos cidadãos, para fazer frente às despesas públicas. É extremamente alto no Brasil, chegando a ser escorchante, já que, quase sempre, não reverte em benefícios para a população. **Taxa** é o pagamento por um serviço prestado pela União, pelo estado ou pelo município. Além da *taxa* de água e esgoto, agora a população de algumas cidades brasileiras está sendo obrigada a pagar a *taxa* do lixo, que não é baixa. **Tarifa** é o custo estipulado para o transporte de qualquer coisa, principalmente aquele fixado por órgão oficial ou estatal: *tarifas* aéreas, portuárias; *tarifa* do gás natural canalizado. Continua alta a *tarifa* postal? **Tributo** é o imposto lançado diretamente nas mercadorias e produtos, pago sem que a população perceba. Os combustíveis têm incluídos no seu preço vários *tributos*.

Nosso português do dia a dia

939. A locução eis que **é defensável?**

R. Só não é quando substitui *pois, porque, porquanto*. Assim, por exemplo: Deve chover logo, "eis que" nuvens plúmbeas se acumulam no horizonte. Ele não foi trabalhar, "eis que" se encontra doente. É, porém, locução preferida no meio jurídico. Trecho de um membro do Ministério Público do Rio de Janeiro: *De nada difere o conteúdo dos contratos feitos por meio do computador, "eis que" na sua essência, eles nada mais são do que manifestações de vontade, voltadas para os interesses bilaterais que produzirão os mesmos efeitos jurídicos que os contratos até então por nós conhecidos*. A expressão *eis que* se usa com propriedade quando a situação é de imprevisto, equivalendo a *de repente*, exprimindo surpresa: Quando menos esperávamos, *eis que* desaba uma tempestade! Dei uma busca na Internet e *eis que* deparo logo com o que precisava.

940. E a locução "de vez que"?

R. Essa não. Em seu lugar convém usar *porque, pois, uma vez que,* ou *porquanto*: Luís deve ter viajado, *pois* não o vi hoje. A crise deve se complicar, *porquanto* o governo não está disposto a tomar providência nenhuma. Alguns "adevogados" acham que seus textos ficam mais elegantes com "de vez que" e até "vez que": *O atropelador fugiu, "de vez que" não foi encontrado pela polícia*. Elegância é, de fato, um conceito muito relativo...

941. Se a palavra correta é eletrocussão, **como se explica que haja dicionários que registrem** "eletrocução"?

R. Em dicionários brasileiros? Muito se explica...

942. A expressão correta é "durante o tempo que" **ou** durante o tempo **em** que?

R. A segunda: Durante o tempo **em** que estiveram casados, não brigavam; agora, que são apenas amigos, brigam.

Muro de Berlim: mesmo durante o tempo **em** que a cidade esteve dividida, alguns trechos do metrô de superfície ligavam os seus dois lados.

943. Qual é a diferença entre gume e fio?

R. **Gume** é a parte do instrumento destinada ao corte. **Fio** é a linha finíssima, extrema, do *gume*; muita vez fica embotado e necessita de afiamento ou amoladura. Toda faca, todo canivete, toda tesoura, no ato da compra, vêm com *gume*, mas não com *fio*. As navalhas geralmente já vêm com *fio*; têm, portanto, *gume* e *fio*.

944. **Turma, casal e pessoal se usam sempre com o verbo na 3ª pessoa do singular, isso eu sei. Mas... e dupla?**

R. Ora, é a mesma coisa, verbo no singular com *dupla*, e isso até mesmo recém-nascido sabe. Mas jornalistas sabem? Responda você, ao ler isto: *Um novo* ranking *de maiores devedores do futebol brasileiro foi divulgado: a dupla Cruzeiro e Atlético-MG "aparecem" no topo da lista.* Não faz muito, houve um crime bárbaro no interior paulista, no qual morreram queimadas quatro pessoas, inclusive uma criança de cinco anos. Ao referir-se aos dois assassinos, escreveu um jornalista: *Depois do roubo, a dupla "colocaram" os quatro – amarrados – no Palio do casal, os "levaram" à estrada municipal 2, "colocaram" combustível no carro e "atearam" fogo, antes de fugir.* Esqueceu-se de dizer o jornalista que o pessoal da cidade "queriam" linchar os assassinos...

945. Há redundância em "duas metades" **e em** "metades iguais"? **Estou desconfiado de que sim...**

R. Que sua desconfiança vire certeza: claro que há! Redundâncias brabas ainda! Certa feita, todavia, a apresentadora de um programa de televisão saiu-se com esta: *A linha do equador divide a Terra em "duas" metades.*

Não bastaria dizer apenas *metades*? Veja, agora, que grande novidade anunciada por um especialista: *A espécie humana é composta de "duas" metades: uma metade feminina e uma metade masculina.* Será mesmo?!...

946. Brabo **ainda existe?**

R. Existe desde sempre; *brabo* e *bravo* são formas variantes, assim como *berruga* (segundo o VOLP) e *verruga*. O que não existe (ainda) é "barrer" e "bassoura", que, por sinal, nada tem a ver... Convém ressaltar: não existem **por enquanto**, porque nunca se sabe sobre a próxima edição do VOLP... *Berruga* e *embigo* já estão lá. Só falta agora "barrer" a sujeira para baixo do tapete com a "bassoura" nova...

947. Posso usar, sem problema, o verbo elencar?

R. Se puder evitar esse neologismo, evite! Temos *alistar* que o substitui, além de *agrupar*. Mas frases assim são comuns hoje: Os professores vão

Nosso português do dia a dia

elencar as características gerais do Romantismo. Médicos vão *elencar* os piores planos de saúde da Baixada Santista.

948. Existe alguma diferença entre dever e obrigação?

R. Sim. Tanto uma quanto outra palavra pressupõem regra imposta à vontade, com a diferença de que, na primeira, tal regra é imposta pela moral, pelo decoro, pela razão; na segunda, pela lei, por um código, o que implica sanções. Todos temos o **dever** de nos levantar ao som do Hino Nacional, mas não "obrigação". Ninguém sofre sanção se permanecer sentado, nesse caso. De outro lado, todos temos a **obrigação** de parar a um sinal vermelho; todos temos a **obrigação** de socorrer aquele que foi por nós atropelado; se não o fizermos, estaremos sujeitos a sanções previstas no código penal ou de trânsito. Um pai tem o **dever** de estudar os filhos, que têm o **dever** de reconhecer o esforço paterno, mas não "obrigação".

949. Falando em dever, qual é a diferença entre dever e deveres?

R. **Dever** é obrigação, compromisso: *dever* militar, *dever* de cidadão, *dever* de pai, *dever* de patriota. **Deveres** são *tarefas escolares*. Nossos filhos fazem *deveres* e não "dever". Professor passa *deveres*, e alunos obedientes fazem *deveres*. Todo aluno tem um *dever*: fazer os seus *deveres* da melhor forma possível. *Dever*, no singular, é coisa bem mais penosa. O *dever* de um pai moderno, por exemplo, é não contrariar o filho, em nenhuma hipótese; o *dever* do cidadão honrado é conhecer inteira a letra do Hino Nacional; o *dever* de brasileiro de brio é conhecer a norma padrão, a fim de não dizer asnices; o *dever* do político é não roubar nem ajudar a outrem nesse mister; e o *dever* do contribuinte é chorar, chorar, chorar...

950. A frase é bom cautela é correta?

R. É. Depois de *é bom* sempre está subentendido um verbo, geralmente *ter*, por isso não há necessidade de usar *boa*: é bom *ter* cautela. Outros exemplos: *É bom muita calma no trânsito.* (É bom ter...) *É bom água com açúcar para susto.* (É bom beber...) *É bom prudência nesse caso. É bom ações policiais rápidas e de surpresa nas favelas. É bom estudos mais aprofundados sobre o assunto. É muito bom bens, mas é melhor a felicidade. É bom apenas frutas e legumes no verão.*

951. Se eu vestir as meias "no" avesso, cometo algum pecado?

R. Comete, porque suas meias só podem estar **do** avesso ou **pelo** avesso. Repare: elas nunca ficam "no" avesso!...

952. Pode alguém confundir efígie com esfinge?

R. Pode, porque já houve quem o fizesse. **Efígie** é a figura, imagem ou retrato principalmente em vulto ou relevo: a nota de duzentos reais traz a *efígie* do lobo-guará. *Esfinge* é o monstro com cabeça e peito de mulher, asas de ave e corpo de leão, na mitologia grega. Não tem nada a ver com efígie, mas alguém escreveu isto recentemente: *Trata-se de um medalhão esculpido em mármore, com a "esfinge" de Alexandre VIII.*

953. Existe diferença entre driblar e fintar?

R. Existe. **Driblar** é mover a bola para a frente, pela sucessão rápida de toques curtos ante o adversário. É o que fazia magistralmente bem o ponta Garrincha. **Fintar** é mover a bola para a frente, usando a ginga do corpo ante o adversário. É o que fazia muito bem o santista Robinho, que à *finta* acrescentou a *pedalada*, terror dos zagueiros (principalmente corintianos...). No *drible*, predomina a habilidade do jogador no uso dos pés; na *finta*, prevalece o jogo de cintura.

954. E entre dote e dotes há alguma diferença?

R. Há muita! **Dote** é o conjunto de bens que a mulher leva para o marido, a fim de ajudar a suportar os encargos do casamento. Todo Portugal foi um *dote* recebido por Afonso Henriques: o Condado Portucalense, que mais tarde virou reino, ou seja, Portugal. Significa, ainda, riqueza, haveres, bens. **Dotes** são qualidades, predicados, virtudes: *pessoa de excelentes dotes*. Assim, quem casa apenas pelo *dote* pode estar preparando a cama da infelicidade para toda a vida; quem, todavia, casa pelos *dotes* do seu cônjuge talvez tenha um futuro de paz no casamento. Certa vez um noivo desconfiado perguntou à noiva, inteligente e sutil, se ela estava interessada nos seus *dotes* ou no seu *dote*. Ela respondeu: *Não sou nunca pelo singular; sou sempre mais pelo plural.* E foram felizes para sempre...

955. Existe alguma diferença entre diferençar e diferenciar?

R. Existe. **Diferençar** é estabelecer diferença entre duas ou mais coisas, é distinguir, discriminar: As crianças já estão *diferençando* as letras do alfabeto. Sabes *diferençar* uma nota falsa de uma verdadeira? *Diferençar* o joio do trigo, o bem do mal. Ela não sabe *diferençar* uma panela de uma frigideira e ainda quer casar! **Diferenciar** é alterar, mudar, transformar, é ocorrerem diferenças, geralmente graduais, na mesma coisa:

A cor dos carros *diferencia* (ou *se diferencia*) com o passar do tempo. A cor dos olhos dela *diferencia* (ou *se diferencia*) de acordo com a cor da

Nosso português do dia a dia

roupa que ela veste. (Nem me pergunte se os dicionários estabelecem tal diferença!)

956. Posso usar e nem?

R. Pode, desde que equivalha a *e nem sequer*: Ela chegou de viagem *e nem* me telefonou. Ou seja: Ela chegou de viagem *e nem sequer* me telefonou. Não gosto dele *e nem* amizade lhe dispenso. Ou seja: Não gosto dele *e nem sequer* mesmo amizade lhe dispenso. Do contrário, usa-se apenas *nem*:

Ifigênia não come *nem* bebe. As crianças não almoçaram *nem* jantaram. Ele não estuda *nem* trabalha. Repare, agora, nesta declaração triste de um ex-presidente do PT, ao renunciar a seu cargo: Nós do PT não praticamos irregularidades. O PT não compra "e" nem paga deputados. É mesmo? Então, tá. Meses depois, os diretores de uma revista semanal, acusada de comprar um dossiê para incriminar um candidato do PSDB ao governo de São Paulo, emitem uma declaração por escrito: *Nossa revista não comprou "e" nem compra dossiês.* Qualquer semelhança é mera coincidência... Para encerrar, frase de um jornalista (não poderia faltar, não é mesmo?): *Especialistas ouvidos pela BBC News Brasil afirmam que Daniel Silveira não será preso "e" nem perderá o mandato automaticamente porque ainda cabe recurso da decisão.* Faltou ainda a indispensável vírgula antes de *porque*. Jornalistas...

957. A expressão "em termos de" é boa?

R. O emprego dessa expressão por *com relação a, em matéria de, a respeito de* não é aconselhável, por se tratar de um anglicismo dispensável (*in terms of*): "Em termos de" educação pública e segurança, o Brasil vai muito mal. Quais são suas necessidades "em termos de" estudos?

958. Segunda e "terça-feiras" são dia de trabalho.

R. Prefiro não variar *feira*, nesse caso, porque se trata de um substantivo, e não são os substantivos que devem concordar com este ou aquele determinante, mas o contrário. Prefiro ver, então, o elemento *feira* subentendido depois de *segunda*. Claro está que, se antepusermos o artigo, usaremos ainda sem variar: **a** segunda e **a** terça-**feira**.

959. Dos que **ou** daqueles que **levam sempre o verbo ao plural?**

R. É evidente que tais expressões levam o verbo ao plural:

Ele é dos amigos que não *negam* um favor. Ele é daqueles vizinhos que não *perturbam*. Sou daqueles que *vivem* de esperança. Fui daqueles que *confiaram* nesse governo.

Durante a audiência do ministro Palocci na Comissão de Assuntos Econômicos do Senado, em novembro de 2005, disse, porém, o nobre e sempre admirável senador Pedro Simon: *Vou ser muito sincero: fui daqueles que "olhei" o governo Lula na certeza de que seria um grande governo.*

Serei mais sincero ainda: meu caro senador, do plural não se parte direto para o singular. Infelizmente...

960. Depois de dignos de, difíceis de **e** fáceis de, **uso infinitivo no singular ou no plural?**

R. Infinitivo no singular: São exemplos dignos de *ser* seguidos.

Eles não são dignos de *receber* de nós bom tratamento e consideração. Problemas difíceis de *resolver*. Livros fáceis de *entender*. Carros fáceis de *dirigir*. Empresas difíceis de *trabalhar*. Essas coisas são difíceis de *ser* provadas.

961. Que se pode dizer da locução através de**?**

R. Em português se usa *através **de***, sempre com a preposição. Quem a omite está mais próximo do francês que do português. Portanto frases como *Ouvi a notícia através o rádio* está inteiramente descartada. Alguns narradores esportivos ainda dizem de vez em quando (euforicamente): *O gol foi marcado "através Dudu"*. Antigamente se usava *através de* apenas em casos que evidenciassem passagem de algo de um lado a outro. Assim, por exemplo: *A luz passa através do cristal. Fantasmas passam através de paredes.* Essa exigência é coisa do passado, já que grande número de escritores clássicos adotaram o emprego de *através de* como se faz na língua contemporânea: Ouvi a notícia *através do* rádio. É *através da* mídia que se toma conhecimento dos fatos. Houve tempo em que tais frases devessem ser substituídas por Ouvi a notícia *pelo* rádio. É *pela* mídia que se toma conhecimento dos fatos. Hoje, não mais. *O cheque foi liquidado através do serviço de compensação.* Esta frase campeou por aí sem a preposição *de*: *O cheque foi liquidado através o serviço de compensação.* Neste caso, sim, condenável. Mas hoje quase nem mais existe cheque liquidado *pelo* serviço de compensação...

962. Por falar em narrador esportivo, alguns deles costumam usar "um pro outro, o outro pro um". **Isso pega bem?**

Nosso português do dia a dia

R. Não pega nada bem. A verdade é que a ignorância produz "sumidades"! Alguns narradores esportivos costumam usar durante as transmissões, para todos nós, vítimas cruéis, ouvirmos: *"Um deixou pro outro, o outro deixou pro um, e a bola acabou entrando no gol".* Formidável! Eles não podem ignorar que nossa língua possui a expressão de reciprocidade **um ao outro**, que, usada, já comunica que houve troca, intercâmbio entre dois seres, não havendo, portanto, nenhuma necessidade de criar asneiras, como se a língua disso não estivesse farta. Aliás, são os homens do esporte os maiores "filólogos" modernos, já que se constituem em fonte inesgotável de formação do nosso léxico moderno. É ouvi-los diariamente e "enriquecer" enormemente o vocabulário e a experiência de vida...

963. Um candidato pode vencer "em primeiro turno"?

R. Eis mais uma dos milhares de gafes da mídia brasileira: não usar o competente artigo antes dos numerais ordinais. Todos exigem o artigo: **o** primeiro candidato, **o** segundo andar, **o** terceiro capítulo, etc. Mas os jornalistas e repórteres brasileiros não querem saber; afinal, eles é que fazem a língua... E assim, escrevem ou dizem: *Foi aprovada ontem "em" primeiro turno, pelo plenário da Câmara ...* Logo abaixo se lê: *Se o projeto for aprovado "em" segundo turno na Câmara e depois no Senado ...* A colunista, autora destas frases, talvez more "em" primeiro andar de seu prédio, ou então, resida "em" segundo andar. Quem sabe?... Só por curiosidade, veja como ela encerra sua coluna: *É difícil manter a esperança, e você nem imagina o quanto eu sei disso. Mas, sem ela, o que nos resta? Pular do 20.º andar?* Interessante: aqui ela usou o artigo. Por que não pularia ela "de" 20.º andar?...

964. Qual é a diferença entre ocultar e esconder?

R. **Ocultar** é evitar que alguém veja ou saiba, matreiramente ou não, é encobrir dissimuladamente, disfarçadamente: *ocultar* a calvície, *ocultar* a vitiligo, *ocultar* a banguela, *ocultar* a verdade, *ocultar* rendimentos. **Esconder** é pôr em lugar onde ninguém possa ver ou achar: *esconder* dinheiro, esconder *joias*. Os cães *escondem* ossos na terra. No Brasil houve um tempo – não muito remoto – em que se *ocultavam* dólares na cueca e se *escondiam* caixas e mais caixas de dinheiro em apartamentos em Salvador, Bahia...

965. Qual a palavra correta: "disintiria" ou "desinteria"?

R. Nenhuma das duas. De fato, há muita gente por aí que tem "disintiria" e até "desinteria", como uma médica-veterinária, ao tratar das doenças mais comuns entre os coelhos: *As "desinterias" são ocasionadas por diversas causas e aparecem mais frequentemente nos coelhos durante a época do desmame. Em geral as "desinterias" são produzidas pelos alimentos fermentados, mofados ou sujos; pelo excesso da forragem verde de alimentação. Também são causas da "desinteria" as intoxicações alimentares, parasitas intestinais, os alojamentos úmidos e calor intenso. Além disso a "desinteria" é um sintoma comum a diversas doenças, sendo mais ou menos grave, conforme as causas que a provocaram.* Será que os coelhos não têm **disenteria**?!... Quer uma forma lúdica de não errar na grafia dessa palavra? Lembre-se de que *dizem que ela teria*...

966. Qual é a diferença entre gradação e graduação?

R. **Gradação** é aumento ou diminuição gradativa: a *gradação* das cores, a *gradação* do vermelho para o rosa; a *gradação* de tom de voz de uma cantora. **Graduação** é ação ou efeito de graduar ou de graduar-se, é a divisão em graus e medidas, em níveis hierárquicos, etc.: a *graduação* da temperatura num termômetro; a *graduação* em direito, em medicina; a *graduação* de tenente; cursos de *graduação* de uma universidade.

967. Existe a palavra dignatário?

R. Existe, porque a 6.ª edição do VOLP passou a registrá-la, mas até ontem era uma cacografia, muito a gosto dos jornalistas brasileiros. Essa forma recebeu influência de *dignar-se* e do espanhol *dignatario* (sem acento), mas a portuguesa legítima é **dignitário**. No editorial de tradicional jornal paulistano se leu: *Lula se dá bem nos palácios do mundo porque sua história fascina os "dignatários" com quem entra em contato.* Que fascínio mais estranho!...

968. Posso emprestar dinheiro "do banco"?

R. Não convém. É tão simples quanto um grão de areia: quem empresta dá; quem recebe toma emprestado. Por isso: Eu lhe *emprestei* mil reais e nunca mais vi a cor do dinheiro. Ele me *tomou emprestados mil reais* e nunca mais mos devolveu. *Tomei emprestada* a blusa dela, para não passar frio. Não é simples? Pois bem, mas não tão simples para um jornalista de uma folha paulistana, que lançou esta manchete: **Senador empresta gravata "de motorista" para discursar em plenário vazio**. Não era só o plenário que estava vazio...

Nosso português do dia a dia

969. Qual é a diferença entre vencedor **e** vitorioso**?**

R. **Vencedor** é o que venceu, o que derrotou o seu adversário, oponente ou o seu inimigo. Um time de futebol, ao vencer, torna-se *vencedor*, ainda que o espetáculo tenha sido muito ruim. A vitória pode até ser fraudulenta. **Vitorioso** é o que venceu gloriosamente, brilhantemente. Um time de futebol, para ser chamado de *vitorioso*, deve naturalmente vencer convencendo, ou seja, proporcionando um jogo cheio de lances emocionantes, no qual as duas equipes tenham se enfrentado de igual para igual. Homem que bate em mulher é sempre *vencedor*. E daí?

970. Posso usar "tem entregue"?

R. Nem "tem empregue". O verbo *entregar* tem dois particípios: *entregado* (que se usa com *ter* e *haver*) e *entregue* (que se usa com *ser* e *estar*): Acusaram o goleiro de ter *entregado* o jogo. (E não: Acusaram o goleiro de ter "entregue" o jogo.) Eu já havia *entregado* a declaração do imposto de renda. (E não: Eu já havia "entregue" a declaração do imposto de renda.) O carteiro tem *entregado* regularmente a correspondência. (E não: O carteiro tem "entregue" regularmente a correspondência.) A quem você havia *entregado* o dinheiro? (E não: A quem você havia "entregue" o dinheiro?) Vejamos se os jornalistas sabem disso. De um deles: *Pedrosa negou ter "entregue" à revista Época a fita.* De outro: *O delegado informou ter "entregue" o criminoso ao sargento Fernando.* A embaixada americana, ao tratar de terrorismo, também está "entregue": *A Líbia, no final do ano 2000, estava tentando melhorar sua imagem internacional após ter "entregue" para julgamento, em 1999, dois líbios suspeitos pela colocação das bombas do voo 103 da Pan Am.* Como se vê, estou entregando todo o mundo... O verbo empregar também só tem um particípio: *empregado*. Não há o suposto particípio *"empregue"*, que surgiu por influência de *entregue*. Portanto: O dinheiro foi bem *empregado*. A empresa tinha *empregado* muita gente. O comércio tem *empregado* muita gente no Natal. Quanto dinheiro foi *empregado* na obra? Escreve, todavia, alguém envolvido com a saúde: *Não cabe ao Gestor do SUS saber onde foi "empregue" o recurso.* Estamos bem de saúde, não?

971. Já que estamos tratando de particípios, que tal o "tenho chego cedo"?

R. Tolice pura, mas muito comum na língua do dia a dia. O verbo *chegar* só tem um particípio: *chegado*. Há quem use ainda "chego" como substantivo, por *chegada*: Dê "um chego" até aqui. Não se pode negar: a língua evolui dia a dia...

972. Que tal o "tinha trago", o "tinha falo" e o "tinha aceito"**?**

R. Três tolices. O verbo *trazer* só tem um particípio: *trazido*. Como não tinha *trazido* dinheiro, não pude comprar o ingresso. O verbo *falar* só tem um particípio: *falado*. Eu tinha *falado* a verdade. O verbo *aceitar* tem dois particípios: *aceitado* (que se usa com *ter* e *haver*) e *aceito* (que se usa com *ser* e *estar*). Portanto, "tinha aceito" não existe para a língua padrão.

973. E o tal do "tinha pego"**?**

R. Também não existe na língua padrão. O verbo *pegar* tem, em rigor, apenas um particípio: *pegado*: As crianças têm *pegado* resfriado constantemente. Na língua popular admite-se o uso de *pego* (que se pronuncia com **e** fechado), mas apenas com os verbos *ser* e *estar*: *Fui* **pego** *em flagrante*. Fora daí, apenas *pegado* é que se usa.

974. E que dizer de ganhado, gastado, pagado **e** salvado**?**

R. Desses particípios, sim, podemos dizer que existem, desde que usados com os verbos *ter* e *haver*: Tenho *ganhado* muitos presentes ultimamente. Elisa havia *gastado* todo o dinheiro. Tínhamos *pagado* a nossa dívida naquele dia. Elas haviam *salvado* o seu prestígio. Podemos usar *ganho, gasto, pago* e *salvo*, no lugar deles? Sim, podemos. Só esses particípios se usam com *ser* e *estar*, não aqueles: *foi ganho, está salvo*, etc.

975. Qual é a diferença entre evaporar-se **e** volatilizar-se**?**

R. **Evaporar-se** ou **vaporizar-se** é passar (um líquido) ao estado de vapor, elevando-lhe a temperatura: A água, a 100°C, *vaporiza-se* (ou *evapora-se*). **Volatilizar-se** ou **volatizar-se** é passar diretamente ao estado gasoso, sem emitir vapores: *O éter facilmente volatiliza* (ou *se volatiliza*). Um dicionário comete uma trapalhada daquelas na definição de *vaporar, evaporar, vaporizar* e *volatilizar*, considerando-os sinônimos, coisa que, como visto, não são.

976. Quero saber tudo sobre o verbo valer**.**

R. Primeiro de tudo, nunca use *vale* "à" *pena*, que isso é coisa de gente que nunca foi à escola. *Valer* é um verbo que facilmente leva a erro de concordância, quando seu sujeito é um infinitivo. Assim, é comum encontrarmos frases como estas: *Leões e tigres são animais com que não "valem" a pena mexer, mesmo em jaulas. São estes os esclarecimentos que "valem" fazer*. Nelas, seu autor está certo de que o sujeito de *valer* é o termo anterior, no plural, respectivamente,

Nosso português do dia a dia

animais e *esclarecimentos* (representados pelo pronome relativo *que*). Não é: o sujeito é a oração iniciada pelo infinitivo; daí por que os verbos entre aspas devem estar no singular, e não no plural. Veja, agora, uma notícia saída num desses portais: *Os lançamentos prometidos pelas montadoras para esse ano "valem" esperar*. **Vale** esperar MESMO?!...

977. Existe diferença de significado entre ileso e incólume?

R. Existe. **Ileso** é aquele que saiu de um perigo sem receber nenhuma lesão ou dano grave. **Incólume** diz-se daquele que saiu de um perigo são e salvo, sem absolutamente nem uma lesão ou dano. Se um chefe de Estado escapa de um atentado apenas com alguns ferimentos leves, sai *ileso*; se, porém, não sofre sequer um arranhão, sai *incólume*. No atentado ao Papa João Paulo II, em 1981, o Sumo Pontífice saiu *ileso*, mas não "incólume", porque sofreu lesão e fratura num dos dedos da mão esquerda. O candidato Jair Bolsonaro, em 2018, durante a campanha eleitoral, saiu *ileso* do atentado à faca que sofreu. Os dicionaristas, no entanto, se esforçam tanto por nos convencer de que *ileso* é o mesmo que *incólume*, que o povo emprega aquela por esta.

978. Que se pode dizer das palavras esquistossomose, dinossauro, rapsódia, aerossol e disjuntor?

R. Dizer que são essas as formas corretas, embora muita gente diga "esquistozomózi", "dinozáuru", "rapzódia", "aèrozól" e "dijuntor", palavra esta comum na boca de eletricistas (Ou seriam na verdade "eletr**e**cistas"?)

979. É boa a expressão disse a que veio?

R. É. Significa *cumpriu o seu papel*. Usa-se tanto para pessoas quanto para coisas: *Esse pneu já disse a que veio, por isso vamos trocá-lo. A presidenta do Palmeiras já disse a que veio?*

980. Como fica o verbo, quando o sujeito é representado por número percentual?

R. Quando o sujeito é representado por número percentual, o verbo concorda com esse número. Um por cento da população *protestou*. Dois por cento da população *protestaram*.

Manchete do jornal A Tarde, de Salvador: **10% dos jovens "está" no ensino superior**. E veja que nem estamos levando em conta outra impropriedade: iniciarem período com algarismos. Por falar nisso, eis um título de notícia da Veja: **2% têm 50% da riqueza do mundo**. A pobreza, realmente, é a única que avança...

981. Entre o idiota e o imbecil existe alguma diferença?

R. Quisera não existisse! O **idiota** é ainda mais retardado que o **imbecil**. O *imbecil* tem idade mental entre três e sete anos e um quociente de inteligência (QI) de 25 a 50; já o *idiota* apresenta profundo retardo mental, com idade mental de menos de três anos e QI abaixo de 25, sendo incapaz de aprender a concatenar ideias. Portanto, quando você se dispuser a xingar alguém, seja elegante: chame o desafeto de *imbecil*, porque xingá-lo de *idiota* será ofensivo demais... Só por curiosidade: o escritor e jornalista cubano Carlos Alberto Montaner é autor do livro *Manual do perfeito idiota latino-americano*, em parceria com o colombiano Plínio Apuleyo Mendoza e com o peruano Álvaro Vargas Llosa, filho do também escritor Mário Vargas Llosa. Mais recentemente, escreveu, com os mesmos parceiros, *A volta do idiota*, inspirado pela ascensão ao poder de Hugo Chávez e dos presidentes da Bolívia, Evo Morales; do Equador, Rafael Correa; e do Brasil, Lula...

982. Que se pode dizer da locução devido a?

R. Trata-se de uma locução já consagrada na língua por *em razão de, em virtude de, por causa de*: *Devido à* chuva, não saímos. O preço da gasolina subiu *devido à* alta do dólar.

O acidente só ocorreu devido à existência de óleo na pista.

Os barcos de pesca não saíram hoje, *devido a*o mau tempo.

Só é condenável a omissão da preposição: *O acidente só ocorreu "devido óleo" na pista. Os barcos de pesca não saíram hoje, "devido o" mau tempo.* Essa locução não se usa antes de infinitivo: *O acidente só ocorreu devido a "haver" óleo na pista.* (Há quem use ainda: O acidente só ocorreu "devido haver" óleo na pista, cometendo dois erros na mesma frase.) Quando o *verbo + devido* equivalem a *se deve* ou a *se devem*, varia normalmente: *A doença é devida à fragilidade de seu organismo.* (= A doença *se deve* à fragilidade de seu organismo.) *Os incêndios na Europa são devidos ao forte calor.* (= Os incêndios na Europa *se devem* ao forte calor.)

983. Que dizer da construção ao + infinitivo?

R. Nesse tipo de construção, o infinitivo varia obrigatoriamente: Ao *entrarmos*, encontramos tudo revirado.

Ao *ouvirem* isso, todos ficaram preocupados.

Nosso português do dia a dia

Ao *derreterem*-se, as amostras de gelo deixaram grossas camadas de sedimentos negros. Note a presença da vírgula. Manchete no *site* de um tradicional jornal paulista:

Mais 13 brasileiros presos ao "tentar" entrar nos EUA. (Sem variação nem vírgula. Já foste bom.)

Mas na Veja, ah, na Veja algo diferente sempre acontece: *Daslu é invadida, dona é presa e trincheira social se aprofunda entre os que acham que houve abuso e os que se deleitam ao "ver" o apuro em vitrine de ricos.* (Sem variação nem vírgula. Grande!) Num de seus editoriais: *A Venezuela não quer ser Cuba. Na semana do fechamento da RCTV, uma onda de protestos tomou conta das ruas de Caracas. Seus protagonistas são estudantes que, ao "defender" a liberdade de expressão e opinião, enfrentam os cassetetes e as bombas da polícia chavista.* (Pelo menos a vírgula não foi esquecida.) Por falar em Venezuela, declara um petista com remorso: *Erramos "ao aceitar" as CPIs.* Erram faz tempo...

984. Como se constrói corretamente o verbo apelar?

R. Com a preposição *para*, e não com "a": Não se conformando com a sentença, o advogado apelou *para* o Superior Tribunal de Justiça. Apelo *para* o alto espírito de compreensão de vossa excelência, a fim de solucionar este caso. Desesperado, apelou até *para* a macumba, para se livrar daquela mulher. Quando não consegue vencer na discussão, apela *para* a violência. Manchete de uma folha de São Paulo:

México apelará "a" ONU contra muro na fronteira com EUA. E nós? Vamos apelar *para* quem?

985. Quando devo usar a pouco e há pouco?

R. Use **a pouco** quando for possível a posposição de palavras como *tempo* ou *metro(s), quilômetro(s)*: Daqui *a pouco*, o jogo começará. (= Daqui a pouco *tempo*, o jogo começará.)

O acidente aconteceu *a pouco* de mim. (= O acidente aconteceu a poucos *metros* de mim.) Use **há pouco** quando for possível a sua substituição por *faz pouco tempo*: Chegou *há pouco* e já está saindo! (= Chegou *faz pouco tempo* e já está saindo!)

986. Posso usar a primeira vez "em" que, a próxima vez "em" que, etc.?

R. Não. É impressionante como os nossos jornalistas gostam de inventar expressões. Como só existe *a primeira vez que, a segunda vez que, a última vez que, a próxima vez que, todas as vezes que, a única vez que,* etc., eles, não satisfeitos, colocam um "em" desnecessário nas expressões, confundindo-as com outras, que exigem essa preposição. Informação de um deles: *A votação da União Astronômica Internacional (IAU) representa uma reforma histórica no conceito de planeta, já que esta é a primeira vez "em" que cientistas contam com uma definição formal de planeta.* De outro: *Vai ser militar quem quer. Querendo, por necessidade ou por inclinação, saberá estar a vida castrense pautada por disciplina e hierarquia, entre outros valores. Todas as vezes "em" que esses dois princípios foram quebrados, deu confusão. A mais recente levou à deposição de um presidente da República.* Ainda de outro: *A primeira vez "em" que Palmeiras e Flamengo se enfrentaram foi em 24 de março de 1929, em jogo amistoso disputado na Rua Paysandu, no Rio de Janeiro. O placar final apontou a vitória flamenguista por 1 a 0.* **Avanti, Palestra!**

987. Calma, professor, calma! Contenha-se! Qual o plural de social-democrata?

R. *Social-democratas*, tanto como substantivo quanto como adjetivo. O VOLP, no entanto, registra *sociais-democratas* como o plural do substantivo. Mas a regra manda variar só o segundo elemento de um composto formado por dois adjetivos: os *maníaco-depressivos*, os *marxista-leninistas*, os *democrata-cristãos*, os *nacional-socialistas*, etc. Assim também: os *social-liberais*. Não dá para seguir o VOLP num caso tão singelo quanto este.

988. Que vem a ser ABS?

R. **ABS** é sigla alemã de *antiblockiersystem* = sistema antitravamento de freios. É um dispositivo instalado nos veículos automotores modernos, constituído de uma central de controle computadorizada, mais válvulas e sensores acoplados a cada roda, evitando o seu travamento e consequente derrapagem dos pneus em frenagens bruscas. Note: o *s* da sigla se refere a *system*, ou seja, *sistema*. Portanto, usar "sistema ABS" constitui redundância, semelhante a BICBANCO, onde o B inicial já significa banco. Ou, se preferir, semelhante a "subir pra cima", "descer pra baixo" e "entrar pra dentro". Se redundâncias picassem, muita gente já estaria mortinha. Veja esta manchete de uma revista especializada em automóveis: **"Sistema ABS" terá produtos para sua reparação no Brasil.** Este, agora, é um conselho de um jornalista amigo da onça: *Mesmo equipado com "sistema ABS", sempre mantenha distância suficiente para parar.* Agora é uma revendedora de automóveis que nos informa: *O "sistema ABS" tem como principal objetivo evitar o*

Nosso português do dia a dia

travamento das rodas em uma frenagem de emergência fazendo com que o motorista possa desviar de algum obstáculo à sua frente, o que não é possível com as rodas travadas. Anuncia bombasticamente uma empresa: *Na Bosh, o "sistema ABS" está na oitava geração.*

E ainda não aprenderam?!!!...

989. Diz-se que o verbo acontecer **é perigoso. Por quê? Será porque ele sempre acontece?...**

R. Brincadeira à parte, devo dizer que esse é um dos verbos em que as pessoas que não dominam a língua costumam rodar, principalmente quando aparece antes do sujeito. Veja esta manchete, colhida numa folha paulistana: **Santos e América jogam pela Libertadores. Já pela Copa BR, "acontece" as semifinais.** Acontece**m** muitas coisas nos jornais e revistas brasileiros...

990. Como se representa graficamente uma gargalhada?

R. Assim: *ah!, ah!, ah!* ou *quá-quá-quá.* Já a adolescência moderna ri assim: kkkkkk. É a evolução!... Um desses adolescentes, desejoso de fugir a essa repetição de kk, escreve: *"Ha-ha-ha", existem umas pessoas com umas brincadeiras tão engraçadas que só "falto" morrer de rir.* Só "falto"?!!! Isso é próprio de quem ri mostrando todas as cáries...

991. Existe em bom português "a hora que", "o dia que", **etc.?**

R. Em bom português não existe *"a hora que...", "o dia que...", "o momento que...",* etc., expressões essas a que falta a competente preposição *em*, seja antes do *que* (*a hora em que...*), seja contraída com o artigo inicial (*na hora que...*). Portanto, construímos assim, segundo as normas da língua:

A hora *em* que eu vir isso, vou denunciar. (Ou: *Na* hora que eu vir isso, vou denunciar.) O dia *em* que tudo mudou. (Ou: *No* dia que tudo mudou.) O momento *em* que isso ocorrer será histórico. (Ou: *No* momento que isso ocorrer, será fato histórico.) Na expressão com a contração, a preposição pode repetir-se, sem problema nenhum: **N**a hora **em** que eu vir isso, vou denunciar. **N**o dia **em** que tudo mudou. **N**o momento **em** que isso ocorrer, será fato histórico. Certo presidente da República, de um certo país sul-americano, no entanto, em uma de suas falas, dirigindo-se ao povo, soltou isto: *"A hora que" eles tirarem as minhas pernas eu vou andar pelas pernas de vocês, "a hora que" eles tirarem meus braços, eu vou gesticular pelos braços de vocês, "a hora que" eles tirarem meu coração, eu vou amar pelo coração de vocês. E* *"a hora que"* eles tirarem a minha cabeça, eu vou pensar pela cabeça de vocês. Na hora que esse aí pensar, eis o grande momento histórico...

992. Como devo usar a palavra alarde?

R. *Alarde* se usa com a preposição *de*, e não com outra:

Ela gosta de fazer alarde *de* suas virtudes. Nunca fiz alarde *de* meus bens. Não faça alarde *de* suas realizações nem se vanglorie de seus conhecimentos! Um partido radical de esquerda, na ânsia de criticar o governo Lula, divulgou certa feita: *Algo típico do governo Lula: muito alarde "sobre" questões que mobilizam a sociedade e a mídia e nenhuma medida prática para enfrentá-las*. Esta, agora, é de um de nossos jornalistas: *Muito alarde se fez "com" o fato de o presidente ter sido recebido com vaias no congresso da CUT*.

Reparou? É só falarem no homem, para sair lambança...

993. As palavras alfa, beta e gama são variáveis?

R. Não. Usadas em física nuclear e na função de adjetivo, tais palavras não variam: ondas *alfa*, partículas *beta*, raios *gama*. O dicionário Aurélio, porém, no verbete **espintariscópio**, traz *partículas "alfas"*. Esse e o *habemus papam* podem se dar as mãos...

994. Existe diferença entre elogiar, gabar e louvar?

R. Existe. **Elogiar** é exaltar as qualidades de alguém, fornecendo as razões. É próprio das pessoas sérias, que expõem os méritos do elogiado. **Gabar** é elogiar perante todo o mundo. É próprio dos que desejam a atenção geral sobre si. Os mascates *gabam* as bugigangas que vendem. **Louvar** é enaltecer alguém sem dar as razões. É próprio dos aduladores. Também significa reconhecer como bendito ou bem-aventurado: *Louvar* o Senhor.

995. Que novidades nos trazem as palavras alvo, fruto, palco e lixo, só para citar essas?

R. Tais palavras, usadas como adjetivo predicativo, não variam, mesmo que o sujeito esteja no plural: Os traficantes são *o alvo* principal da polícia. Tais reações são *fruto* da ignorância dessa gente. Nossas estradas são *o palco* de muitas tragédias. Os jornalistas contrariam tudo isso, porque escrevem justamente assim: *Já entre a noite de sexta e a madrugada de sábado, outras cidades do interior e vários pontos da capital foram "palcos" de ataques do PCC*.

Nosso português do dia a dia

Logo abaixo: *Dois ônibus de trabalhadores rurais foram "alvos" de atentados em Ituverava*. Nos telejornais e jornais, não é diferente: *O membro do PT afirmou que todas essas acusações de corrupção são "frutos" da disputa eleitoral.*

Vários bancos foram "alvos" de membros do PCC.

Casas de praia são "alvos" de bandidos no verão. E ainda há gente precipitada que diz que os jornalistas são o nosso alvo preferido. Nada!... Quanto a *lixo*, reproduzimos a frase que usamos no item 920: Os tais manuais de redação só servem para uso interno; são *lixo* quando pretendem legislar em território alheio.

996. Por que devo preferir Antigo **Testamento a** "Velho" **Testamento?**

R. *"Velho" Testamento* passa a ideia de que o livro já está ultrapassado ou defasado. Do ponto de vista religioso, principalmente judaico, está claro que isso não convém.

997. Que se pode dizer de a ser e a não ser?

R. Usam-se com o verbo no singular ou no plural, indiferentemente, quando há plural, embora seja preferível a expressão com a não variação: As crianças *a ser* (ou *a serem*) matriculadas chegam a cem. São esses os decretos *a ser* (ou *a serem*) assinados pelo governador. Ninguém gosta de recessão, *a não ser* (ou *a não serem*) os economistas, que têm oportunidade de aparecer. Ele não tinha amigos, *a não ser* (ou *a não sermos*) nós.

998. Acerto, quando uso "as" quinta e sexta séries do ensino?

R. Infelizmente, não acerta. Antes de palavras no singular (*quinta*), não se usa artigo no plural, ainda que haja uma sequência delas. Portanto: **A** quinta e sexta séries estão sem aula. Transcrevi **o** segundo, terceiro e quarto parágrafos.

Ângulo formado pel**a** segunda e terceira porções do duodeno.

São pessoas indicadas para **o** segundo e terceiro escalões do governo. São juízes d**a** primeira e segunda varas cíveis.

Num jornal, porém: *Cerca de 500 alunos "das" 1.ª, 2.ª e 3.ª séries do Colégio Objetivo se reuniram pacificamente para uma manifestação na frente do colégio.* Noutro jornal:

Quem leciona "nos" 1.º e 2.º graus das escolas públicas do Estado é um verdadeiro monge (franciscano, evidentemente).

E nós, que lemos tantas asnices, devemos ser o quê, então? O superior dos monges? Saiamos, agora, dos jornais, para passarmos à televisão. Anúncio do SBT: *O SBT é tão vice-líder, mas tão vice-líder, que até no Troféu que promove, o Troféu Imprensa, acaba ficando em 2.º lugar. Um 2.º lugar bem pertinho do 1.º, e disparado "dos" 3.º e 4.º lugares.*

Alguns acham que isso não é propaganda, é antipropaganda.

Para finalizar, certa feita escreveu assim um jornalista: *Lula confirmou hoje ao ministro das Relações Institucionais, Jaques Wagner, que vai tirar uns dias para descanso. Segundo o ministro, é provável que Lula emende "as próximas" quinta e sexta com o fim de semana. Para onde ele vai? Ninguém sabe. Ainda é mistério.* Interessante: há muita gente que sabe muito bem para onde ele deve ir...

999. Estamos quase no final da nossa estrada, professor. Que mais temos de interessante?

R. Reservei para você algumas passagens (ou pérolas?) inacreditáveis do nosso jornalismo, mas quero o seu compromisso de que não vai rir. Por favor, não ria! (Chorar pode...)

1. *Depois de algum tempo, a água corrente foi instalada no cemitério, para a satisfação dos habitantes.*
   É, de fato, eles deviam estar com muita sede...

2. *A nova terapia traz esperanças a todos os que morrem de câncer a cada ano.*
   Viva a ressurreição!

3. *Apesar da meteorologia estar em greve, o tempo esfriou ontem intensamente.*
   Quem mandou não pagarem os direitos do El Niño...

4. *Os sete artistas compõem um trio de talento.*
   Alguém aí tem uma calculadora, por favor?

5. *No corredor do hospital psiquiátrico, os doentes corriam como loucos.*
   É mesmo?! Que coisa impressionante!!!...

6. *Ela contraiu a doença na época em que ainda estava viva.*
   Que falta de sorte, coitadinha!

7. *O aumento do desemprego foi de 0% em novembro.*
   A continuar assim, onde é que vamos parar?

8. *O presidente de honra é um septuagenário de 81 anos.*
   O uso da forma "septuagenário" aqui é de somenos importância...

Nosso português do dia a dia

9. *Parece que ela foi morta pelo seu assassino.*
Como é que, afinal, conseguiram desvendar o mistério?!

10. *A polícia e a justiça são as duas mãos de um mesmo braço.*
É, todo o mundo já sabia que algum defeito ali havia...

11. *O acidente foi no sempre misterioso Retângulo das Bermudas.*
A natureza anda mesmo impossível: começa agora a utilizar-se até dos postulados da trigonometria, para mudar de forma uma região do planeta, de triângulo para retângulo...

12. *Quatro hectares de trigo foram queimados. A princípio, trata-se de um incêndio.*
Naturalmente, uma churrascada é que não foi...

13. *O velho reformado, antes de apertar o pescoço da mulher até a morte, se suicidou.*
Ah, se assim não fosse!...

14. *À chegada da polícia, o cadáver encontrava-se rigorosamente imóvel.*
Que disciplina!...

1.000 Confesso que não ri... E as pérolas dos nossos estudantes?

R. Essas superam os absurdos cometidos por jornalistas. Um bom termômetro para conhecermos o nível de Educação atualmente no país são as pérolas encontradas no ENEM (Exame Nacional do Ensino Médio), pérolas essas que vão muito além de "concerteza" e "derrepente", comuns nas redes sociais, em vez de *com certeza* e *de repente*. Os comentários entre parênteses são de um dos professores que corrigiram os testes, naturalmente perplexo:

1. *Já está muito de difícil de achar os pandas na Amazônia.* (Que pena! Também ursos e elefantes sumiram de lá...)

2. *A natureza brasileira só tem 500 anos e já está quase se acabando.* (Foi trazida nas caravelas, por certo...)

3. *O cerumano no mesmo tempo que constrói também destrói, pois nos temos que nos unir para realizarmos parcerias juntos.* (Não conte comigo!)

4. *Na verdade, nem todo desmatamento é tão ruim. Por exemplo, o do Aeds Egipte seria um bom benefício para o Brasil.* (Vamos trocar o fumacê pelas motosserras.)

5. *Vamos mostrar que somos semelhantemente iguais uns aos outros.* (Com algumas diferencinhas básicas...)

6. *... eles matam não somente os animais mas também os matança de aves peixes também precisam acabar... os pequenos animalzinhos morrem queimados e asfixiados.* (Pelo menos, esse tem bom coração.)

7. *Hoje endia a natureza...* (Muito bem! Não usou m, e sim n, porque m só antes de p e b, naturalmente...)

8. *No paíz enque vivemos, os problemas cerrevelam...* (Excelente! Muito bom mesmo!...)

9. *...menos desmatamento, mais florestas arborizadas.* (Concordo! De florestas não arborizadas, basta o Saara!)

10. *...provocando assim a desolação de grandes expécies raras.* (Afinal, quem é que não sabe que os animais também têm depressão? Ora, pois, pois...)

11. *Nesta terra ensi plantando tudo dá.* (No português arcaico de Caminha um texto assim era considerado clássico...)

12. *Isso tudo é devido aos raios ultra-violentos que recebemos todo dia.* (Não é à toa que haja hoje tanta violência nas cidades brasileiras: todo dia os bandidos recebem tantos desses raios, que acabam não resistindo...)

13. *Tudo isso colaborou com a estinção do micro-leão dourado.* (Quem teria sido o fabricante? Compac? Apple? IBM?)

14. *Imaginem a bandeira do Brasil. O azul representa o céu, o verde representa as matas, e o amarelo o ouro. O ouro já foi roubado e as matas estão quase se indo tamém. No dia em que roubarem o céu, ficaremos sem bandeira.* (Conclusão de uma raridade lógica impressionante!...)

15. *Ultimamente não se fala em outro assunto anonser sobre o araras azuls que ficavam sob voando as matas.* (Não há espécie que resista a um "sub voo"...)

16. *... são formados pelas bacias esferográficas.* (E o que é que a BIC tem a ver com isso?)

17. *Eu concordo em gênero e número igual.* (Eu discordo!)

18. *Os homens brasileiro estão acabando contudo, as árvores para desmartar para fazer tauba e outra coisa.* (Que outra coisa genial seria essa?...)

Nosso português do dia a dia

19. *Precisa-se começar uma reciclagem mental dos humanos, fazer uma verdadeira lavage cerebral em relação ao desmatamento, poluição e depredação de si próprio.* (Concordo em parte...)

20. *O seringueiro tira borracha das árvores, mas não nunca derubam as seringas.* (Que consciência ecológica tem o seringueiro!)

21. *A concentização é um fato esperançoso para todo o território mundial.* (Haja fé!)

22. *Vamos deixar de sermos egoístas e pensarmos um pouco mais em nós mesmos.* (E saber que ele mal consegue pensar sobre si próprio!...)

23. *O sero mano tem uma missão...* (A deste ser humano aqui é bem árdua...)

24. *O Euninho já provocar secas e enchentes calamitosas.* (Que carinhoso: tratar o El Niño no diminutivo!)

25. *Enquanto isso os zoutros... tudo baixo nive.* (O dele é altíssimo!)

26. *A Xuxa hoje se prelcupa com a situação dos animais.* (Eu, de meu lado, me preocupo com a situação de **todos** os animais...)

27. *Na Amazonas está sendo a maior derubagem e extração de madera do Brasil.* (E você aí sem fazer nada, homem?!)

28. *O problema ainda é maior se tratando de camada Diozônio.* (Que nome lindo tem essa camada: vou até usá-lo no meu próximo filho...)

29. *O desmatamento é um poblema de muita gravidez.* (Muita gravidez dá nisso...)

30. *A situação tende a piorar: o madereiros da Amazônia destróem a Mata Atlântica da região.* (E, além de tudo, como viajam, hem!...)

31. *O que é de interesse coletivo de todos nem sempre interessa a ninguém individualmente.* (Entendi tudinho...)

32. *O grande problema da Rio Amazonas é o pesca dos peixe.* (Ué: gringo também faz ENEM?!...)

Afinal de contas, depois de rir muito (há quem tenha chorado), resta uma pergunta: de quem é a culpa?

ÍNDICE ALFABÉTICO

Atenção – Os números se referem aos itens, e não às páginas.

a cada/cada quilômetro 834
à custa de 25
à espera de 546
a expensas de 25
a folhas/páginas 261
a gente 686
a *grosso modo* 372
a leste, a oeste 574
a meias 893
a menos que 892
a não ser (conc.) 997
a nível de 679
a norte, a sul 574
a par 721
a partir da meio-dia 854
a partir de 354
a primeira e segunda 998
a primeira vez que 986
a próxima vez que 986
a rigor 28
a segunda vez que 986
a ser (conc.) 997
a todo instante 647
a todo momento 647
a última vez que 986
a única vez que 986
à vista 782
a/as quinta e sexta 998
a/em 18 de dezembro 819
a/em domicílio 907
a/em meu ver 697
a/em nosso ver 697
a/em princípio 200
a/em seu ver 697
a/há pouco 985
à/na folha/página 261
a/na hora em que 991

à/na mão 530
à/na mesa 164
a/por cabo 250
Abel Ferreira 144, 179
aborígine 380
aborrescente 381
abreviaturas 871
abrir à/de noite 407
ABS 988
Academia das Ciências 899
acatar 776
acautelar-se 647
aceder 382
aceitar (particípio) 972
acerca de/há cerca de 710
acessar 382
acontecer (conc.) 989
acontecer de 584
acordar 303
Acordo Ortográfico 151, 152
 295, 297, 322, 323
Acre 115
acrônimo 4
açúcar 271
acupunturista 543
acurado/apurado 588
adágio/aforismo/máxima 448
adaptar-se 865
adiantar (conc.) 624
adido (fem.) 545
adjetivo de valor objetivo 830
adjetivo de valor subjetivo 830
adrede 347
advocacia 656
aerossol 978
aético/anético 351
afear/enfear 589

afegã 444
afeminado 656
aficionado 188
afim de 385
aforismo/adágio/máxima 448
afta bucal 387
agente (erro) 686
agora/já 83
agorinha 658
agravante 685
aguar 522
aguardente 22
Águia de Haia (a) 908
ah!, ah!, ah! 990
a-histórico/anistórico 351
ai (ditongo) 43
Aids 319
AIDS/SIDA 125
alarde 992
alcaguete 396
Alcácer-Quibir 526
alcoice 905
alcova 544
alcunha 22
Aldemar Vigário 708
aleitamento materno 391
alemão (contraído) 891
alerta 341, 342, 786
alevantar 414
alfa/beta/gama (conc.) 993
alface 191
algarismos romanos 124
aliá 6
álibi 882
alimentar/nutrir 577
alimpar 414
alísios 180

Allianz Park 601
alopecia 34, 35, 332
alto mar 801
alto-falante 246
alto-mar 217
aluno 580
aluvião 22
alvo (conc.) 994
-am por -ão 936, 937
amamentação 391
amante/amásio 51
ambos (uso) 744
ameaça/ameaço 889
amendoim 242
americano (contraído) 891
americano 126
amorzinho/benzinho 896
amostra/mostra 351
amputar/decepar 894
anãozinho 658
anético/aético 351
Anitta 478
anjo 612
ano sim, ano não 827
ano/semana/ano 809
ano-calendário 317
ano-exercício 317
ano-luz 317
ano-novo 317
anos sessentas 350
Antártica 193
anteprojeto 333
antes de que 473
antever/prever 352
anti- 186
Antigo/Velho Testamento 996
Antioquia 784
antipático 626
Antofagasta 122
Antônio 63
ao + infinitivo 983
ao aguardo de 546
ao computador 848
ao encontro de/de encontro a 687
ao meio-dia 328
-ão por -am 936, 937
ao telefone 848
ao vivo e em cores 912
ao volante 848
aos finais de semana 808
Aparecida 461
apartamento (abrev.) 197
apedrejar 356
apelar 984

apêndice supurado 393
apesar que 474
apetite 615
Apolo 199
após + infinitivo 478
após ao 479
aproximadamente 803
apurado/acurado 588
aquário/piscina 555
aquele 619
aquele um/uma 631
ar/ares 718
árbitro/juiz 300, 376
arbusto 735
arco-íris (pl.) 733
arguir de 878
aríete 199
arpão 413
arraigar 880
arreglo 394
arrepender-se 865
arroz (pron.) 108
Ártemis 199
artigo (uso do) 575, 812,
 823 a 829, 833
arvão/arvinha 736
às 4h 877
aspas 765, 766
assassino/homicida 398
assoprar/soprar 414
asterisco 392
atazanar 395
atenuante 685
aterrar/aterrissar 422
aterrissar 801
aterrizagem 422, 801
aterrizar 422
atimólia 389
atingir (reg.) 660
atolar-se 440
através de 961
aula 580
aumentar 775
auto-elétrica 334
auto-falante 246
automação 390
automatização 390
automobilismo 167
autópsia 466
avalanche 656
avaro/avarento 397
avelã 444
avenida/Avenida 574
avultar 563

azaleia 656
aziago 199
azulejo 387
bacharel (fem.) 184
bacon 388
bagdali 263
baguete 22
baía de Guanabara 475
Bajé 362, 363
bala/projetil 485
balé 544
baleia (gên.) 653
banana (gên.) 630
banana (pron.) 587
bandeja/bandejão 711
Barack Obama 129
barra ou hífen? 921
barranca/barranco 399
barrer 946
bassoura 946
bastidores 27
beber 61
Bechara 274
beco/Beco 574
bedel (fem.) 184
bege 711
beleza 712
beleza não põe mesa 165
belo/bonito/lindo 897
Belzebu 645, 646
bem feito/bem-feito 118
bem-estar (pl.) 288
benfeito 118
bentoneira 472
benzinho/amorzinho 896
beringela 412
berruga/verruga 946
besouro 241
beta/alfa/gama (conc.) 993
betoneira 291
Beviláqua 683
bicama 22
bicampeão 140, 141
BICBANCO 988
biopsia/biópsia 466
bispa 640
bituca (gên.) 566
blefe 544
blitz (pl.) 373
BMW (pron.) 553
boa-fé 84
boa-vontade 84, 85
bobagem 265
bobo/tolo 257

Nosso português do dia a dia

bola 451
boleiro 504
boliviano (contraído) 891
bomba (conc.) 41
bomba-d'água 899
bombril/til 135
bom-gosto, 84, 85
bom-humor 84, 85
bom-juízo 84, 85
bom-senso 84, 85
boneca 451
bonito/belo/lindo 897
bora lá 713
bordel 905
borrachudo 266
bota-fora 285
brabo/bravo 946
branco e preto 120
brasileiro (contraído) 890
brasileiro 551
brasis 700
brócolis 289, 290
bufê 199
burocracia/burocrata 272
burrice 52
burro/estúpido/ignorante 182
Butantan 445
cabeça (gên.) 630
cabeleireiro 402
caber 624, 924
cabina/cabine 656
cabo Canaveral 574
Cabreúva 605
caçarola 413
cachoeira/cascata/catarata 898
cacófato/cacofonia 462
cada/a cada quilômetro 834
cadáver 663
cadê? 418
cagueta 396
caixa-d'água 899
calão 57
calça 104
calção/caução 914
calcinha 104
caldo 572
caminhoneiro 226
camisa verde e branco 119
campeonato/torneio 196
campus 882
Camucim 367
camundongo 548
canalha 757
canarinho (conc.) 41

candidato 8
candidato a 19
canibal 597
canoa 639
Capibaribe 121
capitão (gên.) 610
captar 788
capturar 788
cara (gên.) 629
cara de pau 317
cara/rosto 274
Caraíbas 370
caramanchão 371
caranguejo/caranguejada 711
caráter (pl.) 484
carcaça 413, 916
cardã 444
cargo/função 276
carnaval 318
carnificina 836
carqueja 280
carros (nomes de) 284
cartão de visita 330
cartum/charge 620
casa da mãe joana 813
casa/terra/solo/palácio 820
casal (conc.) 621
Casas Bahia 190
Casas Pernambucanas 190
cascata/cachoeira/catarata 898
caso (+ subj.) 901
cassetete 347
cataclismo 449
catacrese 127, 572
catadão 504
catarata/cachoeira/cascata 898
cateter 34, 35
catorze/quatorze 436
caução/calção 914
caudal 493
causo 419
cavalheiro de indústria 623
cavalo-marinho (fem.) 791
Ceagesp 42
Ceasa 42
Cecília Meireles 174, 175, 176
cedinho 658
cefálico 432
célsius 37
celtiberos 403
censo/censor/censura 456
centígrado 37
CEP 923
cerca de (números redondos) 803

cerebelo 544
cereja (conc.) 41
ceroula 104
certo/qualquer 749
cervo (pron.) 457
cesariana 760
cessão/sessão/seção 684
céu de brigadeiro 18
Chacrinha 801
chamegão 94
champanhe 16, 656
charge/cartum 620
chatérrimo 742
chau 68
chave (conc.) 41
checo 68
chefe 41, 451
chegar (particípio) 971
cheirar a 794
cheque nominal 231
chimpanzé 656
chinês (contraído) 891
Chipre 458
chiqueiro 236
chiquérrimo 742
chupa-cabra 330
chute 378, 379
cifrão 71
cínico 86
circuito 313
ciriguela 799
ciriguela/seriguela 195
cisto 34
ciúme 401
cliente/freguês 437
clipe 400
Clóvis Beviláqua 683
cobra/serpente 928
cocheira/estábulo/estrebaria 903
coeficiente/fator 423
coerdeiro 74
coeso 544
coevo 544
coldre 544
cólera 840
coletivo + subst. (conc.) 677
coletivos (conc.) 45
coletivos partitivos 46
colocação pronominal 179, 440
colocô/falô/jogô 689
colombiano (contraído) 891
com certeza 47
come 355
começar 267

comediante 70
comichão 22
comiguinho 658
como seja/qual seja 763
comoção/emoção 662
competir (conc.) 624
competitividade 470
comungar 785
conclave 759
conde d'Eu 460
conde Drácula 645
condor 489
conferência/palestra 406
confessar-se 785
confraternizar 895
conjunções alternativas 468
conjuração/conspiração 661
consenso 490
conservar/preservar 657
conservar-se 534
conspiração/conjuração 661
constituir 755
consulesa 632
consultar 873
consumação 651
continuação 421
continuidade 421
contrafação 717
conturbar/perturbar 416
convalescença 491
convencer/persuadir 726
conviver junto 492
copo 451
copo d'água 900
corcel 302
corço/corça 544
Corinthia 690
Corinthians (hino) 477
Corinthians 233 a 235
coronel (gên.) 610
corpo a corpo 768
corpo de delito 488
corrê/jogá/falá 689
corre-corre (pl.) 733
corréu/corré 74
corte no número 7 866
coruja 41, 614
costa/costas 718
costume/hábito 410
Cotia 602
couve-flor 324
covid-19 319
crânia 614
crase 354, 386, 488,

727, 782, 783
creme (conc.) 41
crepúsculo 805
criança de 0 ano 307
crisântemo 314
Cristo (artigo) 575
crochê 656
cromossomo 450
crosta 544
cruz-maltino 187
cu 309
cueca 104
cujo 72
cultivar (gên.) 306
cuscuz (pl.) 733
cuspo/cuspida 656
czar/tsar 525
da meio-dia 854
da onça beber 748
dama (jogo de) 420
daqui/daí/dali a 502
dar 781
dar à luz 781
dar de 584
dar gosto de 584
dar-se ao/o trabalho 781
de 20 a 30 727
de 4h (por às 4h) 877
de 50 à 80% 386
de 8h (por às 8h) 877
de a onça beber 748
de acréscimo 376, 716
de domingo a domingo 727
de encontro a/ao encontro de 687
de forma geral 447
de greve 929
de hipótese nenhuma 875
de maneira geral 447
de mau grado 557
de meu/de seu 811
de modo geral 447
de norte a sul 574
de pé (por a pé) 876
de sábado para domingo 777
de sábado/de domingo 808
de segunda a sábado 727
de vez que 940
de...a 501, 502
debaixo/de baixo 692
debênture 22
debitar 73
decente 740
decepar/amputar 894
decote/decotar 656

dedo-duro 486
defender-se 865
défice 801
defunto 916, 917
defunto/função 758
deixar (conc.) 96, 97
deixar eu 761
demasiado 933
democrata-cristão (pl.: 987
dengue 22
departamento (abrev.) 197
depois de que 473
depressinha 658
derradeiro 1
desapercebido 409
desatento (reg.) 321
desatino 648
descarado 86
descortesia 150
descriminalizar 258
descriminar 258
desculpar (reg.) 503
desde + de 479
desfile de modas 420
desimportante 562
desmancha-prazer 330
desmistificar/desmitificar 411
despautério 648
despensa/dispensa 714
despercebido 409
destro 48
detetar/detectar 295
detrimento (reg.) 886
Deus (artigo) 575
deus nos acuda 335
dever/deveres 949
dever/obrigação 948
deve-se criar impostos 767
devido a 982
dia a dia 802
dia sim, dia não 827
diabetes 840
diabo 612, 613
diapasão 840
Dicionário de erros 822
dicionários brasileiros 772
diferençar/diferenciar 955
difíceis de (conc.) 960
difícil de 441
dignitário 967
dignos de (conc.) 960
dinamite 22
dinossauro 978
disenteria 965

Nosso português do dia a dia 273

disjuntor 978
disparate 648
dispensa/despensa 714
disse a que veio 979
distinguir 207
ditado popular 165
ditongo ai 43
ditongo ei (pron.) 109
ditongo ou (pron.) 110
divertir-se
divisa 66
dizer a que veio 979
dó 76
do/pelo avesso 951
dois-pontos 798
dois-quartos 798
dois-tempos 798
dois-toques 798
dolo (pron.) 544
dom/dona 812
domicílio a/em 907
dos que/daqueles que 959
dote/dotes 954
dragão-de-komodo (fem.) 791
driblar/fintar 953
duas metades 945
ducentésimo 158
dunas de areia 560
dupla (conc.) 944
duplex 338
durante o tempo em que 942
duro de 441
e (pron.) 29, 30, 32, 33
é bom (conc.) 950
e nem 956
é servido? 666
echarpe 22
efeminado 656
efígie/esfinge 952
egoísmo/egotismo 55
ei (pron.) 109
eis que 939
-ejar (verbos em) 356
Elaine 43
ele só tem eu 761
elefante 6
elegantérrimo 742
elencar 947
elenco 143, 144
eletrocussão 941
elevadiça/levadiça 260
em aberto 375, 716
em alerta 341, 342, 786
em cores 912

em demasia 933
em demasiado 933
em dia 716
em extinção 716
em face de 931
em função de 932
em greve 929
em mão 723
em nível de 679
em O Estado de S. Paulo 737
em O Globo 737
em primeiro/segundo turno 963
em que pese a 277
em rigor 28
em termos de 957
em toda parte 647
em todo lugar 647
em via de 844
em/a 18 de dezembro 819
em/a meu ver 697
em/a nosso ver 697
em/a princípio
em/a seu ver 697
embaixo/em baixo 691
embigo 946
embora + gerúndio 934
emenda/ementa 930
Êmerson 63
emigração 79
eminente/iminente 683
emoção/comoção 662
empate/empatar 36
empecilho 521, 795
empregar (particípio) 970
emprestar de 968
empurra-empurra (pl.) 733
emulsão de óleo 34
encarar de frente 162
encefálico 432
endemia 10
ênfase 22
enfear/afear 589
enfrentar de frente 162
engazopar/engazupar 155
engolir 61
engraxate 556
enjeitar/rejeitar 304
enquanto a mim 856
enquanto católico 855
enquete/pesquisa 249
entender de 584
enterro 915
entorse 22
entrar de sócio 592

entre eu 427
entre...e 500
entregar (particípio) 970
enxaqueca 544
enxerga (subst.) 544
enxergar/ver/olhar 248
enzima 22
epêntese 108
Epicteto 455
epidemia 10
equipa 144, 145
escandescência 822
escombros/ruínas 198
esconder/ocultar 964
escorpiano 442
escravagista 424
escravista 424
escrever como se fala 282
escroque 623
escutar/ouvir 247
esfinge/efígie 952
esfirra 531
esotérico/exotérico 136
espanhol (contraído) 891
espelhar (pron.) 524
espinal/espinhal 656
espirrada 446
esplêndido 642
espontaneidade 858
espreguiçada 446
esquecer 650
esquistossomose 978
está servido? 666
estábulo/cocheira/estre-
baria 903
estada/estadia 259
estadiamento 627
estádio/estágio 627
Estados Unidos (artigo) 833
estalar ovos 536
este/esse 617, 618
este/leste 221
estender/extensão 832
esterçar 592
estimar em 567
Estocolmo/holmiense 831
estória 7
estorvo 795
estratégia/tática 185
estrebaria/cocheira/estábulo 903
estreito de Magalhães 574
estrelar ovos 536
estrupício 656
estufa (conc.) 41

estupidez 656
estúpido/burro/ignorante 182
etc. (e vírgula) 12
ética/moral 134
eu (errado) 761
Europa (satélite) 837
euzinho 658
evacuar pessoas 715
Evanildo Bechara 274
evaporar-se/volatilizar-se 975
evitar de 584
exceto 780
Exército de Salvação 475
existir (conc.) 654
exitou 674
expectativa antes 160
explicar 58
expo 156
Expo Center Norte 157
extensão/estender 832
extinguir 207
extorquir 842
extremidade/fim 561
fã 444
façanha 39
face a 931
fáceis de (conc.) 960
fácil de 441
faculdade 509
faisão 13
Fala Brasil 88
falá/jogá/corrê 689
falar (particípio) 972
falecer/morrer 916
falecido/finado/defunto 917
falô/colocô/jogô 689
faltar (conc.) 624
Família Real 28
fantasma 41, 612
faraó 14, 15
faraó 438, 439
fatal 779
fator/coeficiente 423
fazer (conc.) 96, 97
fechar (pron.) 515
fedor 243
feira (conc.) 958
fêmea/macho 652
fera 612
féretro/funeral 915
féria/férias 718
férias 87
ferroar 266
festa 451

festejar 356
filantropo 315
filho-da-mãe 310
filho-da-puta 310
fim de semana 802
fim/extremidade 561
finado/falecido/defunto 917
finérrimo 742
fintar/driblar 953
fio/gume 943
fluido (subst.) 199
fluorar 469
fluviomarinho 682
foi empregue 970
foi entregue 970
fome 355
forma (ô) 151
formas verbais erradas 688
formulário de dados 305
fragrância 516
francês (contraído) 891
franco-atirador 285
fraternal/fraterno 80
freguês/cliente 437
frente a 931
friíssimo 452
fronteira 66
fruta/fruto 512
fruto (conc.) 994
fugir a/de 592
fulano/beltrano/sicrano 816
função/cargo 276
função/defunto 758
fundamentos 27
funeral/féretro 915
futebol 359
futevôlei 377, 800
futsal 377, 800
gaguejar 356
galhofa/gracejo 935
galicismo 28, 102, 103, 145
gama/alfa/beta (conc.) 993
gargalhada 990
gari 667
garrafa (conc.) 41
gastar (particípio) 974
gastrenterologia 656
gastrintestinal 656
gavião 13
gelo (conc.) 41
gemelidade 910
gene 906
general (gên.) 610
genitor/progenitor 301

gente bem/gente de bem 719
Getsêmani 199
gigante 538
ginete (fem.) 538
girabrequim 295
gíria 57
Gislaine 43
giz 415
Gladstone Chaves 294
goleada 222
golfo Pérsico 574
gorjeta/propina 904
gota d'água 899
Goulart (pron.) 59
gracejo/galhofa 935
gradação/graduação 966
grã-fino 444
grafita/grafite/grafito 331
grama (gên.) 268
Grande Dicionário Sacconi 776, 777, 779, 795, 803
grandessíssimo 693
grandíssimo 693
gratuito 313
grelha 544
grená 253
greve (de/em) 929
grosseria 150
grosso modo 372
Guaianases 604
guaicuru (pl.) 706
guarda-marinha 806
guarda-roupa 330
Guarujá 339
Guerino 316
Guevara 316
Guiana 111, 112
Guido 316
guincho 535
gume/fio 943
guspo/guspida 656
H_2O 787
há...atrás 707
há/a pouco 985
habemus papam 168, 732
habitat 801
hábito/costume 410
haja vista 585
handicap 49
happy hour 192
hebreu/hebraico 169
hemeroteca 644
hemorroidas 487
hesitou 674

Nosso português do dia a dia

hidravião 656
hidrelétrica 656
hidrossanitário 332
hífen ou barra? 921
Hino à Bandeira 476
hiper- 743
história 7
hodômetro 62
homem 355
homeoteleuto 165
homicida/assassino 398
honra 101
horário de Brasília 523
horas (representação) 553
houve/ouve 596
humorista 70
i e j (pingo) 116, 117
ianomâmi (pl.) 706
ibero 403
iceberg 388, 799
idear/idealizar 506
idiota/imbecil 981
ídolo (fem.) 843
idoneidade 858
ignomínia 518
ignorância 52
ignorante/burro/estúpido 182
igual/mesmo 417
iguana 308
ileso (pron.) 544
ileso/incólume 977
ilha (definição) 549
ilha de Marajó 574
Ilhabela 266
ímã 444
imbecil/idiota 981
imigração 79
iminente/eminente 683
impassibilidade 717
impene/implume 919
imperativo/imperioso 778
implorar 659
implume/impene 919
imposto/taxa/tarifa/tributo 938
inarrável/inenarrável 204
incerto e não sabido 178
incesto 544
incipiente/insipiente 510
incólume/ileso 977
incontestável 65
inconteste 65
incursão/invasão 911
indiciado/réu 902
indivíduo/pessoa 918

indústria automotiva 167
industriar testemunhas 857
inexorável 156
infante (gên.) 610
infantojuvenil 74
infectocontagioso 74
inferior 123
infinitivo (pron.) 689
inglês (contraído) 891
inguinal 773, 774
inobstante 428
inocular 69
insipiente/incipiente 510
instantaneidade 858
instante 78
interclubes 429
ínterim 199
intermediar 292, 293
intuito 199
invasão (reg.) 245
invasão/incursão 911
invasividade 804
invenção/invento 769
invendável/invendível 208
inventar de 584
inventar novos 543
inzoneiro 434
ioga 465
Ipauçu 369
ir a óbito 353
Irã 444
irascível 199
italianismos 592
Itapuã 444
Iucatã 444
Ivã 444
Ivan Lins 649
já/agora 83
Jaboticabal 364
jacaroa 639
jamais/nunca 91
jambo 253
jamegão 94
japonês (contraído) 891
jargão 57
Jericoaquara 586
jogá/falá/corrê 689
jogar de goleiro 592
jogo de damas 420
jogô/colocô/falô 689
jóquei (fem.) 538
jovem 93
jovial 99
Juçara 600

judeu/judaico 169
juiz/árbitro 300, 376
junta/parelha 909
justificar 58
kibe 531
labrador (fem.) 790
ladra 637
lago/lagoa 628
lagoa Rodrigo de Freitas 574
Lajes 361
lajota 451
lama/lodo 849
lambri/lambril 254
lancheteria 149
laranja (conc.) 41, 569
larápio 130
laringe 244
lata d'água 900
lateral-direita 142
lava a jato 860
Lava-Jato 860
lava-rápido 860
lavoura/safra 797
lavrador (fem.) 638
legal 874
legítimo 874
leitE quentE 281
Lembra de mim? 649
lembrar 649
lesar/lesionar 163
lesbianismo 161
lesionar/lesar 163
leso 27
leste/este 221
letras e números (pl.) 676
levadiça/elevadiça 260
levantar-se 865
levedo 656
liberdade/liberdades 718
libido (gên.) 840
lícito 874
limita-se a norte 574
limite 66
lindo/belo/bonito 897
língua falada/escrita 282, 283
líquido (pron.) 436
litro (abrev.) 872
lixo (conc.) 994
local/lugar 166
locução substantiva 798
lodo/lama 849
loja/lojão 451
longevo (pron.) 636
longinho 658

losango 717
lugar incerto 178
lugar/local 166
lugar-tenente 322
Luís/Luiz 570
lupanar 905
luz baixa 534
macérrimo 294
macho/fêmea 652
machucar-se 865
maciíssimo 452
má-criação 349
madame 656
má-fé 84
má-formação 349
magoar-se/melindrar-se 559
maior palavra 181
maiores informações 694
mais da metade (conc.) 810
mais grande 146, 147
mais pequeno 146
mais ruim 741
mais superior 123
mais vale 2 passarinhos 165
mais/mas 357, 358
maisena 533
Majé 365
mal/mau 205
mala (gên.) 630
malcriação 349
malcriadez 656
mal-estar (pl.) 288
malferido/malferir 796
malformação 349
malgrado/mau grado 557
malvadez 656
malvadez/perversidade 558
mama/seios 564
mamar às mamas 848
mandado/mandato 206
mandar (conc.) 96, 97
manhã (pl.) 699
maníaco-depressivo (pl.) 987
manteigueira 717
manter-se 534
manual de redação 274, 706, 882, 920
Maomé 218
mar de almirante 18
marajá 639
marimbondo 656
marinho/marítimo 547
marmelada de chuchu 127
Marrocos 269

mas/mais 357, 358
mascote (gên.) 840
masculino 23, 24
massa cefálica 432
Mata Atlântica 574
matança 836
matar a/à fome 219
maternal/materno 81
matinal/matutino 606
matinê 22
mau grado 557
mau/mal 205
mau-caráter (pl.) 484
mau-gosto 84, 85
mau-humor 84, 85
mau-juízo 84, 85
maus tratos 405
mau-senso 84, 85
má-vontade 84, 85
maxidesvalorização 156
máxima/aforismo/adágio 448
maximizar 156
máximo 156
maxivestido 156
mediante 279
mediar 292
medula espinal 656
mega- 2
meia dúzia 802
meia hora 802
meio período 227
meio-dia e meio 328
mel de abelhas 925
melindrar-se/magoar-se 559
mencionar 228
mendigo 291
menopausar 92
menos de 1% (conc.) 810
menos pior 340
mercancia 199
MERCOSUL 3
merda 630
mês/ano/semana 809
mesada semanal 127
meses (nomes de) 425
mesmo + gerúndio 934
mesmo/igual 417
mesquinharia 656
metades iguais 945
metastatizar/metastizar 92
micro (conc.) 701
mictório 298, 299
mídia 431
migração 79

mil 229
milhão 44, 251
milhar (gên.) 252
mililitro (abrev.) 872
minha opinião pessoal 884
minhoca 451
minúsculas/maiúsculas 817, 818
misse 433, 799
mistério/segredo 552
moço 93
Moçoró 368
mocozar 189
moda (desfile de) 420
Moji/Mogi 113, 114
mola 451
momento 78
monólogo/solilóquio 262
monstrengo 75
monstro (conc.) 41
monstro 612
montar 845
moral (gên.) 337
moral/ética 134
morder 266
morrer/falecer 916
mortandade 836
morticínio 836
-mos (em formas verbais) 688
mostra/amostra 351
mostrengo 75
moto zerinha 201
motociata 504
motociclista 505
motoqueiro 505
mouse 382
Mozart (pron.) 59
muçarela 220
muçulmano 508
muito embora 137
mulato inzoneiro 434
multidão de pessoas 925
multifoliado 496
musse (gên.) 840
na/à mão 530
na/à mesa 164
nacionalidade 305
nacional-socialista (pl.) 987
nações indígenas 706
nada a ver 202
nada haver 202
namorar 593
não só...mas também 913
não tanto...quanto 913
nascença 491

Nosso português do dia a dia

Natã 444
necropsia 466
negar 230
nenhum/nem um 750, 751
nenhum/nem um 89
neto/netinho 451
NH$_3$ 787
nhe-nhe-nhem 436
nível (a/em) 679
no aguardo de 546
no avesso 951
no que pertine 576
nódulo 805
nome abstrato (conc.) 665
nome genérico (conc.) 582
nomes de carros (conc.) 284
nomes de meses 425
nomes próprios (pl.) 671 a 674
nominal/nominativo 231
Nordeste 875 a 877
nordeste/Nordeste 574
norte/Norte 574
norte-americano 126
nos seus melhores dias 495
Nossa Senhora (artigo) 575
Nossa Senhora Aparecida 475
nuance 656
nucleico 436
num dos seus melhores dias 495
numerais 38
número (abrev.) 197
número 7 (corte) 866
número percentual (conc.) 980
números (conc.) 56
nunca/jamais 91
nutrir/alimentar 577
o (= isso) 664
o (pron.) 29, 30, 31, 32, 33
o bom Deus 575
o cara 128, 129
o carro se atolou 440
o maior possível 753
o mais possível 753
o melhor 23, 24
o melhor possível 753
o mesmo 383, 384
o segundo e terceiro 998
o/no dia em que 991
o/no momento em que 991
o/um médico 826
Obama 129
obedeça à sinalização 535
obedecer 535
Oberdã 444

obeso (pron.) 544
obituar 92
obrigação/dever 948
obrigado 240
obsoleto (pron.) 544
obstacular/obstaculizar/
obstar 92
obstáculo 795
ocasião favorável 883
Oceania 656
oceano Pacífico 574
octogésimo 158, 159
ocultar/esconder 964
odômetro 62
oficial (fem.) 184
oitenta DP 159
olhar/ver/enxergar 248
olheiras 289
Olimpíadas 20
omelete 622
omissão do artigo 739
Onça (tempo do) 21
opinião pessoal 884
oportunidade (definição) 883
oração/prece 926
orbe 544
ordinais 38, 158, 159
Orinoco 180
Os Lusíadas (conc.) 738
os polícia 690
Os Três Mosqueteiros (conc.) 738
Oscar (pl.) 703
osseointegração 435
ou (pron.) 110
ou (valor corretivo) 789
ou...ou 468
outros quinhentos 9
ouve/houve 596
ouvir (conc.) 96, 97
ouvir/escutar 247
oximoro 518
paciência/resignação 238
padecer/sofrer 851
padrão (conc.) 41
pagar (particípio) 974
Paiçandu 599
pais coruja 614
países lusófonos 223
Palácio da Alvorada 821
palácio/casa/terra/solo 820
palato 34, 35
palavra-ônibus 839
palco (conc.) 994
palestra/conferência 406

paletó 544
Palmeira 690
Palmeiras 140, 234 a 237
pandemia 10
pane 22
panorama 459
Pantanal Mato-Grossense 574
pantomima 656
pão-duro 486
papa (fem.) 640
papa 814
Papai Noel (pl.) 595
para (verbo) 152
parabéns 87
Paraguaçu 369
paralelepípedo 470
paralelogramo 443
parasita/parasito 26
parecer-se com 578
parede 929
parelha/junta 909
parênteses 624
parmigiana 139
particípio (conc.) 681
parvovirose 472
passar de ano 592
pastel (conc.) 40
pastor-alemão 792
pataxó (pl.) 706
paternal/paterno 81
patinar/patinhar 598
patinete (gên.) 622
patrulha/ronda 680
pebolim 102
pecã 444
pedir vistas 853
pegada (pron.) 519
pegar (particípio) 973
pelejar 356
pelo/do avesso 951
Peloponeso 526
penal 145
penetrar 793
península 772
Península Ibérica 574
pentacampeão 140
perante o qual 279
pé-rapado 486
percentagem/porcentagem 539
percentual/porcentual 539
perder 232
perigo de vida/morte 859
perigo/risco 609
período 227

período matinal 606
permitido 874
Pernambuco 458
pérolas do jornalismo 999
pérolas no ENEM 1.000
personagem (gên.) 607
perspicácia/sagacidade 720
persuadir/convencer 726
pertinho 658
perturbar/conturbar 416
pés cúbicos 554
pesquisa/enquete 249
pessoa/indivíduo 918
pessoal (conc.) 944
pestanejar 356
Piaçaguera 600
Piatã 444
Piauí 458
picareta 623
pico culminante 881
pico da Neblina 574
piloto (fem.) 77
pingo no i e u 116, 117
pingue-pongue 608
pinto (fem.) 641
Pio X 38
Piraçununga 360
Pirajuçara 600
pirambeira 656
pirata (conc.) 41
Pireneus 180
piscada 446
pisca-pisca (pl.) 733
piscicultor 464
piscina/aquário 555
píteça 211 a 213
pivô (gên.) 840
pizza 211 a 213
planejar 356
plano/projeto 729
plantel 143, 144
plebiscito 148, 507
pleonasmo 17
pneumo (maior palavra) 181
poça d'água 831, 900
poeta 173, 174, 176, 177
polegadas 554
polícia (os) 690
poncã 444
ponte levadiça 260
ponto de exclamação 133, 878
ponto obrigatório 923
ponto ou vírgula? 922
popança 183

pôr do Sol 214, 215, 216, 801
por escrito 716
por hora/ora 695
por inteiro 716
por ora/hora 695
por via de regra 520
porcentagem/percentagem 539
porcentual/percentual 539
porco 236
porco-espinho (fem.) 791
porco-espinho (pl.) 325, 326
pornô (conc.) 253
porventura/por ventura 696
pós-guerra, etc. 153
possível/provável 154
possuir/ter 157
posterior 668
posto que 171
pós-treino, etc. 153
pra(s) 634
Praça/praça 574
prazeroso 499
precariíssimo 452
precatar-se 647
precaver-se 647
prece/oração 926
precificar 92
preço 678
precoce/prematuro 579
predileto/preferido 550
preferencial 346
preferido/predileto 550
pré-fixar/prefixar 527
pré-guerra, etc. 153
pré-juízo/prejuízo 528
prematuro/precoce 579
Prêmio Nobel (pl.) 702
premonitório/premunitório 537
pré-ocupar/preocupar 529
presumir 730
pretérito perfeito por futuro 937
preto e branco 120
pré-treino, etc. 153
prevenir-se 647
prever/antever 352
primariíssimo 452
primeira-dama 633
primeiro de janeiro 131
pro(s) 634
probo 544
prodígio (conc.) 41
proeza 39
proferir/pronunciar 480
profeta 175

progenitor/genitor 301
proibido (conc.) 725
projetil/bala 485
projeto/plano 729
prolegômenos 453
pronome oblíquo 179
pronunciar/proferir 480
propina/gorjeta 904
própolis (gên.) 840
propriíssimo 452
prosta 472
prostíbulo 905
proteico 436
protestar a favor 454
protocolar/protocolizar 463
prova dos nove 56
provável/possível 154
provisoriíssimo 452
pudico 199
puro-sangue 336
quadringentésimo 158
quadrúmano 199
qual seja/como seja 763
qualquer (neg.) 670
qualquer (pl.) 835
qualquer/certo 749
quantia/quantidade 514
quantias (conc.) 887
quanto possível 754
quantos são? 467
quá-quá-quá 990
quarentena de um mês 127
quatorze/catorze 436
que horas? por a que horas? 847
que que é isso? 312
que se dirá/que dirá 287
que tal? (conc.) 728
quebra-cabeça 330
quebra-gelo(s) 330
quebra-molas 330
quebra-nozes 330
quebranto 498
queda-d'água 899
quedê? 418
queixar-se 865
quer...quer 468
quiçá 329
quiche 622
quilo (abrev.) 871
quilo 532
quilômetro (abrev.) 871
quilômetro 532
quinta-coluna 731
quisto 34

Nosso português do dia a dia

quitinete 22, 63
rã 540
rabugento 565
radiatividade 656
raio/relâmpago 734
raio-X/raios X 732
rapsódia 978
rastelo 544
ratificar/retificar 513
reacionariíssimo 452
recorde 41, 50
recuar/retroceder 426
redundância 17, 34, 160, 543,
  789, 883, 884, 945, 988
redundâncias 881
refeição/repasto 430
referendo 148
regionalismo 281
rejeitar/enjeitar 304
relâmpago (conc.) 41
relâmpago/raio 734
relê 656
repasto/refeição 430
repercutir 348
República Tcheca 68
requebro (pron.) 852
resignação/paciência 238
restar (conc.) 624
reta 451
retado/arretado 838
retificar/ratificar 513
retrô 253
retroceder/recuar 426
réu/indiciado 902
revistaria 149
revolucionariíssimo 452
rio Amazonas 574
Riritiba 526
risco de vida/morte 859
risco/perigo 609
rissole 138
roda/rodão 451
rodopiada 446
ronda/patrulha 680
Roraima 43
rosto/cara 274
roubar 885
rua/Rua 574
rubrica 199
Rui Barbosa 908
ruim 270
ruínas/escombros 198
s final (pron.) 690
saber a 794

saber nada/de nada 583
saca-rolha(s) 330
saco multifoliado 496
sacola 451
sacomé? 713
SADIA 117
safado 643
safra/lavoura 797
sagacidade/perspicácia 720
saia justa 311
salchicha 563
Salto 927
Salvador 635
salvar (particípio) 974
salve! 476
Santo Antônio (artigo) 575
santo do pau oco 764
são meio-dia 329
São Paulo (hino) 476
São Paulo 141
São Salvador 635
são uma e meia 329
sapo (fem.) 540
sapo-boi (fem.) 791
Sardenha 458
sargento (fem.) 610
Sars 319
sashimi 379
sassafrás (pl.) 733
satélite (gên.) 837
saudade 483
se caso 594
seção/sessão/cessão 684
sedã 444
segmento/seguimento 724
segredo/mistério 552
segredo/sigilo 404
seguinte 668
segunda e terça-feiras 958
segundo quem 278
seios/mama 564
seja...seja 468
sela 451
sem tamanho 716
semana sim, semana não 827
semana/mês/ano 809
sem-noção 688
sem-terra/sem-teto 704, 705
sentir (conc.) 96, 97
ser (conc.) 329, 887
Sergipe 458
seriguela/ciriguela 195
seriíssimo 452
serpente/cobra 928

serra do Mar 574
sessão/seção/cessão 684
sessentas 350
seta 451
setuagésimo 158
sexy (pl.) 374
SIDA/AIDS 125
sigilo/segredo 404
sigla 4
siglas (pl.) 675
siglas e acrônimos 815
silvícola 656
símbolos químicos 787
simpático 626
Síndrome da China 537
sine qua non 275
Singapura 194, 799
site 382
sob ponto de vista 82
sobrancelhas 541
sobrar (conc.) 762
sobrenomes (pl.) 671 a 674
sobressair 494
social-democrata (pl.) 987
social-liberal (pl.) 987
Sociedade Anônima (abrev.) 920
Sócrates 448
Sófia 656
sofrer/padecer 851
soldado (fem.) 77
Soletrando 33
solilóquio/monólogo 262
solo/casa/terra/palácio 820
solução de continuidade 669
somali 264
somatório 296
some 355
soprano 481
soprar/assoprar 414
SOS 568
suar 845
suas respectivas 789
subafluente 255
subalterno 256
subaquático 255
subemenda 255
subespécie 255
subida honra 542
sublinhar 255
subordinado 256
subsequente 668
sudeste 106
sudeste/Sudeste 574
sudoeste 106

suíço (contraído) 891
sujeitinha 850
sujeito a guincho 535
sul/Sul 574
sumariíssimo 452
super- 743
superávite 801
supérfluo 722
superior 107, 123
surpresa (conc.) 41
sursis 199
sushi 379
Suzano 603
Taboão da Serra 366
'tá bom/'tá bem 712
'tá ligado? 709
tachar/taxar 511
tal qual 239
tampar/tapar 11
tanto faz...como/quanto 770
tão por estão 713
tão pouco/tampouco 90
tara/tarado 471
tarifa/taxa/imposto/tributo 938
tática/estratégia 185
taxa/imposto/tarifa/tributo 938
taxar/tachar 511
tchau 68
tcheco 68
Teerã 444
tela/telão 451
tele-entrega 273
temperatura 678
tempestivo/tempestuoso 225
tempo do Onça 21
temporão 641
tênis de mesa 608
ter à/na mão 530
ter chego 971
ter/possuir 157
termelétrica 656
terminar de 573
terra/casa/solo/palácio 820
terra-nova (pl.) 323
terreno/terrestre 224
tesão (gên.) 840
testa 451
teta/úbere 564
tetracampeão 140
teve por esteve 713
tigre (gên.) 655
til/bombril 135
Timbiras, Os 706
tinha pego 973

tinha trago/falo/aceito 972
tipo (por como) 709
tipos de 327
tira-teimas 771
tive por estive 713
tobogã 444
todas quatro 105
todas as vezes que 986
toda vez que 986
todo o mundo 53, 54
todos três 105
tolo/bobo 257
tomar de conta 807
tomar emprestado 968
tons pastel 40
tornar-se 756
torneio/campeonato 196
torquês 22
toxicidade 656
trança-pé 446
transexual 60
trânsito 100
transvasar/transvazar 170
trás/traz 590, 591
traspés 446
tratante 571
tratar 64
travesti 60
traz/trás 590, 591
trazer (particípio) 972
tribadismo/tribalismo 161
tributo/tarifa/taxa/imposto 938
tricampeão 140
triplex 338
tsar/czar 525
tsunâmi 320
tudo o mais 102
tu fizestes 708
tupi (pl.) 706
turbo 253
Turiaçu 601
turma (conc.) 944
turquesa (conc.) 41
tutti-frutti (conc.) 41
TV a/por cabo 250
úbere/teta 564
Ubiratã 444
ulterior 668
último 1
um ao outro 961
um chego 971
um de janeiro 131
um dia sim, um dia não 827
um dos ... que (conc.) 861 a 864

um mil 229
um milhão (conc.) 888
um pro outro, o outro pro um 962
um tanto ou quanto 616
unzinho 658
uso abusivo 67
valer 976
valorar/valorizar 203
vampiro 612, 645
vasculhada 446
vê/veem/vêm/vem 698
veado/viado 867, 868
vedar/vede 152
veem/vêm/vê/vem 698
veiculada 846
velejar 356
Velho/Antigo Testamento 996
velocímetro 62
vem/vêm/vê/veem 698
vencedor/vitorioso 969
vencimento/vencimentos 718
venda à vista 782
vendável/vendível 209
ventos alísios 180
ver (conc.) 96, 97
ver/olhar/enxergar 248
verbo ser (conc.) 329, 887
verbos causativos 96, 97
verbos em **-ejar** 356
verbos pronominais 865
verbos sensitivos 96, 97
veredicto/veredito 297
vernissagem 22
verruga/berruga 946
via de regra 520
viagem/viajem 210
viemos (por vimos) 870
Vietnã 444
vigarista 623
vilão 98
vimos (verbo vir) 869
"vinculada" por veiculada 846
vinho (conc.) 41
Vinicius de Moraes 171, 172